内容简介

本书第1版于2000年出版，因框架清晰实用、篇幅适中，受到众多高校师生的喜爱。

第7版特色包括：

- 突出中国特色。采用专题、实例、案例等多种形式，反映当代中国社会新的营销现象，研究其特征及发展趋势，并增加了市场营销中的思政元素、市场营销道德、在线营销的多种形式等内容。
- 注重研究方法。加强对于研究方法与技术的介绍，使读者初步掌握市场营销学的研究方法。
- 彰显时代价值。通过对互联网时代消费者购买决策的分析，发现服务消费者的关键节点，为新技术在营销中的有效利用提供理论启发。

作者简介

陶晓波　北方工业大学研究生院副院长，教授、硕士生导师。中国高等院校市场学研究会理事，中国软科学研究会理事，北京市“高创计划”青年拔尖人才，北京高校优秀德育工作者，北京市高校课程思政教学名师。主持教育部首批新文科研究与改革实践项目1项，北京市教委重点教改项目1项。

吕一林　经济学博士，中国人民大学商学院市场营销学教授、博士生导师。主要研究方向：市场营销、商业经济。主讲的“市场营销学”课程获国家级精品课程。

前言

本书第 1 版出版至今有 20 多年了，被评为“十二五”普通高等教育本科国家级规划教材、北京高等教育精品教材、北京高校优质本科教材课件。

第 7 版的修订主要包括以下内容：（1）更换了章末案例和章前引例；（2）更新了书中的主要引用数据；（3）强调了课程思政在市场营销学教学过程中的中心地位，专设了课程思政教学目标、课程思政教学案例、课程思政教学专栏与课程思政教学大纲。

第 7 版进一步突出了中国特色。当代中国在努力实现“中国梦”的过程中，广大消费者正在经历一场前所未有的营销变革，大量中国特有的营销现象不断涌现。创立有中国特色的市场营销学理论体系是当代学者的使命与奋斗目标。为此，本教材采用专题、实例、案例等多种形式，力求反映当代中国社会新的营销现象，研究其特征及发展趋势，并增加了市场营销中的思政元素、市场营销道德、在线营销的多种形式等内容。

第 7 版更注重研究方法。当代市场营销学理论发展的重要标志是采用科学的研究方法和研究技术。正是由于研究方法与研究范式的导入，我国市场营销学领域的研究进入崭新的发展阶段，研究水平迅速提升，与国际先进水平的差距逐步缩小。基于这一思考，本书加强了对研究方法与技术的介绍。读者在了解基本理论的同时，能够初步掌握市场营销学的研究方法，使自己不仅成为市场营销学理论的应用者，而且成为一名研究者。

第 7 版更彰显时代价值。当前我们处在移动互联网时代，网络发展给消费者带来便利的同时，也逐渐改变着消费者的购买行为习惯。一方面，移动互联网下消费者的实践活动推动着新消费者行为理论的发展；另一方面，现有理论又反过来指导实践，使市场运转更加高效。在第 3 章中增加了“从 AIDMA 到 AISAS 的购买决策”和“消费者决策历程模型”两部分内容，显示移动互联网下消费者在决策过程中的积极性、主动性有了很大的提高。另外，考虑到很多传统企业开始朝着互联网转型，线上销售逐步成为主流范式，非实体销售可能会增加消费者的购后忧虑，因此第3章新增了“消费者购后认知失调”的内容，说明提高消费者的忠诚度与满意度的重要性。营销与大数据、LBS（基于位置的服务）等科学技术结合，可实现营销的精准化、专业化、技术化。通过对互联网时代消费者购买决策的分析，人们可以找到服务消费者的关键节点，从而为当代新技术在营销中的有效利用提供一些理论启发。

第7版是在本人导师吕一林教授的指导下完成的，在此对导师一直以来的谆谆教导与慈母胸怀表示衷心感谢。在本书即将付梓之际，对参与本书前几版编写或修订的李蕾、岳俊芳、杨立宇三位师兄师姐表示衷心感谢。希望得到读者的意见反馈，以帮助我们不断改进。

陶晓波

目录

第 10 章
新产品开发

第 11 章
定价策略——事关企业的收入与利润

第 12 章
分销渠道选择——竞争新热点

第 13 章
沟通整合——促成销售

第 14 章
企业营销计划与绩效的测量与监控

第 15 章
数字营销

第1章
市场营销导论

思政目标

● 明确企业在进行市场营销时要诚信、守法。

● 理解加强社会主义市场经济法制建设的重要性。

● 树立社会营销观念，兼顾社会利益；提高管理水平，保证产品质量；增强消费者自我保护；完善市场体系；健全和完善价格立法等；开展道德营销。

引导案例

华为公司成立于1987年，是一家生产销售通信设备的民营通信科技公司，产品主要涉及通信网络中的交换网络、传输网络、无线及有线固定接入网络、数据通信网络及无线终端产品，为世界各地通信运营商及专业网络拥有者提供硬件设备、软件、服务和解决方案。华为公司堪称中国民族企业的骄傲，该公司的产品和解决方案已经应用于全球170多个国家和地区，服务全球运营商50强中的45家及全球30多亿人口。2020年《财富》500强中华为排在第49位，比2019年上升了12位。

华为的核心价值观中有这样一段话："为客户服务是华为存在的唯一理由，客户需求是华为发展的原动力。我们坚持以客户为中心，快速响应客户需求，持续为客户创造长期价值，进而成就客户。为客户提供有效服务，是我们工作的方向和价值评价的标尺，成就客户就是成就我们自己。"华为公司创始人任正非说："华为的产品也许不是最好的，但那又怎样？什么是核心竞争力？选择我而没有选择你就是核心竞争力。"简单的几句话凸显了华为成功的关键是始终以客户为中心开展营销工作，也表明华为的成功并不是偶然的，而是依据现代营销理念采取正确的营销组合策略开展经营的必然结果。

第1节　市场营销活动的产生与发展

从字面上理解，"市场营销"就是在市场上的经营与销售。不同历史时期，企业面临的经营环境差别很大，采取的经营与销售方式也不尽相同。理解市场营销的内涵应结合企业所处的时代背景。

一、历史上的市场营销

从企业产生开始，就有了经营与销售活动。企业要想生存并发展下去，必须通过产品的生产与销售获得必要的利润。能否获得必要的利润，取决于两点：一是所生产的产品是否畅销；二是产品售价是否高于成本。因此，从一开始，企业所有的经营活动就是围绕如何使产品畅销、如何降低产品成本这两个关键问题展开的。

从某种角度而言，企业是一系列职能活动的集合体，这些职能活动通常包括研发、生产、销售、人力资源管理、财务管理等。企业面临的产品是否畅销、成本如何降低这两个问题，与企业能否有效率地开展包括生产、销售、研发等在内的职能活动有着密切的关系。

产品是否畅销的问题既与研发有关，又与销售有关。比如，通过研发新产品，企业的产品也许能够畅销；适当的销售方式、促销方法对于产品的畅销也起着很大的作用。如何降低产品成本的问题主要与生产活动有关，有效地组织生产活动、提高生产效率对于降低产品成本起着关键作用。

因此，企业所面临的两大关键问题与生产、研发、销售这三项职能活动的关系最为密切。为使产品畅销、成本降低，企业重点从生产、研发、销售这三个方面寻找解决办法。但是，不同历史时期的企业对于如何解决这些问题，先解决什么问题后解决什么问题等存在不同看法，这些不同的看法就形成了不同历史时期企业不同的经营观念，持有不同经营观念的企业往往会采取不同的经营与销售模式。

1. 以生产为主导的经营观念

20 世纪初，处在工业化初期的企业面临的共同问题不是产品卖不掉，而是产品生产不出来、产量有限、生产成本高等。这些问题之所以产生，原因就在于工业化初期的生产技术水平落后。生产环节成为制约企业扩大规模、获取利润的瓶颈。

20 世纪初期的企业认为：经营的重心是生产，如果能够找到最有效的生产方式，提高生产效率，降低产品成本，企业不仅能够扩大规模，而且能够获取丰厚的利润。这实际上就是以生产为主导的经营观念的反映。

以生产为主导的经营观念是指：生产是企业经营的重心，所有经营活动都应该围绕提高生产效率、降低生产成本展开。在这种经营观念的指导下，企业着重研究如何提高产量、如何提高生产效率、如何降低生产成本，大部分的人力、物力和财力都放在生产环节。因此，在以生产为主导的经营观念的指导下，企业的经营与销售模式是生产导向的。生产导向的经营与销售模式的潜台词就是：只要能够生产出来，销售就不成问题；只要能够大规模、低成本地生产产品，利润就是丰厚的。之所以生产导向的经营与销售模式能够成功，是因为这种模式与工业化初期生产能力不足、生产效率低下、市场竞争缺乏等历史条件相适应。

生产导向的经营与销售模式为工业化初期的企业指明了经营重心，那些在生产方式改进、生产效率提高、生产成本降低方面有突破的企业无一例外地取得了良好的市场业绩。20世纪初，福特汽车率先将流水作业的生产方式引入汽车生产，而且在流水线上只生产一种型号的汽车——黑色T型车，因此福特提高了生产效率，实现了汽车的大规模批量生产，从而极大地降低了生产成本。1908年10月1日，福特首次推出黑色T型汽车，售价为850美元，随着设计和生产的不断改进，最终产品售价降到了260美元。第一年，T型车的产量就达到10 660辆，创下了汽车行业的纪录。到1921年，T型车的产量已占世界汽车总产量的56.6%。显然，20世纪初期，福特汽车的成功应该归结于它找到并忠实地执行了正确的经营与销售模式，这种正确的经营与销售模式是以生产为主导的经营观念的直接体现。

2. 以产品为主导的经营观念

随着工业化的发展，生产能力得以提高、生产效率得以提升、生产成本得以降低，生产环节不再是制约企业扩大规模、获取利润的瓶颈。企业在享受产能扩大、成本降低带来的利益之时，却发现产品的销售日趋艰难。出现这种情况最主要的原因就是随着生产技术的发展，市场供应不断增加，导致市场竞争越来越激烈，企业再也找不到“只要生产出来就不愁销售”的感觉了。

面对市场环境所发生的变化，企业在探寻解决办法。由于市场竞争取代生产成为制约企业生存与发展的瓶颈，如何应对产能扩大所导致的激烈的市场竞争，就毫无争议地成为工业化进程中企业必须解决的问题。怎样应对日趋激烈的市场竞争？怎样让生产出来的产品重新畅销？为此，企业转而从内部其他职能活动中寻求解决之道。研发，尤其是关于产品的研发，逐渐取代生产成为企业经营与销售的重心。企业希望通过产品的研发，不断提高产品质量、增加产品功能、完善产品品种，使本企业的产品与竞争者的产品保持一定的差异，帮助企业摆脱产品不再畅销的窘境。

由此，诞生了以产品为主导的经营观念，这种经营观念是指：经营与销售的重心是产品本身，企业应该通过研发来提高产品质量、完善产品品种、增加产品功能。在以产品为主导的经营观念的指导下，企业的经营与销售模式是产品导向的。产品导向的经营与销售模式强调企业应当注重产品的研发，通过产品差异化来应对日趋激烈的市场竞争，从而解决销售的难题。

产品导向的经营与销售模式虽然能够在一定程度上帮助企业减少销售困难，但并没有从根本上改变市场供应过多、产能过剩所导致的市场竞争激烈的现实，难以真正帮助企业实现有市场价值的产品差异化。

比如，通用汽车公司为应对日趋激烈的市场竞争，通过开发新产品、增加汽车款式和颜色、给汽车增加新的功能来与福特的单一产品经营模式相抗衡，虽然取得了一定的市场效果，但显而易见的是，通用汽车的这种经营与销售方式存在两个致命的缺陷：一是其他企业也可以借助类似的方法，向市场提供质量优异、功能完善、品种丰富的产品，因此，产能过剩的状况没有根本改变；二是没有以消费者需求作为产品研发的基础，因此，即便企业的产品质量优异、功能完善、品种丰富，也会由于与消费者实际需要差距过大而导致企业陷入销售困境。

3. 以销售为主导的经营观念

既然生产不再是瓶颈，产品导向的经营与销售模式也没有真正帮助企业改变竞争激烈、产品销售困难的局面，那么什么样的经营与销售模式才能帮助企业走出因生产技术能力提高所导致的供应增多、销售艰难的困境呢？企业这时候又转而通过销售这项职能寻找解决的办法。

当企业从销售职能角度寻找解决问题的方法时，就产生了以销售为主导的经营观念。这种经营观念认为：经营与销售的重心是销售本身，企业应该以销售为重点，唯有通过增加销售人员与销售渠道、加大促销力度，才能解决销售难题。因此，在以销售为主导的经营观念的指导下，企业的经营与销售模式是销售导向的。销售导向的经营模式强调销售队伍与销售渠道的建设，要求采取更多的促销手段，给予消费者更大的折扣。

显然，销售导向的经营模式虽然能缓解一时的销售困难，但是不能改变长期销售困难的局面。在强大的销售促进的攻势下，消费者可能会临时购买和消费更多的产品，但是久而久之，消费者在习惯了更多销售人员、更多折扣的销售模式后，会产生获取更多折扣的“购买期待”，企业不得不再次给予更多的销售折扣，如此循环，必将导致企业产品即使销售出去也因销售成本大幅增加而亏损累累的局面。

二、现代市场营销

由于生产导向、产品导向以及销售导向的经营观念无法帮助企业真正走出销售困境，在市场供应越来越多、竞争日趋激烈的残酷现实中，企业不得不反思：生产导向、产品导向以及销售导向的经营观念是否存在问题？存在什么样的问题？为什么会存在这样的问题？

其实，历史上的三种经营观念所倡导的提高生产效率、注重产品研发、强调销售促进都没有错，只不过随着市场环境的改变，这些经营观念显得不合时宜。其原因在于：随着生产技术的发展，市场供应越来越多，不仅导致市场竞争加剧，而且使市场从供不应求转向供大于求。因此，企业生产什么、以什么方式生产，销售什么、以什么方式销售的决定权实质上已经掌握在消费者手中。这就要求企业不能关起门，在不了解市场、不了解消费者的情况下，自行决定如何提高生产效率、如何开发新产品、如何进行产品促销。当企业意识到应该采取由外向内的经营方针，即在了解市场的前提下思考经营与销售问题的时候，一种新的经营理念随即诞生，这就是现代市场营销。

习近平总书记2012年11月29日正式提出“实现中华民族伟大复兴，就是中华民族近代以来最伟大的梦想”。具体表现是国家富强、民族振兴、人民幸福。他强调：“人民对美好生活的向往，就是我们的奋斗目标。”“中国共产党在中国执政，就是要带领人民把国家建设得更好，让人民生活得更好。”“中国梦归根到底是人民的梦。”中国梦的核心理念指出了现代市场营销的核心——满足顾客对美好生活的需求。所有营销企业共同努力，为顾客传递美好生活。人民美好生活的需要满足了，人民就幸福了。人民幸福了，民族也就振兴了，国家也就富强了。

从学术概念的演变来看，美国市场营销协会（AMA）先后多次发布了市场营销的定义。市场营销定义的调整与变化也是不同时期市场营销面对的主要问题的变化，反映了不同时期市场营销的研究范畴，时代背景与学科的演化深深地烙印在其中。通过对这些变化的考察，我们可以更加深刻地理解学科发展的社会背景与社会科学发展之间的关系。

1. 第一次定义——1935 年

严格来说，第一次定义不是由美国市场营销协会颁布的，而是由其前身——全国营销与广告教师协会确定的。虽然机构名称换了，但组织和参与的人员变化不大。当时市场营销的定义是：市场营销是将产品和服务从生产者传送至消费者的商业活动。

20 世纪初正是市场营销从经济学中分离出来之时。由于集中生产和城市化，特别是工业革命的出现，生产方式由家庭手工作坊生产转变为工厂批量生产，这造成生产者与消费者在供求地点上的显著差异。分销先于营销出现，营销出现后，其主要内容还是分销，分销的主要作用就是缩短供求距离，此时，营销的职能主要体现在“传送”两个字上。

2. 第二次定义——1960 年

第二次世界大战之后，管理教育迅速发展，市场营销学也处在突飞猛进的阶段，市场营销被视为企业管理中极其重要的角色。美国市场营销协会在 25 年后对市场营销定义稍做修改：市场营销是引导产品和服务从供应商向消费者流动的商业活动。

虽然只是修改了几个字，但是反映了市场营销范畴的扩大。第二次世界大战中聚集起来的强大生产能力供应整个盟军而不只是美国本土。战后强大的生产能力转向整个国内市场，压抑的市场爆发。人口迅速增加，美国在 1946—1964 年有近 8 000 万新出生人口。这时，市场营销学已经确立，电视这种新媒体出现，广告的吸引力和影响力越来越大，商业企业的重要功能就是创造顾客，吸引或说服消费者购买其产品。此时，营销导向或顾客导向的理念刚出现不久，主要的任务是推销。为了让消费者购买之前没有购买的产品或继续购买已经购买的产品，需要“引导”，使用“推”和“拉”两种力量引导产品和服务的流动。这一次定义反映了当时社会的经济生活。

3. 第三次定义——1985 年

1985 年，市场营销导向的理念已经确定，并且占据主导地位，这种理念的根本性转变需要对市场营销的定义进行调整，不过，这种根本性转变并不是一蹴而就的。4P 理论的提出者杰罗姆·麦卡锡（Jerome McCarthy）在 1960 年就提到，“在管理构念下，市场营销的基本任务并不是熟练地向消费者提供适当的商品与服务，而是熟练地开展符合消费者利益以及满足消费者需要的活动”。此时已经有市场营销导向的理念了，即从顾客的需求出发，生产能够满足消费者需求的商品，但并没有完全转变。麦卡锡在教科书中给出的定义是："市场营销是引导商品和服务从生产者到消费者的传递与流通，以最好地满足消费者并实现企业目标的企业功能或活动。"显然，此定义还没有将消费者需求摆在最重要的位置上。然而，麦卡锡已通过他的教科书使 4P 营销组合深入人心。哈佛商学院的西莱多・莱维特（Theodore Levitt）在 1968 年提出：企业需警惕"营销近视症"，表述好自身的使命。这是营销思想史上一次重大的观念冲击。菲利普・科特勒（Philip Kotler）于 1969 年提出营销概念应用范围扩大的观点，不仅是产品与服务，很多领域都可使用这一概念。另外，巴加齐（Bagazzi）在 1975 年将营销的本质功能界定为交换，广受人们认同。在多种变化下，1985 年的定义姗姗来迟，可能也是在等待一种大众认可的观点，因为市场营销导向并不是那么容易就能做到的。当时的定义如下：市场营销是对创意、产品和服务进行构思、定价、分销和促销，并通过交换来满足个人和组织的需要的规划与执行过程。

从这个定义中可以看出营销对象的扩大、交换的概念、4P 的营销执行构架、需要的满足等几个方面的变化，它反映了一个已成型的营销学科。在这 25 年间，社会生活发生了巨大的变化：工业和分销部门快速发展，生产效率得到极大的提高，人口更加稳定，国民经济逐渐出现供大于求的状况，过去实行的生产后再尽量说服顾客购买的做法已经行不通了，这可能会带来投资经营的低效率。转变经营观念，确立消费者导向，从认识消费者、了解消费者、识别当前消费者及潜在消费者的需求，到生产消费者需要的产品，这样做的风险更低，效率更高。

4. 第四次定义——2004 年

世纪之交，每个学科的学者都在反思过去，展望未来，营销学者也不例外。一方面，经过 50 多年的发展，营销学科似乎到了分崩离析的境地，而实践中产生的主要问题是营销的价值该如何衡量。新出现的营销与传统营销只在横向上有区别，纵向上并无太大变化。很多新兴的学科甚至开始独立，营销学科的研究范围在发展中缩小。另一方面，市场营销的作用很难在企业或其他组织中得到很好的衡量，这与当时的个人价值评估很难协调一致，营销经理或者他们的上级主管急需一种像财务报表一样的数字以精确地衡量营销的产出。同时，实现顾客满意与顾客忠诚以及实施关系营销以保持现有顾客成了市场饱和下的新竞争策略。网络以及便捷的企业-消费者互动手段使得顾客参与企业的生产过程，此时，顾客既是消费者，也是生产者，顾客双重身份的出现使得市场营销的交换概念必须更替。在此情况下，"价值"是一个更合适的词汇，菲利普・科特勒再次扮演思想引领者的角色，在他的倡导下，"价值"成为市场营销教科书的主题。2004 年市场营销的定义被极大地改写：市场营销是采用企业与利益相关者都可获利的方式，为顾客创造、沟通和传递价值并管理顾客关系的组织功能和一系列过程。

从提供产品与服务到识别目标顾客、满足目标顾客的需求，这两种经营理念都将顾客当成外生因素，而与顾客共同创造价值的经营理念则将顾客当成内生因素。

在互联网普及的背景下，这一理念被越来越多的创新型组织采用。顾客的作用至关重要，因为他们的需要决定了市场，而且顾客能参与价值的创造，从这个意义上说，营销过程就是企业同顾客合作的过程。

5. 第五次定义——2007 年

在第四次定义提出后的第 3 年，市场营销定义再次被修改，但这次并不是因为社会经济生活或企业的经营理念在短期内发生突变，而是 2004 年的定义不为广大学者所认可，人们反映的普遍问题是：市场营销的范围界定过于狭窄，这与过去大家所认可的营销应用范围有很大的差距。这表明菲利普·科特勒等人关于营销应用范围扩大的思想已经深入人心。同时，该定义过分强调营销在企业中的地位与作用，而忽视了营销的社会责任与社会作用，这与 1980 年后社会营销的理念相矛盾。营销不仅是一种管理活动，在政府治理上也有所作为，超越企业研究的学科身份显然更加合适。

美国市场营销协会从 2006 年开始改变闭门造车的做法，它借助新兴的信息技术和市场营销的方法，调研了全球营销学者对营销定义的看法——不仅调研普遍反映的问题，也调研他们对 2004 年定义的看法。历时一年调研，最后形成如下定义：市场营销是创造、沟通、传递、交换对顾客、客户、合作伙伴和整个社会具有价值的供应物的一系列活动、制度、组织和过程。

这个定义是 2004 年和 1985 年定义的混合体。交换的概念保留了，虽然企业经营出现新的形式，但传统的营销模式依然存在。交换虽不是唯一的营销功能，却是不可或缺的一部分。价值的核心地位被供应物代替，供应物所涵盖的范围超过创意、产品和服务。“价值”是供应物的定语，营销是交换和传递价值，但价值需要载体，否则营销将变得越来越空洞。

6. 第六次定义——2013 年

2013 年 7 月，美国市场营销协会一致审核通过了新的定义：市场营销是在创造、沟通、传播和交换产品中，为顾客、客户、合作伙伴以及整个社会带来价值的一系列活动、过程和体系。与 2007 年的定义相比，新的定义增加了对体系的重视。市场营销活动开始以一种立体化的方式被理解与分析。

从以上市场营销定义的变化中可以看出，营销学科的范畴和内涵不断发生变化，这种变化既是学科自身演变的结果，又是对社会变化的反映，更是学科应对社会变化的体现。市场营销的定义是由众多学者共同制定的，定义的演变本身是对社会变化的反映。

三、未来的市场营销

未来的市场营销是什么样子？企业如何适应未来的市场变化和不断变化的客户需求？知名营销咨询机构 EffectiveBrands 对 92 个国家和地区的 1 000 名营销者所

做的访谈显示，与其他人相比，营销者更需要一种超乎寻常的能力，能够预测营销的发展趋势。为了让自己更能胜任营销领导者的角色，营销者必须洞察市场变化，并且对品牌和业务发展进行比较准确的预测，之后根据市场变化进行相应的调整，保持品牌的市场相关性。具体来说，未来的市场营销需要考虑六个方面。

1. 确定品牌的目的

当运用各种现代技术（无论是移动、社交媒体还是大数据）进行营销时，营销者都不能忽视品牌存在的原因。比起表现不佳者，超常发挥者对于自己的品牌何以存在有着更强的认知。

联合利华（Unilever）首席营销官兼传播官基斯·威德（Keith Weed）认为，营销不再只是涉及传播的功能性利益，相反，营销必须涵盖品牌角色的更广泛的含义，而且必须适用于全球范围。他说："我们必须更深入地了解消费者，了解他们在真实生活中的具体需求，并专注于如何为他们提供更好的服务。"

阿克苏诺贝尔（AkzoNobel）公司的涂料品牌多乐士（Dulux）采用的方法，体现了它对品牌社会性目的的重视。多乐士开展了一场"让我们多姿多彩"（Let's Colour）的品牌活动，员工作为志愿者利用多乐士捐赠的涂料，对一些公共场所的环境进行美化。为此，多乐士捐赠了50万升涂料，这些涂料主要用于巴西贫民区以及英国的300多个社区美化项目。多乐士高级品牌经理雷尼特·科拉克（Renet Colaco）说，"让我们多姿多彩"的品牌活动帮助多乐士塑造了一种能给社会带来价值的品牌形象。虽然很难追踪此次品牌活动给产品销售带来的影响，但是有数据表明，此举有助于让客户、员工和品牌进行更深入的互动。她说："你不只是改变自己家的颜色，你还可以改变自己居住的社区。此次品牌活动既可以通过颜色给人们的生活带来巨大的影响，也可以塑造多乐士'色彩权威'的品牌形象。"

2. 保持一致性

有证据表明，拥有强烈的品牌目的有助于品牌在不同的传播渠道中保持一致性。咖啡机品牌Nespresso正在寻找保持品牌一致性的方法。为此，Nespresso向消费者做出承诺：让任何渠道的消费者都能享受Nespresso最好的咖啡体验。Nespresso英国市场总经理布莱默·德罗安（Brema Drohan）解释说，作为咖啡机生产企业，公司通过三个渠道服务客户：零售精品店、网络和电话。Nespresso希望建立一套明晰的关键绩效指标，进而整合所有的业务。她说："Nespresso是一个全球性品牌，我们不仅与本地营销队伍紧密合作，与全球营销部门的合作也非常紧密。我们不断审视自己的渠道，并运用最流行的顾客忠诚度分析指标净推荐值（net promoter score）等，以确保品牌在各个渠道保持一致性。"德罗安解释说，Nespresso的目标是通过数据和消费者洞察分析，为客户提供个性化的服务。为此，Nespresso收集与客户相关的信息，包括客户拥有什么类型的咖啡机，偏好什么咖啡，然后向目标客户发送有针对性的电子邮件，这也正是Nespresso成立用户俱乐部的原因。德罗安说："我们不仅留意客户的喜好，也留意他们的潜在需求。其中的关键是与消费者对话，在双方相互加深了解的过程中，我们能够更好地了解客户需求。”

3. 与人力资源部、IT部友好相处

营销者掌握的数据越多，对消费者的洞察越深，品牌的目的越明确，他们的决策对企业整体发展方向所起的作用就越关键。如果营销者是企业执行董事会的一员，或者营销者与企业其他部门合作密切，譬如人力资源部和IT部，那么营销者的战略性地位更重要，他们能够更好地在企业内部做好品牌价值传播工作，开发更好的技术和应用系统。酒店预订服务网站Hotels.com首席营销官奈杰尔·波克林顿（Nigel Pocklington）对此表示同意，他认为营销在决定企业整体发展方向上起到了重大作用。同时他指出，和许多线上企业一样，营销支出是他们最大的一项开支：“企业生死存亡与其营销开支密切相关。”Hotels.com本身就是一个例子，它在2011年进行品牌重建，确保其品牌在80多个国家保持一致性。波克林顿指出，首席营销官在传播工作以及明确品牌宗旨的工作中都起到至关重要的作用。就后者而言，他认为Hotels.com对于消费者而言是一位“旅游盟友”，而不只是提供酒店预订服务。“营销工作具有重要的整合功能。”他说，“一个营销团队必须能够将企业针对消费者开展的营销活动整合起来。”

4. 人员培训

虽然营销者要和企业各个部门保持紧密合作的关系，但是许多营销者发现很难做到。这可能与企业是否为营销者提供培训有关——33%的受访者表示自己没有接受过正式的营销培训，只有24%的受访者表示自己每年接受超过3天的培训，超常发挥者在这方面的数据为35%，表现不佳者的这一数据仅为19%。

沃克斯豪尔汽车公司（Vauxhall Motors）营销总监彼得·霍普（Peter Hope）认为，那些专注于提高适应市场需求的专业技能的企业将有可观的回报。他说：“市场环境越来越复杂，这对企业提出更高的要求，包括追踪潜在客户开发流程、挖掘社交网络、管理有针对性的企业活动等。现在，我们对这些活动的投资回报情况越来越了解。”“‘一体适用’的理念已经过时了。”百事（PepsiCo）旗下全球营养集团（Global Nutrition Group）首席营销官甘农·琼斯（Gannon Jones）说，“在特定的领域找到最好的合作伙伴，创建一个共同体或者一个跨学科的团队，是一种新兴的合作模式。”

5. 授权本土团队提升效率

置身于数字化市场环境，保持灵活性至关重要。许多品牌都在寻找办法，希望迅速回应当地消费者并保持互动。这给营销管理者带来了巨大的挑战，因为他们必须确保全球范围内的品牌一致性。“全球化曾经是食物链上最高级的一环。”可口可乐（Coca-Cola）执行副总裁乔·特里波迪（Joe Tripodi）说，“但现在真正的机会在于网络实体——要发现那些能把工作做得最好的人，把相关工作交给他们，并且在全球范围内实现社交化。”网络零售品牌Zappos.com采纳了员工授权理念。Zappos.com的创新包括以“文化考核”代替基本的绩效考核，要求员工对同事的各种行为做出评

价。它还对新员工采取了这样一种做法，如果在前两周内有谁主动提出退出企业，那么他将获得2 000美元——Zappos.com认为这种激励方式可以确保所有的新员工在工作中全力以赴。Zappos.com的“文化传道者”乔恩·沃尔斯基（Jon Wolske）认为，明确企业的价值观和预期，可以大大降低员工管理的难度，对驱动企业增长起到至关重要的作用。

6. 从传统市场向数字市场转变

（1）从细分和选择到用户社区确认机制。传统意义上，营销的起始点通常是市场细分，即根据客户的地理、人口、心理和行为特征，将市场划分为同质的群体。市场细分后通常进行目标市场选择，即挑选与品牌契合的、有吸引力的一个或者多个用户群。细分和选择都是品牌战略的根本部分，使资源分配和定位更为高效，并帮助营销人员为不同的客户群体提供不同的产品和服务。细分和选择也证明了这种客户和企业之间的关系是垂直的，就像猎人和猎物的关系一样。细分和选择是不征求客户意见的，来自营销人员单方面的决定。客户是决定市场细分群体的变量，其参与仅局限于市场调研时的信息输入，这种输入通常领先于市场细分和选择的进度。用户作为目标，常常受到无关信息的打扰和冒犯，许多人将品牌单方向推送的信息视为垃圾短信。在数字经济中，用户同各个垂直社区的其他用户形成社会互联。在今天，社区就是新的市场群体，不同于其他群体的是，社区是用户在自我定义下形成的。用户的社区不受到垃圾信息和无关广告的影响，事实上，它能抵制企业强行闯入社区关系的企图。品牌想要与社区的用户有效交流，就必须请求许可。塞斯·高汀（Seth Godin）提出的“许可市场”理论，围绕着请求用户许可进行营销信息推送这一观点展开。品牌在请求许可时，应该是真诚的帮助者而非带着诱饵的猎人。同脸书（Facebook）上的机制一样，用户可以选择“确认”或“忽略”好友请求。这展示了用户和品牌间的平等关系。然而，有很多企业仍然可以采用原有的细分、选择和定位策略，前提是其营销过程必须是透明的。

（2）从品牌定位和差异化到品牌特质和品牌密码解读。传统意义上，品牌是名字、标志和标语等一系列内容的组合，也是公司品牌活动中产生的价值的载体。近些年来，品牌也成为品牌服务用户体验的一种体现。由于企业活动的方方面面都与品牌有着密不可分的关系，品牌就成了企业战略的平台。品牌的概念与品牌定位密切相关。想要实现品牌的成功，就必须有清晰和持续的定位以及支持定位的差异化标准。品牌定位是营销人员为赢得用户心意，做出的具有说服力的承诺。想要展示品牌的真实特性，赢得用户的信任，营销人员必须保守这种承诺，用差异化的营销手段巩固其承诺。在数字经济中，用户如今可以衡量甚至审视企业所做出的品牌定位承诺。由于社交媒体兴起所产生的透明性，品牌无法再做出虚假且无法证实的承诺。品牌可以随意地自我定位，但前提是必须具有服务社区的意识，让品牌定位优先于公司定位。过去那种传统的依靠重复持续的品牌认证和定位的方法，在今天已经不足以实现成功了。随着新技术的出现、产品周期的缩短和趋势的迅速变化，品牌只有具有动态性，才能在各种环境下应对自如。然而，这其中不该变化的，是品牌的特性和密码。品牌特性是品牌存在的理由，只要品牌的密码能岿然不动，其外部的特征就可以随意变化。举例来说，谷歌（Google）和 MTV 有着数不清的品牌变体，谷歌称之为“涂鸦”，而谷歌和 MTV 这样的品牌仍然能在变数中巩固统治地位。

四、现代市场营销的逻辑

现代市场营销认为市场是企业经营与销售决策的依据，企业应该以符合市场特征和规律的方式从事经营活动。

市场营销是企业一项非常重要的职能，有效开展市场营销需要遵循由外到内的逻辑，即在了解市场的基础上，决定生产什么、如何生产，销售什么、如何销售。现代市场营销的逻辑体系包括四个方面的内容：第一，了解市场；第二，设计与执行营销方案；第三，建立营销合作体系；第四，建立营销资产。这四方面内容既体现了由外到内的营销逻辑，又说明了营销的目标及实现目标的手段。

1. 了解市场是市场营销的起点

市场是企业制定经营与销售决策的依据，了解市场是开展市场营销的第一步。生产是为消费而存在的，而消费是为需求而进行的，因此，首先应该从需求角度了解市场。为了让消费者青睐自己的产品，企业除了按需生产，还要使自己的产品比竞争者的产品更有优势。如何确定这样的优势呢？这就需要从竞争的角度了解市场。

（1）从需求的角度了解市场。市场是现有与潜在消费者的集合。企业开展经营与销售活动就是为了满足市场的需求，即满足构成市场的消费者的需求。

了解市场就是了解市场需求，了解市场需求就是了解消费者需求，了解消费者需求就是了解消费者需求的规模及特征。

1）需求规模。市场需求规模取决于两个因素：一是消费者的数量；二是消费者的购买力。消费者的数量通常就是指人口数量，因此，某个市场需求规模大小首先取决于该市场的消费者人口数量多少；消费者的购买力与消费者收入有关，因此，某个市场需求规模大小还与消费者收入水平有关。

需求规模大小是企业决定是否向该市场提供产品的主要依据之一。由于需求规模较大的市场所提供的盈利与发展空间也较大，企业通常喜欢向需求规模较大的市场提供产品和服务。比如，我国改革开放初期很少有外资汽车厂商在中国设厂，现在，世界各大汽车厂商纷纷在中国设厂，引起这种变化的最主要原因是中国消费者的购买力的变化：改革开放初期中国消费者收入水平较低，汽车市场需求规模不大；随着经济发展水平的不断提高，中国消费者收入水平有了很大提高，汽车市场规模也随之扩大。

2）需求特征。当企业决定向某个市场提供产品时还面临一系列决策：提供什么产品？以什么方式向这个市场提供产品？做这些决策最主要的依据之一就是需求特征，因此，向市场提供什么产品、以什么方式向市场提供产品是由市场需求特征决定的。

市场需求特征是由构成市场的消费者的特征决定的，企业要想了解市场需求特征，首先必须了解这个市场上的消费者的特征。消费者的文化、社会、人口统计以及心理等特征都会影响他们的需求特征，换句话说，需求特征受制于消费者的文化、社会、人口统计以及心理等因素。

比如，美国某汽车厂商看到中国汽车市场很有发展前途，决定在中国生产和销售汽车。那么应该在中国生产何种车型？以什么方式向中国消费者销售汽车？显然，在美国畅销的车型不一定受中国消费者欢迎，在美国流行的销售方式中国消费者不一定接受。该美国汽车厂商只有了解中国消费者的需求特征，才能有的放矢地决定生产什么车型、以什么方式在中国销售汽车。

（2）从竞争的角度了解市场。从竞争角度而言，市场是由提供类似商品的竞争性企业构成的集合。无疑，提供类似产品的企业之间存在竞争关系。实际上，这些企业竞争的内容就是市场的需求，它们都希望消费者能青睐自己的产品，企业只有为消费者提供更有价值的产品，才会受到消费者的欢迎。因此，企业要取得经营的成功，还必须从竞争的角度了解市场。

1）竞争者是谁。企业首先必须明确竞争对手是谁。明确竞争对手有两大好处：一是知道在争取消费者的过程中哪些对手构成的威胁最大；二是了解所处市场是否具备良好的获利潜力。假如有家饮料企业看到可乐的市场容量很大，有比较好的发展前景，也想生产和销售可乐，从需求角度看，这种选择无可厚非，但是在正式决策之前，企业还必须了解可乐市场竞争者的情况。显然，如果这家企业正式开始生产可乐，必将面临可口可乐与百事两大巨头的挤压，一般的企业是无法与这两大巨头抗衡的。由于两大可乐巨头把持着可乐市场，对其他企业而言，可乐市场不具备良好的获利潜力，因此，即使这家企业进入了可乐市场，也不会有获利的可能。由此可见，企业只有明确所处市场的竞争对手是谁，才能判断出所处市场是否具备获利潜力，也才能辨明自己是否具备抗衡竞争对手的实力。

2）竞争性定位。企业还必须了解竞争对手各自的市场定位。通过有效的市场定位，企业不仅使自己的产品保持鲜明的个性特征，而且能很好地与竞争者产品相区别。同时，只有通过有效的市场定位，企业才能使消费者对自己的产品留下深刻印象，进而在需求出现时产生购买企业产品的冲动。企业必须先了解竞争者的市场定位，然后选择与自身竞争优势相匹配、与竞争者定位相区别，并且能够被消费者认同的恰当的市场定位。比如，在高档轿车市场上，宝马（BMW）是“让人享受驾乘快乐”的汽车，沃尔沃（Volvo）是“世界上最安全”的汽车，消费者之所以对这两家汽车厂商有如此不同的印象，完全是它们根据市场上竞争者定位情况以及自身优势，采取有效的市场定位的结果。

2. 设计与执行营销方案是市场营销的过程

了解了市场需求及竞争特征之后，企业就可以开始设计与执行营销方案了。营销方案包括两部分：一是市场营销战略；二是市场营销策略。企业通过设计并执行营销方案，完成价值创造、传播与传递的过程，即完成市场营销的过程。

（1）市场营销战略。市场营销战略是指导企业开展营销活动的整体谋划，通过制定市场营销战略，企业确定所要服务的市场以及在市场中的定位。设计与制定市场营销战略包括三个步骤，分别是市场细分、目标市场选择、市场定位。其中，市场细分是指采用适当的能够影响消费者需求的因素作为细分变量，对整体市场进行细分，从而使企业能够更清晰地勾勒出市场需求的特征，同时将各个细分市场的竞争状况揭示出来。目标市场选择是指在市场细分的基础上，以市场规模、市场成长性、竞争结构、企业自身资源能力及目标为衡量标准，对各个细分市场的潜力进行评估，最终选择具有发展潜力且与企业资源能力和目标相匹配的细分市场作为目标市场。市场定位是指在选择了目标市场之后，根据市场竞争的特征，以企业自身的某种竞争优势为基础，定位产品与服务。

（2）市场营销策略。围绕所制定的市场营销战略，企业设计并实施包括产品策略、价格策略、促销策略与渠道策略等在内的市场营销策略，从而完成价值创造、传播与传递的过程。

1）产品策略。在依据所确定的细分市场及市场定位制定产品策略时需要考虑的问题有品牌、质量、包装、标签、支持性服务等。实际上，企业明确自己在细分市场上的定位后所进行的关于品牌、质量、包装、标签等的决策，就是将明确的定位有形化的过程。

2）价格策略。为产品制定一个对消费者有吸引力、消费者愿意支付，并且与产品定位相匹配的价格是非常重要的一项营销决策。企业通常可以根据产品成本、消费者认可的产品价值或者市场上竞争者产品的价格来为产品制定适当的价格。制定价格必须遵循以下原则：一是价格与产品定位要匹配；二是价格与市场营销的其他策略要相互协调。

3）促销策略。依据细分市场上消费者的认知心理、购买行为特征、需求偏好以及产品定位，来设计广告、折扣、礼品、优惠券、公共关系、人员推销等，可以帮助企业将产品更好地推向市场，并引起消费者的注意，形成购买冲动。在设计促销策略的过程中需要注意：促销策略不能只为促进销售而设计，既要与产品定位相一致，又要与整体的营销战略及其他营销策略相协调，否则，只能达到一时的销售效果，而不能帮助企业建立长期的有价值的营销资产。比如，“名牌”通常就是非常有价值的营销资产，名牌的创造要求企业在品牌建设、公共关系方面投入更多，并且拥有一个与名牌身份相匹配的产品、价格与销售网络，同时要求企业不能过多地使用降价、折扣等影响名牌形象的促销策略。更多地采用降价、折扣来促进短期销售额的上升，对企业构建名牌的战略没有多大帮助。

4）渠道策略。为产品设计一个适合的销售网络是渠道策略所要解决的问题。渠道策略通常涉及以下几方面的决策：一是渠道类型；二是渠道构成；三是渠道管理政策。渠道类型与销售网络的形态有关，渠道构成与渠道网络中具体的渠道成员有关，渠道管理政策则起到监控渠道运行效率、激励渠道成员、协调渠道成员行为等作用。渠道策略的设计要考虑产品的特征与定位、细分市场的消费者购买行为特征以及竞争者的渠道特征等因素。

3. 协作是市场营销成功的保证

现代市场营销强调协作，协作是市场营销成功的保证。

（1）企业内部的协作。企业是由一系列职能活动组成的集合体，市场营销的成败首先取决于企业内部各项职能活动之间能否保持紧密的协作。因此，企业内部的研发、生产、销售、售后服务、人力资源、财务等各项职能活动在价值创造、传播与传递的过程中应该保持紧密的协作。比如，通过市场调研了解市场需求信息与竞争信息，将收集到的信息反馈给研发与生产部门，研发与生产部门会同营销、采购等其他职能部门共同就新产品开发展开协作，这不仅可以加快新产品开发的速度，而且能够提高新产品开发的成功率。当企业能够不断向市场推出受欢迎的新产品时，就为自己树立了创新的声誉，这种声誉是一种非常有价值的营销资产。显然，这种声誉的获得是企业内部各项职能活动相互协作的结果。

（2）企业外部的协作。现代市场竞争不再只是企业与企业之间的竞争，还是网络与网络之间的竞争。创造、传播与传递价值不能仅靠企业一己之力，而是依赖于与外部供应商、分销商、广告商、调查研究机构的紧密协作。因此，不论从竞争的角度，还是从价值创造的角度来看，都需要企业构建有效的外部协作体系。

4. 建立营销资产是市场营销的目的

市场营销起到的作用不只是帮助企业销售产品，还应该对企业长远发展提供支持。随着竞争日趋激烈，市场日渐饱和，企业长远发展的根本保证不是传统意义上的拥有强大的资金实力，而是拥有青睐企业产品的忠诚顾客群。因此，企业的一切经营活动都应该围绕如何建立忠诚顾客群展开，作为与顾客接触最密切的市场营销更应该为建立忠诚顾客群做出贡献。对企业而言，拥有忠诚顾客群意味着具有很高价值的营销资产，因此，建立具有价值的营销资产是市场营销的根本目的，这种资产的价值不是以金钱来衡量的，而是以忠诚顾客群的规模及顾客忠诚度等指标来衡量的。

（1）顾客价值和顾客让渡价值。顾客价值是指顾客购买、消费产品和服务过程中所获得的利益总和，包括商品价值、服务价值、人员价值和形象价值。

与顾客价值相对的概念是顾客让渡价值。顾客让渡价值是指顾客价值减去顾客为获得这些价值所付出的货币成本、时间成本、体力成本和精力成本。

顾客之所以青睐企业的产品，是因为相对于竞争者而言，企业能够向顾客提供更多的让渡价值。因此，建立忠诚顾客群的前提是企业能够比其他竞争者向顾客提供更多的让渡价值。提高让渡价值无外乎两种途径：一是提高顾客价值；二是降低顾客为获得价值所付出的成本。企业通常应该同时从提高顾客价值与降低顾客成本两方面入手来提高顾客让渡价值。在考虑如何提高顾客价值的过程中，除了通过提高产品质量、增加产品技术含量、添加新的产品功能等来提高产品价值，企业应该更多地从提高服务价值、人员价值与形象价值等方面着手。当企业通过各种方法提高了顾客价值时，往往意味着增加了顾客的货币成本，这时企业可以考虑降低顾客的时间成本、体力成本和精力成本，使顾客在货币成本增加的情况下，付出的总成本是降低的。

（2）顾客关系管理。顾客关系管理是指为培育忠诚顾客群而开展的一系列与顾客建立长期关系的活动。忠诚顾客群是企业非常有价值的营销资产，忠诚意味着承诺与长期的关系，因此，企业与忠诚顾客群之间不再是短期的一次性交易关系，而是长期的互利的相互依赖关系：企业依赖忠诚顾客群获得成长，忠诚顾客群依赖企业及其产品获得生理、心理以及社会需要的满足。

为培育忠诚顾客群，企业除了向顾客提供更多让渡价值，还必须进行顾客关系管理。顾客关系管理包括顾客需求调研、顾客意见反馈、顾客服务体系构建、顾客满意度调查、顾客流失率调查、品牌建设、品牌社区建设、公共关系活动等。

第 2 节　市场营销学的产生与发展

经历了 100 多年的发展，市场营销学形成了什么样的发展主线？沿着这样的发展主线，未来的研究将呈现怎样的前景？上述两个问题一直是营销学者思考的问题，他们不断地通过研究成果揭示出问题的答案。

一、市场营销学的产生与发展

Carl F. Mela，Jason Roos 和 Yiting Deng 三位学者于 2013 年初在 *Marketing Science* 期刊上发表题为“A Keyword History of Marketing Science”的特约论文，对 1982—2011 年间在 *Marketing Science* 期刊上频繁出现的关键词进行了筛选，发现 26 组高频关键词，分别是 Pricing（定价策略，频次为 122[①]），Game theory（博弈论，89），Advertising（广告策略，61），Choice models（选择模型，59），Channel（渠道策略，58），Competitive strategy（竞争战略，52），Econometric models（计量经济模型，50），Promotion（促销策略，46），New products（新产品，46），Brand choice（品牌选择策略，45），Retailing（零售策略，45），Competition（竞争，43），Bayesian analysis（贝叶斯分析，38），Diffusion（扩散，37），Hierarchical Bayes（多层贝叶斯，37），Buyer behavior（购买者行为，27），Forecasting（预测，27），Conjoint analysis（联合分析，26），Customer satisfaction（顾客满意度，25），Price discrimination（价格歧视，23），Market structure（市场结构，22），Marketing mix（营销组合，22），Marketing strategy（营销战略，22），Structural models（结构化模型，22），Internet marketing（网络营销，21），Motion picture（电影，21）。

① 以下括号中数字均为频次。

Joel Huber，Wagner Kamakura 和 Carl F. Mela 三位学者于 2014 年初在 *Journal of Marketing Research* 期刊上发表题为“A Topical History of JMR”的特约论文，对 1964—2012 年间在 *Journal of Marketing Research* 期刊上出现的高频关键词进行了统计，同样发现了 26 组结果，分别为 Consumer behavior（消费者行为，563），Method（研究方法，413），Advertising（广告策略，195），Measurement（测量，192），Survey research（调查法研究，183），Strategy（战略，171），Brand choice（品牌选择策略，169），Purchase behavior（购买行为，161），Product（产品策略，149），Empirical research（实证研究，133），Brand（品牌策略，132），Decision research（购买决策研究，118），Sales force research（销售队伍研究，103），Marketing research（营销研究，103），Channels research（渠道策略研究，100），Dimension reduction（降维，93），Assortment（搭配策略，82），Experiments（实验法，81），Basic statistics（基本统计，76），Competition（竞争，67），Segmentation research（市场细分研究，64），Pricing（定价策略，62），Econometrics（计量经济，60），Promotion（促销策略，51），Heterogeneity（异质性，42），Theory（理论，42）。

Martin Eisend 于 2015 年在 *Journal of Marketing* 期刊上发表题为“Have We Progressed Marketing Knowledge? A Meta-Meta-Analysis of Effect Sizes in Marketing Research”的论文，进一步将市场营销学的研究主题提炼为 8 个方面，并对每个方面的重点期刊进行了统计和梳理。研究发现这 8 个方面分别为：Advertising（广告策略，研究广告特征或刺激物对消费者反馈的影响，重点期刊为 *International Journal of Advertising*，*Journal of Advertising*，*Journal of Advertising Research*），Channels（渠道策略，研究渠道特征与渠道成员关系对渠道成员反馈及企业绩效的影响，重点期刊为 *Industrial Marketing Management*，*Journal of Business to Business Marketing*，*Journal of Retailing*），Consumer behavior（消费者行为，研究营销刺激物与消费者自身特征对消费者反馈的影响，重点期刊为 *Journal of Consumer Psychology*，*Journal of Consumer Research*，*Journal of Marketing Research*），Method（研究方法，研究数据收集与测量的不断优化，重点期刊为 *International Journal of Research in Marketing*，*Journal of Marketing Research*，*Marketing Science*），New Product Development（新产品开发，研究新产品开发策略、过程、情境与产品特征等对新产品开发成败的影响，重点期刊为 *Journal of Product Innovation Management*），Pricing（定价策略，研究产品变动与定价策略、促销与交易特征，以及环境特征对消费者价格弹性的影响，重点期刊为 *Journal of Marketing Research*，*Journal of Retailing*），Sales（销售策略，研究销售人员特征、销售情境、销售任务对销售绩效与顾客反馈的影响，重点期刊为 *Journal of Personal Selling and Sales Management*），Strategy（战略，研究企业特征、企业战略与策略、竞争环境特征等对消费者反馈及企业绩效的影响，重点期刊为 *International Journal of Research in Marketing*，*Journal of Marketing*，*Journal of Marketing Research*，*Marketing Science*）。

在上述学者研究成果的基础上，学者 V. Kumar 在 *Journal of Marketing* 期刊上发表了题为“Evolution of Marketing as a Discipline：What Has Happened and What to Look Out For”的论文，给市场营销学自 1936 年以来的发展划出 9 个时间段。时间段Ⅰ：1936—1945 年，市场营销学作为一门应用经济学出现，重点关注基本概念与基本原理的阐述。时间段Ⅱ：1946—1955 年，市场营销学作为一种管理活动存在，聚焦营销职能与系统生产力的提升。时间段Ⅲ：1956—1965 年，市场营销学作为一门定量研究科学存在，重点关注对营销组合作用的评估。时间段Ⅳ：1966—1975 年，市场营销学作为行为科学开始崭露头角，兴趣点在于发现消费者与组织的行为规律。时间段Ⅴ：1976—1985 年，市场营销学作为一门决策科学存在，关注如何精准地制定市场营销的战略与战术。时间段Ⅵ：1986—1995 年，市场营销学作为一门整合性科学存在，聚焦于对市场营销活动遇到的各种可能性的识别。时间段Ⅶ：1996—2004 年，这一阶段将营销视为一种稀缺的资源，学科关注点转移到顾客盈利性的研究与资源分配策略的制定。时间段Ⅷ：2005—2012 年，营销被视为一项重要的投资，市场营销学开始关注营销活动的可计量性与顾客的中心性。时间段Ⅸ：2013 年之后，营销被视为组织的一个有机组成部分，学科关注点为新媒体影响下的营销规律研究。

综上可以看出，市场营销学的发展始终与市场营销活动的演进密切相关，二者相辅相成，形成良性循环。因此，市场营销学的未来也存在于这一良性循环之中。

二、市场营销学在中国的发展

20 世纪三四十年代，市场营销学在中国曾有一轮传播。现存最早的教材是丁馨伯编译的《市场学》，由复旦大学于 1933 年出版。当时一些大学的商学院开设了市场学课程。由于长期战乱及经济发展水平的限制，市场营销学的研究和应用有很大的局限性。中华人民共和国成立后，在很长一段时间内，由于西方的封锁和我国实行高度集中的计划经济体制，商品经济受到抑制，市场营销学的研究基本中断。在长达 30 年的时间里，中国学术界对国外迅速发展的市场营销学知之甚少。

党的十一届三中全会后，中国确定了以经济建设为中心，对外开放、对内搞活的方针。经济学界努力为商品生产恢复名誉，改革开放的实践不断冲击着计划经济体制，国家逐步明晰了以市场为导向、建立社会主义市场经济体制的改革目标，这为我国重新引进和研究市场营销学创造了良好的条件。

1978—1985 年是市场营销学再次引进中国并初步传播时期。高等院校相继开设了市场营销课程，组织编写了第一批市场营销学教材。1980 年，国家经委与美国政府合作创办了以厂长、经理为培训对象的大连培训中心，聘请美国著名的营销专家讲课，对营销理论方法的实际运用起到了推动作用。1984 年 1 月，为加强学术与教学研究，推进市场营销学的普及与发展，中国高等财经院校综合大学市场学教学研究会成立（1987 年改名为中国高等院校市场学研究会）。该研究会聚集了全国 100 多所高校的市场营销学者，他们每年定期交流研讨，公开出版论文集，对市场营销学的传播、深化和创新运用做出积极贡献。1991年3月，中国市场学会在北京成立。该学会成员包括高等院校、科研机构的学者，国家经济管理部门官员和企业经理人员。中国高等院校市场学研究会和中国市场学会开展了一系列活动，促进学术界和企业界、理论与实践的结合，为企业提供营销管理咨询服务和培训服务，并建立了对外交流渠道。

1992年以后是市场营销理论研究结合中国实际提高、创新的时期。邓小平南方谈话奠定了建立社会主义市场经济体制的改革基调。改革全方位展开，国内经济结构产生变化，外资企业大量进入，买方市场特征逐步明显，市场竞争进一步加剧。在这种形势下，强化营销和营销创新成为企业的重要课题。为此，中国营销学术界一方面加强国际沟通，举办了一系列市场营销国际学术会议；另一方面展开了以中国企业实现“两个转变”（从计划经济向市场经济转变，从粗放经营向集约化经营转变）为主题的营销创新研究，以及以“跨世纪的中国市场营销”为主题的营销创新研究。此后，随着中国市场营销研究人员与国际主流研究的互动与融合越来越频繁和深入，市场营销学在我国获得了更为长足的发展，中国营销学者越来越多地出现在国际前沿研究领域，发表了大量具有国际影响力的研究成果。

第3节　营销道德在市场营销中的重要性

随着我国国民经济的快速发展，市场营销作为一门覆盖面极为广阔、受到全社会关注的重要学科也得到迅速的发展，并带来市场营销活动的巨大成功。但由于我国处在经济转轨的特殊历史时期，各种不道德行为充斥市场营销活动，引发理论界与实践界对营销的社会责任的诸多探讨，营销道德问题开始受到社会各界的广泛关注。党的十六大报告指出：要建立与社会主义市场经济相适应、与社会主义法律规范相协调、与中华民族传统美德相承接的社会主义思想道德体系。2016年，习近平总书记在全国高校思想政治工作会议上发表重要讲话，提出“要坚持把立德树人作为中心环节，把思想政治工作贯穿教育教学全过程，实现全程育人，全方位育人”。作为社会主义道德体系的重要组成部分，营销道德的建设具有重大的社会意义。

一、营销道德的概念

道德是社会意识形态之一，是一定社会中调整人与人之间，以及人与自然、社会之间关系的行为规范的总和。一方面，探索人与人、人与自然之间的关系及规律，并形成正确科学的认识及价值观；另一方面，利用已形成的价值观、伦理观及对客观规律的认识等影响、引导、规范他人的行为。

从社会总体的角度来看，市场营销活动属于宏观市场营销，即一个社会经济活动的过程。宏观市场营销引导商品或服务从生产者手中流转到消费者手中，可以有效地调节商品社会的供需矛盾，实现社会的发展目标，提高社会及广大消费者的福利。仅仅研究微观市场营销并不能达到全面分析问题的目的，必须将企业营销活动放在社会整体系统中来分析并制定相应策略，这就要求企业考虑营销活动对社会的影响。由此可见，营销活动不仅反映人与人的利益关系，还反映人、企业与自然的利害关系。营销作为微观组织的市场活动也是一种社会行为，需要有正确的价值观和符合人类社会发展的伦理道德。

营销道德是指调整企业与中间商、竞争者、消费者等相关人群的利益关系，以及企业与自然、社会的利害关系的行为规范的总和。它被用来判断企业的营销行为是否正确，企业营销活动是否符合消费者及社会的利益，能否为消费者带来最大利益。它需要回答以下几个问题：

（1）对于营销活动，社会上最常有的批评是什么？

（2）对于营销中出现的道德问题，社会大众采取什么行动来阻止或纠正？

（3）对于营销中出现的道德问题，立法机关或政府机关采取哪些步骤来阻止和纠正？

（4）优秀的企业采取哪些措施来实施对社会负责的营销活动？

二、企业重视营销道德的必要性

1. 营销道德问题兴起的社会基础

在以儒家思想为主导的传统观念的指导下，我国在历史上早已形成具有中华民族特色的营销道德观念。例如，“先义后利”“以义求利”“仁中取利”“义内求财”“货真价实，童叟无欺”“君子爱财，取之有道”等都是营销道德观念的精要概括。在美国，营销道德问题起源于消费者主义运动，它最早可以追溯到 20 世纪初。1906 年厄普顿·辛克莱（Upton Sinclair）在《丛林》上揭发肉类加工业的种种不道德行为，引起消费者的极大愤慨；20 世纪 30 年代的经济大萧条、物价大战及药品行业的丑闻更推动了社会公众对营销道德的呼唤；60 年代，拉尔夫·纳德（Ralph Nader）倡导并提出了企业应当承担社会责任的口号，强调企业之间的竞争应以道德为本；1962 年 3 月 15 日，美国总统肯尼迪在国情咨文中明确提出，消费者在市场营销活动中有四项基本权利，即安全权、认知权、选择权、呼吁权，此后，尼克松对消费者的权利进行扩展，在以上四者的基础上增加了索赔权。

2. 我国市场营销活动中的道德问题

在经济转轨阶段，由于制度不完善等原因，企业市场营销活动中产生了一些不道德的现象。

（1）假冒伪劣现象。假冒伪劣问题会严重破坏市场秩序、阻碍守法经营企业正常发展。以近年来的充电宝产品为例，充电宝的主要部分是电芯。一些劣质产品生产厂家为追求利润，会选择较便宜的电芯或二手电芯，其价格只有五六元钱。容量在1 000～3 000 毫安时，这种电芯在过充、高温情况下容易发生正负极短路、电解液泄漏、内部气体膨胀、内压加大，以致自燃甚至爆炸。事实上，曝光的充电宝爆炸事件绝大多数是这些假冒伪劣产品造成的，但给社会造成的印象是充电宝的问题，让整个充电宝行业蒙受了不白之冤，行业整体形象受到极大影响。

（2）竞相降价所带来的恶性竞争。价格竞争是企业市场竞争的有效手段，它可以促进市场的优胜劣汰，但是过度价格竞争的结果是多方的利益遭受损失，企业盈利水平下降，资金积累和技术研发水平降低，进而危及企业的生存；企业降低质量标准，消费者安全受到威胁。中国软件行业协会发布的《有关开放源代码软件与商业软件知识产权的研究报告》显示，中国软件业也出现了类似中国家电产业中的恶性价格竞争的现象。在一些信息系统建设项目中，由于恶性竞争，软件费用被压得很低，开发商不但无利可图，甚至起码的开发和服务也难以为继。中标的企业被迫使用盗版软件或者偷工减料，不按要求开发软件和提供服务，导致经济学上的“劣币驱逐良币”的现象，即优秀的软件企业被报价最低的劣质企业逐出信息化市场，用户花了“低廉”的费用，最终得到的却是达不到要求甚至无法使用的低劣产品和服务。

价格竞争本无可厚非，它是市场经济条件下的一种必要竞争方式，但一旦超出理性的界限，将给相关企业正常的经营带来灾难性的后果。控制这种现象的蔓延，要靠政府干预、行业协调，更要靠相关企业的自律。只有形成以承担社会责任为基础的道德约束，才是根本的出路。即使一些企业认识到超出理性范畴的降价是一种自杀行为，但如果没有相互信任的道德基础，最终还是会违背协议。

（3）不守承诺的公关活动。捐款、赞助等公共关系活动是企业提高公众形象的一个有效方式，然而一些企业，甚至是一些知名企业，只是利用公共关系活动进行企业及产品的宣传，事后却不履约。例如，在我国的慈善排行榜中，捐款数据经常有被夸大的现象，常见的做法是把承诺捐款数目当成实际捐款数目公布，如企业承诺捐款 1 000 万元，但每年只拿出承诺捐款的利息 50 万元。

（4）企业联手欺诈消费者。消费者在一次消费行为中可能会接触多个商家，这些商家有时会联合起来设置一个骗局，诱使消费者进入圈套，最后瓜分从消费者那里骗到的钱款。比如，中央电视台《经济半小时》栏目的记者曾跟随某低价旅行团亲身体验了一次香港之行。在低价旅游费的背后是旅行社与香港某商家精心布好的骗局，逼迫消费者以高价买回赝品，致使大量游客上当受骗。

（5）增加社会成本。企业在推出一些产品满足消费者个人需要的同时，往往会带来较大的社会成本，如果企业对此没有承担相应的社会责任，就会增加社会的负担。例如，汽车的普及加重了道路的负担，交通堵塞及车祸随之增多。又如，香烟在满足吸烟者需要的同时，损害了吸烟者的健康，侵害了不吸烟者的权利，导致因吸烟和被动吸烟罹患疾病的人数及死亡率上升。

（6）分销策略中的营销道德问题。1）违反独家经销合同。一些生产者和中间商违反独家经销合同，寻找其他的中间商或者经销其他生产者的产品。2）故意不及时供货或不及时付款。生产者故意不向中间商及时供货或中间商故意不向生产者及时付款。3）中间商从非法渠道进货。某些中间商避开合法的渠道，选择从一些非法的渠道进货，损害了消费者和生产者的利益。4）生产者胁迫中间商。生产者凭借其在分销渠道中的优势地位，对中间商的销售活动施加各种干预，采取终止合作关系、减少经销利润和广告支持、停止或减少供货等胁迫手段迫使中间商从事一些违反营销道德的行为。5）中间商窜货。一些中间商为了自己的利益，经常采用窜货这种不符合营销道德的恶性竞争手段来销售产品。中间商窜货不仅造成了市场价格混乱，严重扰乱了正常的市场竞争秩序，损害了生产者、其他经销商和竞争对手的利益，而且会使消费者对品牌失去信心。

（7）人员推销策略中的营销道德问题。1）强力推销。有些推销人员采取操纵、威吓等一些强迫手段向顾客推销顾客并不需要的产品。2）高价推销。有些推销人员以高于市场价很多的价格向顾客推销产品。3）歪曲诱导，坑蒙诈骗。有些推销人员采取歪曲诱导、坑蒙诈骗的方式诱骗消费者购买那些假冒伪劣产品或滞销积压的产品。4）商业贿赂。有些推销人员为了做成生意，给予对方回扣或向对方送礼行贿。5）推销人员素质差。有些推销人员在推销活动中以貌取人，不尊重顾客，对顾客爱搭不理、冷嘲热讽、不耐烦，甚至辱骂、殴打顾客，严重损害了个人形象和企业形象。

（8）广告策略中的营销道德问题。1）广告欺骗。有些企业在广告中进行虚假宣传，欺骗消费者购买自己的产品。2）广告攻击。有些企业通过广告攻击竞争对手来提高本企业和产品的地位。3）广告误导。有些企业在广告宣传中故意模棱两可、含糊其词，引起消费者的误解，使消费者上当受骗。4）广告污染。广告在传播过程中，必然会对社会文化、社会风气等产生一些现实和潜移默化的影响。因此，广告的内容和形式应该是积极向上的。但是，有些企业的广告在播出和刊登之后对社会造成了不良的影响，这种广告污染在一些医药和保健品广告上表现得比较明显。

总之，企业营销中的种种不道德行为给企业、社会和消费者带来了影响：严重影响了企业的收益，加大了营销成本；影响了企业形象，阻碍了企业的长期发展；损害了消费者的权益；造成市场整体失序，在这种失序的市场环境中，最终遭受损失的还是企业自身。因此，企业应该对营销道德加以重视。

三、营销道德问题的表现形式

市场营销道德问题贯穿企业营销活动的始终，企业营销策略实施的每个环节都有可能出现道德问题，而且表现形式多种多样。以下从企业营销基本组合的角度出发逐一加以分析。

1. 产品中的营销道德问题

产品中的营销道德问题主要体现在以下几个方面：

（1）产品缺乏应有的质量，产品提供的利益较少。

（2）企业有时出于自身利益的考虑，不愿披露与产品有关的危险。例如，对儿童玩具中含有有害化学物质以及家用电器可能由于使用不当而发生爆炸等危险未加以披露。

（3）产品包装不能提供真实的产品信息，或包装过度造成社会资源的浪费及环境的污染。

（4）某些行业故意使其产品很快过时，鼓励消费者在尚可使用时就丢弃不用。

（5）制造厂家故意保留已开发成功且极具吸引力的产品特性，采用细水长流的方式推出，以促使消费者一再更新产品，造成社会资源的严重浪费。

一些企业在利益的驱使下，使用劣质或工业用原料加工食品，严重危害了消费者的安全及健康。还有一些企业产品的生产造成环境污染，产品的包装及标签未能提供真实的产品信息，在产品说明书中成分标示不明或未提及产品的副作用，严重侵害了消费者的知情权。比如，2006年质监局查出少数添加剂生产企业以苏丹红化工染料冒充食用添加剂辣椒红色素，销售给辣味制品生产企业，造成30家企业生产的88种食品含有苏丹红。企业生产合格产品，不仅是基本的道德要求，也是企业生存的根本途径，更是企业的一种社会责任。

2. 价格中的营销道德问题

掠夺性价格、歧视价格、垄断价格及未披露全部价格信息等都是价格行为中违背道德的典型表现。具体表现为利用消费者对价格的无知漫天要价，攫取超额利润；以不实的出厂价、批发价和成本价大做广告，先提高价格再做促销等。一般来说，价格差异不都是违法的，但从道德角度看，价格差异易于引起怀疑，而且如果价格差异是用来削弱或损害竞争对手的，就会产生道德问题。价格中的营销道德问题还包括营销系统通过巧妙的安排，使价格比合理的水平高出许多。很多消费者指责现代商品的价格中所包含的广告及促销费用过高。某些垄断性行业对产品实行超额加成也构成营销道德问题。

由于市场信息的不对称，消费者对产品的成本、价格无法做出准确的判断，一些企业便把产品的销售价格定得远远高于生产成本，利用消费者求名买贵的心理牟取暴利。产品价格中含有过高的广告、推销费用。有些同类产品的生产商或销售商为了阻止产品价格下跌而实行价格共谋，采取价格垄断等。这些做法都严重地损害了消费者的利益，扰乱了正常的市场经济秩序。

3. 分销中的营销道德问题

分销中的营销道德问题主要源于企业与分销商之间的关系。制造商和中间商之间本应该是分工与协作的关系，但二者之间存在的利益上的矛盾常常导致协作中断，最终形成渠道陷阱。

（1）中间商恶意拖欠厂家货款，致使货款不能及时回笼。

（2）中间商见利忘义，跨区窜货，短期行为严重。

（3）中间商为了避免积压，扩大销量以获得厂家高额返利，恶意竞争，人为制造市场上的价格混乱。

（4）中间商凭借其渠道优势，改变和控制制造商的销售政策。

（5）中间商跳槽现象严重。

（6）制造商铺货成本高昂。

（7）中间商利用手中的货架资源，随意更换制造商产品的摆放位置。

制造商不仅要与其他企业、消费者建立良好的关系，还要与分销商建立长期的合作关系。分销商与制造商的合作关系不仅需要分销协议予以保证，还需要诚信来维持。

4. 促销中的营销道德问题

在信息沟通中经常会产生道德问题，诸如虚假和误导性广告、操纵或欺骗性促销、欺骗性战术或过度宣传等。以广告中的不道德问题为例，它主要表现为：

（1）欺骗性广告。过度夸大产品的功效，诱使消费者购买，这种广告在保健品上表现得尤为明显。

（2）误导性广告。在广告宣传中含糊其词，故意利用易引起误解的广告语，使消费者做出错误的购买决策。

（3）广告污染。广告中过多地向人们灌输“物质主义”“性”“权势”“地位”等观念，对社会造成不良影响。

（4）对竞争者的攻击性广告。通过含沙射影诋毁同业来抬高自己企业和产品的地位。

纵观企业市场营销活动的整个过程，在每个环节上都可能出现道德问题。这些道德问题，无论是对消费者的利益、企业的利益，还是对社会整体的利益均会造成严重的损害。对消费者而言，营销中的不道德行为轻则造成经济损失，重则影响身心健康甚至威胁生命安全；对企业而言，不道德行为一旦被揭穿，势必使企业名声扫地、一蹶不振；对整个经济而言，市场营销中的不道德行为的泛滥必定导致社会资源严重浪费和整个经济不健康发展。要使我国市场经济良性发展，提倡并符合市场营销道德非常必要。

四、企业营销道德的构建

营销道德的构建刻不容缓，但因其涉及人们的思想观念、是非观念，所以企业营销道德的构建将是一个长期而艰难的过程，需要参与社会经济生活的各方面共同努力，从社会和企业两个角度去重点考虑，在达到利益和谐的基础上，尽可能实现社会整体利益和个体利益的最大化。

1. 从社会的角度来看

（1）加大立法修法和执法力度。改革开放 40 多年来，我国为了促进市场经济的健康发展出台了一系列法律法规，如《中华人民共和国消费者权益保护法》《中华人民共和国商标法》《中华人民共和国反不正当竞争法》《中华人民共和国食品安全法》等，但还不能全面满足经济发展的要求，一些现实问题的处理无法可依，种种不道德的营销行为得不到制裁。因此，需要进一步加大立法修法力度，为治理各类问题提供法律依据。同时，执法力度必须加强，一定要使丑恶的现象受到应有的惩罚，加大不道德行为的成本，充分发挥法律的预防与震慑作用，只有这样才能提高企业营销道德水平。

（2）发挥行业协会的作用。行业协会是行业的群众性组织，因为是内行，所以容易辨别企业的行为，可以监督企业。营销道德问题普遍存在于企业活动之中，尽管从法律的角度看并不违法，但可能存在道德方面的问题。单个企业在行业中如同一个人处于一个群体中，有一种“从众心理”，大家都遵守成文或不成文的规则，因此自身迫于压力也必须服从。行业协会应制定统一的行业职业道德标准、违规处罚办法等，对企业营销活动加以规范和监督。

（3）增强全体公民参与营销道德建设的责任感和自觉性。营销道德的建设与社会道德环境的建设密不可分。应加强道德宣传，使公民自觉提高道德意识和道德修养，信守“勿以恶小而为之，勿以善小而不为”，以德为本，从而提高全社会道德水平，使不道德的营销行为失去存在的社会基础。习近平总书记在党的十九大报告中指出：“文化是一个国家、一个民族的灵魂。”“中国特色社会主义文化，源自于中华民族五千多年文明历史所孕育的中华优秀传统文化”。这凸显了中华优秀传统文化对中国特色社会主义文化建设的关键作用。我国传统文化重视“君子爱财，取之有道”“货真价实，童叟无欺”等，但法律的地位和尊严并没有得到足够的重视，致使这种建立在良心基础之上的道德观念在市场经济大潮中受到了一定的挑战。因此，应加强法制教育，使全体公民学法、守法，用法律武器保护自己的合法权利，并形成一种社会力量，自觉抵制不道德的营销行为；同时通过对媒体的监督控制切断虚假广告的传播源头，对有悖营销道德的广告不予刊登。

（4）加强企业文化建设。企业文化就是在一定的社会文化背景下，企业长期生产经营过程中形成的具有明显特性的价值观、道德观、经营理念、战略思想的总和。它制约着企业营销决策的动机，规范着企业营销行为。企业文化是影响营销道德的重要内部因素，优秀的企业文化能形成巨大的感召力和凝聚力，能塑造员工的人生观、价值观，对提高营销道德水平起着重要作用。

（5）认真解决信息不对称问题。不道德的营销行为能够得逞，使消费者利益受损，这往往是由于营销者掌握的信息较多，消费者了解的情况较少而且在交易中处于不利地位。要加强对消费者的宣传教育，增强其自我保护意识，积极地与违法和不道德的营销行为做斗争。应通过报刊和各种广告为消费者提供更多的商品知识，培养理性的消费者。

2. 从企业的角度来看

（1）树立社会营销观念，增强企业的社会责任感。企业不仅要以实现盈利和满足消费者需求为经营目标，而且要以社会营销观念为指导去承担社会责任。企业的社会责任是指企业为了所处社会的福利必须承担的道义上的责任。它是市场营销道德在社会层面上的体现。企业的社会责任是企业所处的社会文化环境、政治法律环境和自然环境的具体要求。企业应把承担社会责任作为营销活动的有机组成部分，既要重视企业的经济产出，又要重视企业的社会产出，力求二者均衡扩大，使企业成为社会进步的工具。

这就要求企业以“社会”的观点而非“产品”的观点来确定自己的使命，把社会的目标作为企业努力的方向。

1）承担社会责任。企业不但要提供传统的经济服务，而且要为人们所关心的社会事务提供令人满意的服务，为社会的发展做贡献。例如，为社会提供就业机会，为员工提供培训、福利，资助文化艺术事业，捐助各种社会公益活动，协助政府提供社会服务，等等。

2）提供具有社会价值的产品。企业营销的目标不能仅限于满足消费者的需求，应着眼于全社会生活质量的提高。企业提供的产品和服务应在时间和空间上产生社会价值，不给社会带来危害或不经济。这就要求企业尽力降低并自觉承担产品的社会成本；尽量开发绿色产品、可回收产品，以减少环境污染，节约有限资源；采用正当的竞争手段，维护良好的社会风气；尽量避免需求过度，正确引导消费者形成健康的消费观念。

3）重视社会利益。企业的营销行为不仅要符合自身利益，而且要符合社会利益，这是企业与社会相互适应、共同发展的必要条件。企业应致力于维护社会及公众的当前利益和长远利益，制定履行社会责任、达成社会效益的营销行为规范并灌输给企业员工，帮助他们解决营销活动中的道德问题，培养和造就一批具有高尚营销道德观念的营销人员。

4）接受社会的监督。社会及公众对企业营销道德水平的评价能够影响消费者是否购买企业的产品，而且这种影响越来越大。如果社会对一个企业的营销道德水平评价很差，消费者就会对该企业及其产品持反感、戒备、疏远的态度。因此，企业应该自觉地接受社会监督，及时了解消费者及公众对企业的评价和意见，把提高社会对企业营销道德水平的评价作为营销战略目标之一。

（2）树立道德信念，确立营销工作的基本规范。道德信念是指企业及其员工对某种营销道德规范、原则和理想的正确性深信不疑，并且具有履行这种道德义务的强烈责任感。它是一种主观的道德评价，主要通过良心来发挥作用。培育良好的道德信念，能够促使员工产生强烈的道德自立、自律意识，为企业营销道德的内化提供精神动力。

营销道德的基本规范应是公平、自愿、诚实和信用。公平，是指买卖双方在交易中要等价交换、互惠互利；自愿，是指买卖双方应该完全按照自己的意愿进行交易活动，不强买强卖；诚实，是指买卖双方应互通真实信息，实事求是，不弄虚作假；信用，是指买卖双方应信守诺言，遵从合约。

企业及其营销人员必须遵循这些基本规范，在满足消费者需求、保证消费者利益的基础上，通过正当的营销活动谋求企业利润，坚决杜绝以不正当手段损害消费者利益来谋求企业自身利益的行为。

小　结

市场营销就是在市场上的经营与销售。由于市场环境的差异，不同历史时期经营与销售的方式不一样。历史上的经营与销售方式经历了从生产主导、产品主导到销售主导的演进过程。虽然从表面上看，这三种经营与销售方式存在明显差异，但是就本质而言，这三种经营与销售方式都是由内向外的经营观念的反映，都是以企业为主的经营观念的反映。

随着市场竞争日趋激烈、生产技术水平日益提高、市场饱和度上升，企业不能再采取以自我为主导的经营方式，必须采取以市场为主导的经营方式，这就是现代市场营销经营观念的本质。现代市场营销强调基于市场需求及竞争特征来决定生产什么、如何生产、销售什么及如何销售。

未来的市场营销需要考虑六个方面：确定品牌的目的；保持一致性；与人力资源部、IT部友好相处；人员培训；授权本土团队提升效率；从传统市场向数字市场转变。

市场营销应该遵循内在的固有逻辑展开，这种逻辑包括四个方面的内容：第一，了解市场；第二，设计与执行营销方案；第三，建立营销合作体系；第四，建立营销资产。

营销道德是指调整企业与中间商、竞争者、消费者等相关人群的利益关系，以及企业与自然、社会的利害关系的行为规范的总和。它被用来判断企业的营销行为是否正确，企业营销活动是否符合消费者及社会的利益，能否为消费者带来最大利益。它需要回答以下几个问题：(1) 对于营销活动，社会上最常有的批评是什么？(2) 对于营销中出现的道德问题，社会大众采取什么行动来阻止或纠正？(3) 对于营销中出现的道德问题，立法机关或政府机关采取哪些步骤来阻止和纠正？(4) 优秀的企业采取哪些措施来实施对社会负责的营销活动？

基本概念

1. 以生产为主导的经营观念——生产是企业经营的重心，所有经营活动都应该围绕提高生产效率、降低生产成本展开。

2. 以产品为主导的经营观念——经营与销售的重心是产品本身，企业应该通过研发来提高产品质量、完善产品品种、增加产品功能。

3. 市场营销（AMA 2013年的定义）——市场营销是在创造、沟通、传播和交换产品中，为顾客、客户、合作伙伴以及整个社会带来价值的一系列活动、过程和体系。

4. 顾客价值——顾客购买、消费产品和服务过程中所获得的利益总和，包括商品价值、服务价值、人员价值和形象价值。

5. 顾客让渡价值——顾客价值减去顾客为获得这些价值所付出的货币成本、时间成本、体力成本和精力成本。

6. 营销道德——调整企业与中间商、竞争者、消费者等相关人群的利益关系，以及企业与自然、社会的利害关系的行为规范的总和。

思考题

1. 经营观念为什么会经历从生产主导、产品主导、销售主导到市场主导的演变过程？

2. 谈谈你对市场营销的认识。

3. 如果你是一家运动服装生产商，应该如何与你的顾客建立良好的关系？

4. 在构建营销道德的过程中，政府和企业分别起到的作用是什么？

案例分析

汽车业创意玩法：对比化体验营销

小米等开始合作制造汽车；日产前北美营销负责人杨崇转身互联网；腾讯、京东联手易车实现"云数据"大整合……日益兴起的互联网思维开始融入传统制造行业，已经有汽车企业尝到了互联网甚至移动互联网营销的甜头，从东风日产的数字营销，到沃尔沃的个性化定制，再到 DS 在微信平台上的出奇制胜，汽车营销这个遍地黄金的市场，总是充当着创新营销模式的排头兵。

新兴传播方式带动汽车营销

汽车行业有各式各样的传播媒介，例如网络社区、高保真模拟游戏、微电影营销等，各个企业应该根据不同需求，选择适合自己的传播方式。

(1) 网络社区——情感专区的虚拟深度交流。

通常会有企业加入一些综合性虚拟社区或者自建网络社区，在虚拟互动的情况下促进车友的情感交流。现代社会中很多人在真实情景中可能会感到拘束，在虚拟社区里反而可以畅所欲言。这种网络社区的形式可以促进车友之间的交流，倾听用户的心声，在情感上使参与者产生共鸣，实现情感体验和关联体验。比如"越野 e 族"网络平台，各个 SUV 品牌在该网站上建立部落，网站在各省份组建线下组织，线上交流与线下活动相互促进，相得益彰。

(2) 高保真模拟游戏——让用户在游戏中接触品牌。

利用三维技术让用户置身其中是一种新型体验方式，诸如模拟的试驾、极限赛等，玩家可以亲身体验更多震撼的效果。汽车在高仿真、高互动的游戏中出现，从外观到内饰，从轮胎到动力性能，均依据真实数据制作而成。例如某车企与游戏公司联合开发的《飙车》游戏就植入了一款车型的所有设计特征和技术参数，使玩家取得了不错的感官体验。

（3）微电影营销——开启品牌传播的另一扇门。

在互联网、大数据连番轰炸的今天，微电影作为一种社交媒体平台上的“自传播”模式悄然登上历史舞台。微电影在故事情节和表达方式上比一般广告增加了更多的可读性与深刻性，故事更完整，情绪渲染更充分，短小精悍，更容易触碰人们身上那根最柔软的神经。

微电影不一定是品牌故事，但一定是一个相对完整的故事。它们一般不是商业驱动而是情感驱动，通过专业化的制作使观众获得和商业电影一样的视觉与情感上的享受。比如君越微电影五部曲——《棋中棋》《Hello》《Mr.危机》《读心术》《失眠》，就是通过电影的表现形式，将品牌植入其中，潜移默化地起到了营销的作用。

对比化体验营销更生动

人们不再需要“单向信息输出”的说教式体验，而是需要“双向感知并交流”的互动式体验。

如果只是单一品牌的体验，可能少了些渲染，或者不够精巧，总有王婆卖瓜之嫌，这就催生了一种对比化体验营销。对比化体验营销是体验营销的一种表现手法，通过把两款或多款不同的产品对照比较，使产品形象更鲜明，感受更强烈，从而凸显产品自身的亮点。

为了避免品牌之间不必要的纠纷，或者是避免引发两边粉丝之间的口水仗，对比化体验营销往往采取幽默、夸张的表现方式，或者对竞争品牌或产品进行艺术化处理，有时甚至可能会美化，目的是激发受众的传播热情，从而加深品牌印象。也就是说，对比化体验营销更注重传播自己的长板，而不是揭示竞品的短板，更何况很多时候长短之间本无定论。

对比化体验营销有三个主要特点：形式不会太严肃，一旦严肃容易造成误导；对比点一般比较聚焦，分散了就不会有深刻的表现效果；对比的差异描述不会太直接，不会讲产品本身，而是突出这种差异带给顾客的不同感受，是从情感角度进行利益拉动。

例如，奔驰的三则广告在网络平台上点击量颇高，表现的是奔驰E320L的碰撞预警系统、LED智能随动转向照明系统和V6双涡轮增压发动机的技术性能，但不是为了技术而讲技术，而是通过与一辆酷似R品牌的车型做实景对比，利用艺术化处理进行调侃，让受众会心一笑。这三则广告借助微电影的方式展开对比化体验营销，传播效果更好。

汽车营销“出奇”方能“制胜”

在传播方式层出不穷、花样翻新、产品高度同质化的今天，传统营销方式和一般的网络传播方式显得力不从心，乏味突兀的传统广告很难再给受众留下深刻印象。如何让消费者产生浓厚兴趣并形成长久记忆，是值得我们思考的问题。在产品同质化日益严重的情况下，汽车营销如何出奇制胜?

短视频、直播等传播方式的兴起，带动了社会化营销需求。同时，社交+视频、直播+营销等融合不同自媒体平台的方式成为品牌主要的营销发力点。此外，不同领域的 KOL（关键意见领袖）营销能更好地将品牌辐射到不同圈层，从而扩大品牌影响力，跨界营销成为必然趋势。

目前，汽车的跨界营销呈现目标受众年轻化、社媒环境视频化、品牌营销娱乐化、车圈大咖跨界做综艺等特点，层出不穷的创意跨界不断为汽车品牌提供营销新思路。潮牌联名、游戏合作、综艺植入、泛文化创新、节日特供……在竞争愈演愈烈的汽车行业中，汽车品牌在营销方式上敢为人先，积极寻求跨界创新合作，不断扩大品牌宣传维度，打造贴合年轻消费群体的跨界新玩法。

资料来源：中国汽车行业营销需求的 10 个洞察点.（2020－11－09）. 搜狐网.

讨论题

1. 汽车行业借助互联网思维取得成功的原因是什么?
2. 对比化体验营销是否会涉及营销道德问题? 怎样解决?
3. 借助短视频、直播的创意营销具有怎样的特点? 你是否还能想到其他创意营销方案? 请详细阐述你的观点。

阅读材料

中国梦：人民对美好生活的向往，就是营销人的奋斗目标

什么是市场营销? 营销的核心和宗旨是什么? 有人认为，营销就是推销；有人认为，营销就是炒作；更有人认为，营销就是让人们购买他们原来不愿意购买的东西。这些观点都远远背离了营销的本质。营销的核心和宗旨是满足顾客需求，建立并创造顾客价值。顾客价值构成了市场，顾客价值驱动着市场，企业需要在营销活动的全过程中保持和顾客的互动。只注重生产、产品、推销的传统商业观念（包括生产观念、产品观念、推销观念）早已不能满足新时代和新时代下消费者的需求。营销已从向顾客传递产品和服务的纯经济活动转变为向社会传递价值的经济和社会活动。把中国梦、中国特色社会主义新时代社会主要矛盾、2035 年基本实现社会主义现代化远景目标同市场营销观念的核心思想结合起来看，不难发现，它们之间存在本质上的相关性。营销的核心和宗旨是满足顾客、满足顾客对美好生活的需求，所有营销企业共同努力，聚集在一起的力量就是传递美好生活。让人民幸福是中国梦的本质之一，让人民生活得更好也是现阶段我们要解决的社会主要矛盾和 2035 年基本实现社会主义现代化远景目标的核心。

第2章

分析营销环境，寻找市场机会

思政目标

- 明确人与自然和谐共生战略的含义。
- 理解数字强国战略的提出原因与实施路径。
- 理解碳达峰、碳中和的时代背景。

引导案例

2005年，一个打着“每个人都是生活的导演”口号的土豆网上线了。作为中国最早的互联网视频网站，土豆网以相信年轻人的想象力、创造性的理念，激励着更多的人去拍摄视频作品。得益于基数庞大的用户制作群体，土豆网乃至中国互联网视频制作领域出现了数以亿计的视频作品。然而，先有同行优酷的介入，后有新兴视频网站爱奇艺、腾讯、乐视的崛起，受困于自身模式的土豆网渐渐衰落，于2012年同优酷正式合并。

“每个人都是生活的导演”，土豆网的梦想是美好的。来自全国各地的形形色色的人，拍摄出风格迥异的视频，在土豆网上被用户观看。恶搞的桥段、微微暧昧的片段冲击着人们的感官，引发尖叫、幻想。然而，受限于每个人的知识水平，长期的视频制作者数量微乎其微，UCG（用户制作者）模式渐渐走入死胡同。爱奇艺、乐视等新兴视频网站诞生，自制节目兴起，拥有专业制作团队的视频网站，视频制作较为精良，迎合了大众对娱乐的需求，迅速成为视频行业的新宠。同时，集思广益、分工协作的氛围，保证了新的视频被源源不断地生产出来，也增加了用户的黏性。尽管优酷土豆后来也采用了PCG（专业制作团队）模式，但视频质量始终参差不齐。

互联网时代，每个人都是媒体制作者。土豆网就相当于视频版的微博，人们周围发生的事件都可以被录制上传。开放的平台为制作者提供了一个宣传、发布的途径，人人平等的观念在互联网领域得以体现。然而，观众只能是被动的受众，无法发出心中的呼声。随后，B站的兴起，使观众可以通过弹幕发表对视频的看法，不再拘泥于受众的身份。专业制作团队的出现，也使视频编排、拍摄、后期制作能够各司其职，分享协作成为主流。

第1节　营销环境中蕴含机会与风险

任何一个企业都是在不断变化的社会经济环境中运行，在与其他企业、目标顾客和社会公众相互协作、影响、竞争和监督中开展市场营销活动。营销环境是指对企业的市场营销活动产生影响和冲击的各种角色和力量。

根据营销环境中各种力量对企业市场营销的影响，可把市场营销环境分为微观环境和宏观环境两大类。微观环境是指环境中直接影响企业营销活动的各种行动者，如顾客、供应商、竞争者和社会公众；宏观环境是指环境中间接影响企业营销活动的不可控制的较大的社会力量，如政治、法律、经济、人口、技术和文化等。在某些情况下，宏观环境也能对企业营销活动产生直接影响。

大量的营销实践表明，即使在经济衰退时期，企业也常常可以捕捉到一些新的市场机会，其中还有相当一部分企业通过自己出色的营销活动，创造了不寻常的业绩。在经济繁荣时期，市场环境也可能给企业带来新的威胁，一些企业难逃倒闭的厄运。也就是说，不断变化的市场环境，既可能给企业的市场营销活动提供机会，也可能带来威胁。同一环境中的变化，对某些企业是机会，对另一些企业则可能是威胁。营销环境对企业有两方面的影响：提供机会；产生威胁和风险。

营销机会是指给企业带来盈利可能的环境变化的特征或趋势。企业可能有多个营销机会。营销机会矩阵（见图2－1）是按机会的成功概率以及机会的吸引力对不同的营销机会进行分类的方法。企业的最佳环境机会是吸引力大、成功概率高的第1类机会，营销管理者应调动企业最佳的资源来追逐这类机会。第3类机会的吸引力太小，成功概率又低，可以不予考虑。第2类和第4类机会经过努力可能向第1类机会转变，企业要密切关注。需要注意的是，企业必须慎重地评价自己所面临的市场机会。美国著名市场营销学家西奥多·莱维特曾经说过：

> 这里可能有一种需要，但是没有市场；或者这里可能有一个市场，但是没有顾客；或者这里可能有一位顾客，但目前不是一个市场。

环境威胁是环境中不利于企业发展的现实的或潜在的特征和变化。企业可能面临多个营销威胁。营销威胁矩阵（见图2－2）是按出现威胁的概率以及严重性对不

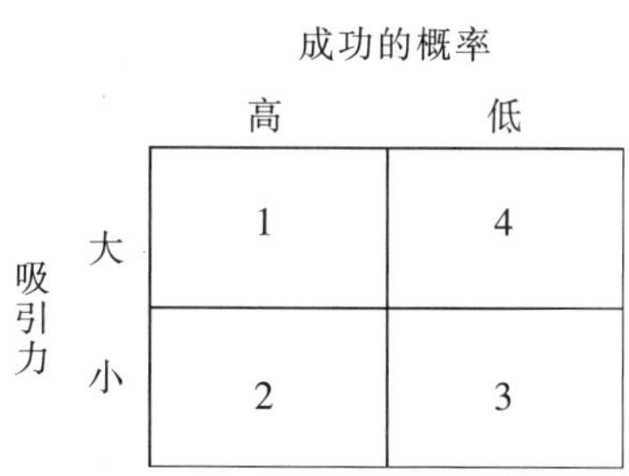

图2－1　营销机会矩阵

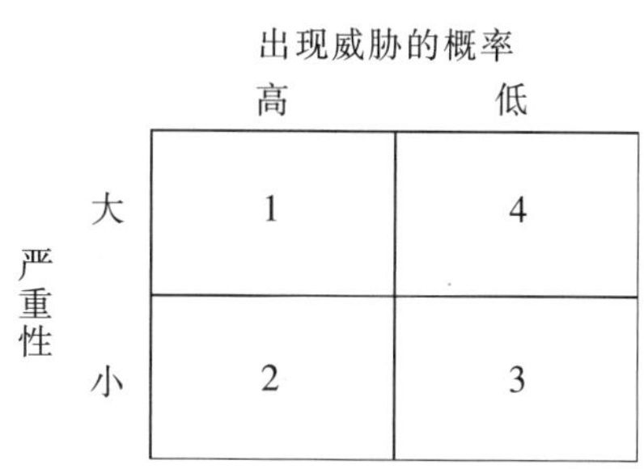

图2－2　营销威胁矩阵

同的营销威胁进行分类的方法。企业的最大威胁是出现威胁概率高、严重性大的第1类威胁，营销管理者必须采取措施应对这类威胁。第3类威胁的影响很小，可以不予考虑。第2类和第4类威胁随着环境的变化可能向第1类威胁转变，企业要密切关注。营销人员要密切注意环境威胁的先兆，建立风险预警系统，同时合理安排规避和降低风险的措施。

企业对面临的主要威胁有三种可选择的对策：

（1）减轻。通过调整营销策略提高企业对环境的适应性，以减轻环境威胁，降低风险。如烟草公司大力宣传在公共场所开辟单独的吸烟区。

（2）转移。将企业资源转移到风险相对较低的市场领域。如烟草公司在面临反对吸烟的环境特征时进入食品和饮料市场，同时减少香烟业务。

（3）反抗。企业通过自身努力扭转环境的不利因素。如中国造纸企业在面临外国造纸公司以超低价格抢占市场的环境威胁下，联合向政府有关部门提出反倾销诉讼，扭转了经营的不利局面。

对营销环境的适应是企业成功的必备条件，提高适应能力是每一个企业的营销人员孜孜以求的目标。营销管理者的任务就在于了解、把握营销环境的变化趋势，适应环境的变化，提高应变能力，趋利避害地开展市场营销活动，使企业更好地生存和发展。

企业分析市场营销环境的目的就是：

- 把握市场环境变化发展的趋势。
- 发掘新的市场机会，捕捉市场机遇。
- 及时发现环境威胁，为企业采取积极措施规避或减少风险赢得时间。

案例

土豆网是中国最早的互联网视频网站，土豆网鼓励一些有思想、有激情的年轻用户去全面地展示自己，短短几年时间就积累了上亿用户。但一家独大不可能永远持续下去，很快，优酷、爱奇艺、腾讯、乐视等一系列视频网站相继崛起，土豆网的地位岌岌可危。发展到一定程度遇到瓶颈时，就必须改革、创新，转变得好就能活下来，转变得不好就没有用户，就会走向死亡，非常现实。土豆网发展一段时期后，在运营摸索、用户拉拢、资源储备上都落人一步。没有了用户，没有了造血能力，没有了吸引用户的资源，土豆网就走向了没落。

第2节　宏观环境引导营销活动的大方向

营销理论强调企业经营采用从外向内的观念，不断从变化的外部环境中发现机会和威胁，在此基础上运用各种可控手段，利用和把握机会，同时规避和降低风险。宏观环境是造成市场机会和环境威胁的主要因素，它引导企业营销活动的大方向。企业营销环境分析首先应分析宏观环境。

影响企业营销活动的宏观环境因素主要有人口环境、经济环境、自然环境、技术环境、政治法律环境、社会文化环境。

一、人口环境

人口是营销人员最感兴趣的环境因素之一。市场是由人组成的，市场是产品现有或潜在购买者的集合，有人才能有顾客，只要有人就可能发展成为顾客。有这样一个经典的营销故事：一家鞋厂派一名销售员到非洲的一个小岛去考察市场，一周后，销售员发回电报："岛上居民从不穿鞋，皮鞋没有销路。"鞋厂又派了一名营销人员去考察，一周后，他也发回电报："好极了！岛上居民从不穿鞋，只要教会他们穿鞋，这就是一个巨大的市场！"这个故事形象地说明了人口对营销活动的重要性。

下列人口特征将影响企业的营销活动。

1. 不同国家、地区的人口规模和增长率

人口规模影响市场的容量，增长率影响未来市场的增长情况。数据显示，2010年全世界人口总数为70多亿，整个亚洲地区的人口为42亿，到2050年，亚洲人口可能再增加13亿。非洲的人口增长速度也很快，到2050年人口数量可能是目前的两倍，达到21亿。出生率较低的欧洲将会出现很长一段时间的人口负增长。美国人口普查局的研究表明，2010年欧洲的人口为7.38亿，到2050年可能减少至7.02亿。

2. 人口年龄结构

人口年龄结构决定市场需求的结构。不同年龄阶段的人对产品的需求有很大的差别：儿童需要玩具、学习用具和营养食品；青少年需要图书、时装、新潮的电子设备；老年人需要保健品和怀旧商品。分析一定时期内的人口年龄结构，能使企业发现市场机会。例如，20世纪50年代，百事公司发现美国13～19岁的人口在总人口中的比重很大，决定将青少年市场作为主要市场，提出了"新一代的可乐"的宣传口号，这种市场策略赢得了青少年的青睐，获得了极大的成功。

第七次全国人口普查结果显示，到2020年11月，全国人口共141 178万人。从年龄构成看，15～59岁人口为89 438万人，占总人口的63.35％；60岁及以上人口为26 402万人，占总人口的18.70％，其中65岁及以上人口为19 064万人，占总人口的13.50％。中国人口的老龄化程度逐步加深，这给我国养老产业的发展带来了机会，未来养老市场将成为一个炙手可热的市场。

3. 人口地理分布及流动

不同人口密度地区的市场需求量存在差异，受地理环境、气候特点的影响，不同地区居民的购买习惯和购买行为也存在差异。比如，在天气炎热的南方，人们对空调的需求量大，而在寒冷的北方则需要暖气设备和御寒服装。此外，不同地区的经济发展程度不同，居民的消费偏好也有很大差异。研究人口地理分布特点对企业找准产品销售市场意义重大。人口的地理分布随时间推移会发生一定变化，这就是人口流动。目前世界上许多国家的人口流动都具有两个趋势：从农村流向城市；从城市中心流向郊区。这两个趋势对企业的营销活动产生了重要的影响：城市人口增加使城市市场尤其是大城市市场成为企业营销战的必争之地；城市人口向郊区流动使得企业销售网络布局向郊区发展。

4. 家庭规模

家庭规模大小将影响家庭购物和消费模式。一般说来，大家庭需要大体积的用具、大包装的食品，小家庭则需要小型家用设备和小包装的食品。现代家庭结构变化的主要特征是小型化趋势。三口或两口之家成为家庭规模的主要形式，同时单身户的比例正在迅速上升。企业的营销活动应更多地考虑小规模家庭的需要。

二、经济环境

形成市场不仅需要人口，而且需要购买力，一个对企业经营活动有意义的市场包括人口及购买力两方面因素，缺一不可。考察市场的经济环境主要是分析影响人们购买力的各个因素。

1. 消费者收入

经济学理论表明，消费支出在很大程度上受消费者收入的约束，收入增加则支出增加、收入减少则支出减少是普遍规律。因此，考察市场的购买力首先要考察该市场的消费者收入情况。以下几个指标可以反映一定时期消费者收入的总体状况。

（1）人均国民收入。人均国民收入是一定时期内一个国家物质生产部门的劳动者人均所创造的价值，它大体上反映了一个国家的经济发展水平。

（2）人均个人收入。人均个人收入等于全社会个人收入总和除以总人口。全社会个人收入的主要来源为社会总的消费基金，即用国民收入减去用于扩大再生产的支出，再减去用于行政管理、国防、文教、其他公用事业以及各种社会保险的支出的余额。人均个人收入大体上反映了市场的购买力水平。

（3）个人可自由支配收入。个人可自由支配收入指在个人收入中扣除税款、非税性负担以及维持生活的必需品支出（如房租、水电费等）后的余额，它是影响消费结构的重要因素。

2. 消费者的支出结构

支出结构是一定时期消费者消费支出中各项商品的比例关系。比如，1996年我国居民消费支出中食品支出占48.60%，2020年降至30.2%。1996年服装支出占13.47%，2020年降至5.8%。1996年娱乐、教育、文化支出占9.57%，2020年升至9.6%。在1996年支出比例还微乎其微的交通通信，到2020年占居民消费支出的13.0%。了解这些数据的变化有助于企业推算行业的市场总容量。

改革开放40多年来，随着家庭收入的增加，我国消费者的支出结构发生了很大变化。居民对服装、食品等的生存型消费的比例不断降低，而对医疗保健、交通通信及文教娱乐等的发展型消费不断增加。目前，我国耐用型消费品广泛普及，物质型消费基本满足。社会经济的发展使得我国人民对快递、文化娱乐、外卖等服务型消费方面的需求快速增长。

3. 储蓄和信贷

消费除受收入及支出结构影响外，还受储蓄状况和信贷条件的影响。收入的主要流向是消费和储蓄。一定时期内，在收入一定的条件下，储蓄数额增加意味着消费支出的减少；反之，储蓄减少，则消费支出增加。一定比例的储蓄是保证未来购买力的有效手段，但如果储蓄比例过高，说明市场缺乏购买热点，需求不足。

消费信贷是消费者凭借个人信用提前取得商品使用权，然后按期归还贷款的消费方式。通常所说的赊销、分期付款都是它的具体形式。消费信贷是在有需求、缺乏购买力的条件下实现产品销售的有效手段。汽车、住房等耐用高价值商品本身具有一次购买、长期消费的特点，采取信贷方式购买可以减轻支出压力，很受消费者欢迎。在西方国家，人们已经很普遍地应用消费信贷了。我国近几年消费信贷发展较快，特别是个人住房贷款，1997年末，全国商业银行自营性个人住房贷款仅为190亿元。根据中国人民银行的统计数据，2020年末，金融机构人民币各项贷款余额172.75万亿元，其中，个人住房贷款余额34.44万亿元，呈现快速增长模式。显然，这在一定程度上提高了居民的当前购买力。

党领导对外开放的伟大成就

回望百年，中国共产党高度重视、不断加强领导，为对外开放事业指明了方向、提供了遵循，取得了一系列辉煌成就。开放是世界经济发展的必然趋势，在参与国际经济合作中可获得发展所需资源与市场。通过对外开放，可以在经济资源上互通有无，在经济发展上取长补短。

新民主主义革命时期开始探索构建适合自己的对外贸易思想，建立了与生产和交换条件相适应的对外贸易体系，提出了具有时代价值的“对外调剂，对内自由”贸易方针，形成了对外贸易统制的制度安排；社会主义革命和建设时期的大规模设备引进与工业体系的建设为中国经济发展奠定了坚实基础，“自力更生为主，争取外援为辅”是这一时期对外开放思想的核心；改革开放和社会主义现代化建设时期我国依据生产力所处的阶段和国外经济环境，对贸易体制进行了渐进式改革，通过实施出口替代战略逐渐融入全球化浪潮。

进入新时代，以习近平同志为核心的党中央总揽全局、科学决策，准确把握国际国内环境的深刻变化，着眼于“两个一百年”奋斗目标和实现中华民族伟大复兴的中国梦，坚持“引进来”与“走出去”相结合，通过“自贸试验区”和自由贸易港的建设、“一带一路”倡议，积极参与全球经济治理体系建设，大力推进中国国家治理体系和治理能力现代化建设，引领中国全面融入国际社会并力争发挥更大的国际影响力，开启了中国改革开放和现代化建设的新征程，形成了以新发展理念为主要内容的习近平新时代中国特色社会主义经济思想，创造性地将中国对外开放推向新的历史高度。

对外开放规模不断扩大。1978年中国对外贸易进出口总额为206亿美元。改革开放后，中国对外贸易开始快速增长。加入世界贸易组织（WTO）后，中国对外贸易发展迅猛。2004年，中国外贸进出口总额首次突破1万亿美元大关，成为外贸发展新的里程碑。新中国成立70多年来，伴随着对外贸易经营主体结构、贸易方式、商品结构与市场结构的不断优化，中国对外贸易发生了历史性巨变。外贸总额从1978年的206亿美元增长到2020年的4.65万亿美元，增长了225倍。中国对外贸易总额的世界排名也持续上升，1978年中国外贸总额在全球排名仅为第29位，2013年跃居世界第1位，此后除2016年排名为第2位，其他年份均为世界第1位，从贸易小国逐步成长为稳固的贸易大国。

对外开放结构日趋多元。1978年我国工业制成品在出口总额中的比重上升到46.5%，其中主要是轻工产品。改革开放后，货物贸易结构逐渐优化，工业制成品和加工贸易开始成为中国首要的出口产品和贸易方式。1993年加工贸易出口比重达到48.23%，首次超过一般贸易（47.08%）。这一阶段货物贸易结构持续优化，1994年轻纺产品等劳动密集型产品出口比例达到60.46%的历史最高水平，此后出口产品从轻纺产品逐渐向机电产品转变。到1995年，机电产品超过纺织品和服装成为我国出口第一大类商品，标志着出口商品结构从劳动密集型为主向资本密集型为主转变。加入WTO后，在中国出口商品构成中，资本密集型产品、高新技术产品在进出口中的比重不断增加。2003年，机电、高新技术产品等资本密集型产品出口比例首次超过劳动、资源密集型产品，达到47.32%，成为中国主要的出口产品。2011年，一般贸易超过加工贸易，成为我国出口首要的贸易方式。货物贸易结构也发生了根本性的变化，以计算机和通信技术为代表的高新技术产品出口比重不断扩大。2012年高新技术产品出口额达6 012亿美元，2020年高新技术产品出口额达7 767亿美元。

对外开放地位持续提升。新中国成立初期，我国各项贸易网络地位衡量指标在世界各国中的排名都相对落后，1962年我国点出度为48位，点入度为73位，出强度为24位，入强度为33位，核心度为68位。经过曲折发展（1949—1978年）、高速发展（1979—2001年）和高水平发展（2002—2018年）三个阶段，到2018年，我国除了入强度排名第二，其他各项指标在全球均排名第一。我国已经从世界贸易网络中的边缘国家成长为核心国家，充分反映了我国在对外开放领域取得的巨大成就。随着我国经济迈入高质量发展的新阶段，我国在世界贸易网络中的核心地位也将得到进一步的加强。

三、自然环境

习近平总书记一直十分重视生态环境保护，党的十八大以来多次对生态文明建设做出重要指示，强调“绿水青山就是金山银山”。十九大报告明确指出“坚持人与自然和谐共生”。任何企业的生产经营活动都与自然环境息息相关，无论制造什么产品都需要原材料、能源和水等自然资源。同时，企业的经营活动也影响自然环境的发展和再生过程，必须寻找与环境协调发展的途径和方法。一些对环境造成危害的企业承受着来自政府和环境保护主义者的巨大压力，绿色产业出现勃勃生机。随着人类生存环境的恶化，最终每一个人都将变成环境保护主义者，只有与环境和谐发展的企业才能生存。企业的营销活动要更有效、更合理地使用自然资源，尽量减少生产经营对环境的破坏和影响。

四、技术环境

今天，技术已经成为决定人类命运和社会进步的关键因素。它是一种带有破坏性的创造力量，也就是说，一项新技术在给一些行业和企业带来增长机会的同时，可能严重威胁另一些行业和企业的生存。比如，晶体管的发明带动了应用晶体管的产业，却严重影响了电子管行业；电视技术的突破性进展带动了电视产业的发展，同时也拉走了相当数量的电影观众，使电影业受到沉重打击。飞速发展的技术带给企业的可能是新的前景广阔的市场机会，也可能是严重的、毁灭性的环境威胁。营销人员应随时监控技术环境的发展变化，调整企业行为以适应变化。

通信技术的发展以及数字移动产品的普及，使得营销环境开始呈现数字化特征。首先表现为信息交换数字化，即通过搜索引擎、品牌网站、电子商务、移动支付、网络口碑和 App，实现消费者与企业的信息交换。其次是消费者互动的数字化。消费者可以在社交媒体上与企业进行实时交流，也可以通过众筹和众包的方式对企业产品生产施加影响。最后是数据存储的数字化。企业利用大数据、云计算、物联网等方式，实现数据的数字化存储，以便进行分析和利用。伴随着营销环境的改变，营销方式也发生了巨大的变革，现代营销不再拘泥于传统的线下销售、电视销售和邮件销售等，而是在移动互联网技术的支撑下，实现了微信、微博、DSP（需求方平台）和 LBS（基于位置的服务）的新型营销，通过对用户数据的收集、处理、存储、分析，逐步实现对用户的精准营销，从而达到更好地满足买卖双方需求的营销目标。

经济合作与发展组织（OECD）称，数字创新能使各国紧密联系起来，共创可持续发展的繁荣局面。在麦肯锡公司（McKinsey）给出的对经济影响最大的创新技术名单中，移动互联网、人工智能、物联网、云计算、先进机器人、3D 打印技术等赫然在列。这些数字技术已经有些年头了，但直到近些年多种技术相互融合，才使得其影响达到了最高点。这些技术为经济的许多领域带来了变革，包括零售

（电子商务）、交通（自驾车）、教育（大型线上公开课）、社交（社交网络）等。这样的技术同时也在打破关键产业的秩序并影响行业巨头。Boarders（连锁书店）和Blockbuster（DVD租赁）这样的零售巨头都受到了各自领域数字技术入侵的冲击。数字化企业，如亚马逊（Amazon）和网飞（Netflix），如今已经是行业内的翘楚了。有趣的是，曾经是入侵者的企业也可能难逃这种冲击。苹果公司（Apple）的iTunes曾经成功地靠线上音乐零售模式冲击了音像实体店的产业模式，如今却受到了Spotify的流媒体商业模式的冲击。2010年左右苹果在音乐板块的盈利达到最高峰，之后一直在下降。苹果在2015年年中决定打造自己的流媒体服务——苹果音乐，以期对抗Spotify的冲击。

面对一浪高过一浪的新兴技术，大多数用户的态度是喜忧参半的。人工智能在带动生产的同时，也带来了失业的忧虑。3D打印技术打开了加速创新、充满无限可能性的大门，但也可能被错误利用，比如说用来制造枪支。麻烦最大的也许要数移动互联网了。移动互联网带来了点对点的连通，用户相比过去了解的信息更多，决策也更加明智，但来自埃塞克斯大学的普日贝尔斯基（Przybylski）和韦恩斯坦（Weinstein）的研究表明，手机可能会影响人际关系。研究表明，手机能让人的注意力脱离所在的环境，而且人们总是觉得可以通过手机联系到更广的网络，这让他们很难与周围的人产生情感联系。随着经济向数字化转移，用户期待的是一种完美的数字技术应用，实现自我并与他人形成共鸣。

五、政治法律环境

企业营销活动必然受政治法律环境的影响。政治法律环境是由与企业活动相关的法律、政府管理机构以及社会中对企业起制约作用的压力集团构成的。

我国目前与企业活动相关的立法主要有《中华人民共和国经济合同法》《中华人民共和国公司法》《中华人民共和国商标法》《中华人民共和国专利法》《中华人民共和国食品卫生法》《中华人民共和国产品质量法》《中华人民共和国广告法》《中华人民共和国反不正当竞争法》《中华人民共和国消费者权益保护法》《中华人民共和国企业所得税法》《中华人民共和国劳动法》等。

对企业有监督、制约作用的压力集团主要是保护消费者利益的群众团体和保护环境的群众团体。这些团体虽然不能改变企业行为，但是能影响社会舆论，给企业施加压力。与压力集团保持良好关系是树立企业形象的必备条件。

我们在下一章中再来分析社会文化环境的影响。

第3节　微观环境影响营销活动的方式和效果

一个企业能否成功地开展营销活动，不仅取决于其对宏观环境的适应性，也取决于其能否适应和影响微观环境。微观环境直接影响营销活动的方式和效果。

影响企业营销活动的微观环境因素有企业内部的环境力量、供应商、营销中介单位、顾客、竞争者。

一、企业内部的环境力量

企业内部各个管理层次、各个部门、各个员工之间分工是否明确，协作是否有效，能否目标一致相互配合，直接关系到营销活动的效率和实施效果。首先，要考虑业务部门，如生产部门、采购部门、研发部门的情况，营销部门要与之密切合作共同制定营销计划。其次，要考虑企业高层管理者的意图，以最高管理层制定的企业任务、目标、战略为出发点制订营销活动计划。

二、供应商

供应商是向企业供应各种资源的工商企业和个人。供应商供应的原材料的价格高低，交货是否及时，数量是否充足等，都会影响产品的成本、售价、利润和交货期。因此，营销人员必须对供应商的情况有比较全面的了解和透彻的分析。一般说来，按照与供应商的对抗程度，可以把供应商分为两类：

（1）作为竞争对手的供应商（寄生关系）。

（2）作为合作伙伴的供应商（共生关系）。

分析供应商情况的目的就是确定在哪些条件下哪些原料可以通过自行生产来解决，哪些原料需要通过外购来解决。

三、营销中介单位

营销中介单位是协助企业推广、销售和配送产品给最终消费者的企业和个人，包括中间商、物流公司、营销服务机构和金融机构。

中间商在企业的营销活动中起着十分重要的作用，它帮助企业寻找顾客并直接与顾客进行交易，从而完成产品从生产者向顾客的价值转移。中间商分为批发商和零售商。批发商是经营批发业务的中间商；零售商是经营零售业务的中间商。

物流公司主要包括在将货物运往下一个目的地前专门储存和保管商品的仓储公司，以及负责把货物从一地运往另一地的运输公司——它帮助企业实现实体商品的转移。在我国，很多中间商与物流公司是合而为一的，中间商除分配产品，还负责储存和运输。随着社会分工的深化，出现了独立的物流公司，它们显示出强大的生命力。

营销服务机构包括调研公司、营销咨询公司、广告公司以及各种广告媒体，这些机构协助企业选择目标市场，推销产品。我国咨询业和改革开放同时起步，通过学习与引进国外咨询研究的理论与方法，结合中国的国情及企业的实际情况，咨询企业开展企业咨询研究，并逐步形成较强的竞争力。到 2016 年，我国共有各类咨询公司 3 万余家，在咨询业中做大品牌的有几十家。关于广告的作用和设计将在后面的章节中予以介绍。

金融机构包括银行、信贷公司、保险公司等，它们负责为企业和顾客之间的交易融通资金，并对企业的营销活动产生显著的影响。因此，企业应该与金融机构建立良好的合作关系。

四、顾客

顾客是企业产品或服务的购买者，也是企业服务的对象。顾客可以是个人、家庭，也可以是组织机构（包括其他企业和转售商）和政府部门。它们与企业可能在一个国家，也可能在不同的国家和地区。

对于一个企业来说，赢得顾客是生存与发展的关键。无数企业的实践表明：市场的优胜者是那些重视顾客、最大限度地满足顾客需求的企业；缺乏营销远见、忽视顾客需求的企业注定会失败。顾客分析的目的在于了解顾客为什么选择企业的产品或服务，是因为低廉的价格、高质量的产品、可靠的服务、有趣的广告，还是因为干练的推销人员。如果企业不能精确地知道是哪些东西吸引了顾客以及顾客将来如何变化，终将失去在市场上的优势。

五、竞争者

一般说来，为某一顾客群体服务的企业不止一个，市场中可能有多个企业生产、销售相同或相近的产品。企业在一群竞争对手的包围和制约下从事自己的营销活动。这些竞争对手不仅来自本国市场，也来自其他国家和地区；竞争不仅发生在行业内，行业外的企业也可能通过替代品的生产而参与竞争。因此，对竞争者进行分析是成功开展营销活动的一个重要方面。

竞争者分析的内容相当广泛，对以下问题的了解有助于认识竞争对手并制定相应的变通战略。

（1）产品研究与开发分析。了解竞争者的产品研发策略、费用投入情况以及技术特点。

（2）产品制造过程。可以根据成本、质量、灵活性和可靠性等要素来评价竞争对手的制造过程的有效性。

（3）采购。如果企业处于外购货物在总成本中占有很大比例的行业，或者供应商实力强大，那么分析竞争者的采购方式是非常重要的。如对于原材料，关键问题是竞争者是否利用长期合同、数量折扣和战略合作关系等手段降低成本；竞争者如何开发利用人力资源，采用哪些有效的激励手段获得熟练的技术性和非技术性劳动力。除此之外，还应了解竞争者在哪里购买何种产品以及购买条件（合同、价格）

是什么。

（4）市场。企业营销人员应该分析和评价竞争者是如何选择目标市场和满足顾客需要的，同时要了解竞争者在目标市场的销售量、产品组合、广告费用和促销项目等，尤其需要明确竞争者市场计划中的要素是什么，以及要素之间是否互相适应。最后还要了解竞争者为了保持竞争优势，为目前和潜在的消费者做了些什么。

（5）销售渠道。在技术比较稳定和适用性较好的成熟行业，销售渠道往往成为企业能否成功营销的关键。在这些行业中，企业必须细致地评价竞争者的销售渠道的成本、规模和质量。在一些特殊行业，不仅要评价竞争者的销售渠道对顾客需要的敏感度，而且要评价竞争者的经销商、代理商及销售人员的专业知识水平。

（6）服务。营销人员必须细心地评价竞争对手在维修能力、产品应用培训、零配件供应等方面为顾客提供优质服务的能力和意向，包括服务网络的分布、服务人员的数量和背景、服务项目的数量和质量、服务人员和销售人员之间的关系以及服务在竞争战略中的地位和作用。

（7）财务管理。对某些竞争者来说，良好的财务系统是其执行总体战略的关键。因此，营销人员应该分析竞争对手的现有资产、债权债务和红利的管理方式，并与本企业进行比较。

（8）企业文化。在竞争性领域，普遍强调收集和分析有关竞争对手在财务、制造、市场方面的定量数据，尽管这些信息对揭示竞争对手的能力很重要，但它们通常并不能说明竞争对手将如何利用这些能力。因此，企业营销人员应该重视对竞争对手的个性的分析。这不仅有助于了解竞争对手的思维方式，而且有助于更好地预测其动向。

通过对竞争对手目标的分析，可以了解其个性和可能坚持的战略。例如，一个承诺不解雇员工的企业在需求下降的市场上将难以实现低成本战略；一个追求高增长目标的企业在价格上很可能比强调利润的企业更富有进攻性。分析竞争对手的投资历史可以帮助企业了解其投资行为的基本原则和习惯。通过对竞争对手在其他行业的战略的研究，可以估计其进入新行业的战略。例如，它一贯倾向于高价还是低价；它经常以怎样的方式扩张；在研发上，它是领先者还是追随者。此外，通过对竞争对手以往实践的分析，可以在很大程度上揭示其行为方式是强硬的还是软弱的。

对竞争者文化的分析还包括对其组织结构和管理人员的分析，如它的所有权关系、董事会组成和主要管理者的个人情况等。一般来说，个人所有的企业的利润目标通常较低，这使其他企业很难与之竞争；以内部董事（在企业中有管理职位）为主的董事会更关注生产，而外部董事则更强调财务收益。

主要管理者个人的经历对企业行为也有重要的影响，他们往往倾向于采用自己在其他企业和业务活动中曾经采用过的成功的战略和方法。

小　结

任何一个企业都生活在特定的社会经济环境中，都是在与其他企业、目标顾客和社会公众相互协作、影响、竞争和监督的过程中开展市场营销活动的。营销环境中充满机会和威胁，它们是影响企业营销活动最重要的因素。根据各种环境力量对企业活动的影响，可以把市场营销环境分为微观环境和宏观环境两大类。宏观环境是环境中间接影响企业营销活动的不可控制的较大的社会力量，包括人口环境、经济环境、自然环境、技术环境、政治法律环境和社会文化环境。微观环境是环境中直接影响企业营销活动的各种行动者，包括企业内部的环境力量、供应商、营销中介单位、顾客、竞争者。分析营销环境的目的在于把握环境变化的趋势，及时发现市场机会和威胁，为企业调整营销策略、利用市场机会、规避市场风险提供依据，以此提高企业的应变能力。

基本概念

1. 营销环境——对企业的市场营销活动产生影响和冲击的各种角色和力量。
2. 微观环境——环境中直接影响企业营销活动的各种行动者。
3. 宏观环境——环境中间接影响企业营销活动的不可控制的较大的社会力量。
4. 环境威胁——环境中不利于企业发展的现实的或潜在的特征和变化。

思考题

1. 近年来，诸如一加、小米这样的一众手机厂商纷纷走出国门，冲向海外，打开了一片又一片的海外市场，尤其是在欧洲市场，更是形成了国产机与洋手机分庭抗礼的局面。你认为在未来的国际市场上它们将面临哪些机会、哪些威胁？
2. 具体分析技术环境对一个你熟悉的产业的影响。
3. 假设你是国内一家新兴个人电脑公司的营销经理，分析一下你的竞争对手。
4. 重点分析一下近年来人口环境因素变化对我国旅游业发展的影响。

案例分析

国际大牌集体出击，想方设法亲近中国消费者

2021年11月海关总署发布公告，2021年前10个月中国进出口总值31.67万亿，比2020年同期增长22.2%，比2019年同期增长23.4%。其中，出口17.49万亿元，进口14.18万亿元，贸易顺差3.31万亿元。

这组数据释放了一个强烈信号，即和全世界做生意，中国卖多买少，中国制造在全球各地吃香。2021年以来，无数订单涌向中国，沿海无数工厂加班加点扩产能，五一、中秋等假期也在高速运转。

前10个月进出口总额超过2020年和2019同期，说明中国经济已经走出阴影，比疫情发生前还有所增长。纵观全球，也实属难得，目前印度、越南、马来西亚仍有大量工厂停工、倒闭，美国、欧洲还深陷供应链危机，物价不断升高。

其实，俄罗斯专家就曾预测过，困难之后中国会成为世界经济的火车头。这也是西方不得不正视的现实，很多国家开始调转船头加速拥抱中国，希望借力走出困境。

我国2021年下半年举办的进博会，吸引了127个国家和地区的近3 000家参展商，国别、企业数均超过上届。美国也急忙派来200家企业参加，位居外国参展进博会企业数量前列。一位外商感慨，去年参加进博会以后，销售额增长了40%，希望今年取得更好的成绩。

不只是进博会，“双11”也备受众多外国企业青睐，成为它们亲近中国的契机。200多个国际大牌拥抱天猫，带来箱包、服饰、珠宝、美妆等众多新品。京东上，也有超300个国际大牌加入“双11”。

欧莱雅、斯凯奇等超级大牌，与中国电商唯品会“正品、特卖”的特性不谋而合，联手打造了多款“超级套”。利用高性价组合爆品，抓住中国消费者心头之好，加速开拓中国消费市场。

比如欧莱雅带来的黑精华套装，在唯品会把产品和优惠做到极致，2小时卖出近4 000套。斯凯奇大牌日上线24小时，销售额即逼近4 000万元。大牌卖实惠价，在很大程度上点燃了消费激情。

诸多国际大牌在中国市场态度的转变只是一个开端，接下来还会有更多国际大牌放低姿态，亲近中国消费者。一个拥有14亿人口，中等收入群体超过4亿的超级市场，释放出来的消费潜力足以让西方眼热。

在经济全球化日趋紧密的今天，敞开国门和全世界做生意是趋势；中国经济率先复苏，带动五湖四海的朋友共谋发展是责任。当全球贸易重心加速东移，旧的贸易体系瓦解、重塑，对中国而言更是莫大的机遇。

资料来源：中国公布实情后，国际大牌集体出击，想方设法亲近中国消费者.（2021-11-11）. https://www.163.com/dy/article/GOGTGRUQ0531I6Y1.html.

▶ 讨论题

1. 中国经济走出阴影的原因是什么？谈谈你的看法。
2. 国际大品牌为什么会做出案例中的反应？请结合营销调研结果回答。
3. 本土企业应该如何应对国际大品牌的这一反应？请结合营销调研结果回答。

阅读材料

居安思危，思则有备，关注营销环境变化

通过对营销环境的作用和意义、面对营销环境变化的应对策略等内容的讲授，让学生清晰理解并辨析环境对营销的影响，以及面对环境变化时如何应对等。关注环境变化，及时应对、趋利避害的思想我国自古推崇。《左传·襄公十一年》有云：居安思危，思则有备，有备无患。《司马法》有言：天下虽安，忘战必危。经商者要“处乎其安，不忘乎其危”，将关注环境变化、未雨绸缪放在营销职业素质要求的核心位置。

第3章
消费者市场及购买行为分析

思政目标

- 明确供给侧改革、“中国制造2025”、质量强国等重要战略的意义。
- 宣扬融入中国传统文化的国潮经济，激发学生的民族自信，对国家的文化实力、科技实力、经济实力和国家底蕴的认同。
- 理解企业应更好地洞察消费者需要，更好地满足消费者对美好生活的需求。

引导案例

到2024年，中国个人奢侈品市场的年复合增长率将达到6%，中国消费者将贡献全球奢侈品市场40%的销售，带动全球市场75%的增长。中国的千禧一代成为消费主力，他们独特的数字化行为推动奢侈品品牌与消费者的关系发生质的变化，奢侈品企业必须重新思考数字化战略布局。

新一代奢侈品消费的主力军非常年轻，约58%是18～30岁的年轻人，受教育程度集中在本科及以上学历，女性消费者达71%。大多数消费者生活在中国15大城市以外，分布于二三线及更低线城市。他们深受数字化时代影响，全天候从手机上获取各种信息。每人每天平均使用微信或QQ的时间为87分钟，玩腾讯手游时间达45分钟，其他内容类浏览时间（如观看视频、看新闻、听音乐）达75分钟。

奢侈品消费路径呈现高度数字化、碎片化。千禧一代发现收集信息、购物、支付方式以及售后活动越来越多样化，他们通过各类社交媒体和网上平台获取信息。购物不再限于实体店，在网上商城购买等方式层出不穷。随着这一趋势的发展，奢侈品的消费者争夺之战从线下向线上快速转移，预计五年之内将进入奢侈品数字化2.0时代——实现线上线下的紧密结合。

第 1 节　消费者市场及购买行为模式

一、消费者市场概述

现代营销观念认为，企业和消费者之间是双赢的关系，企业利润最大化建立在充分满足消费者需求的基础上，企业的一切营销活动都必须围绕着消费者展开，也就是说，市场是整个营销活动的出发点和归宿，市场营销的核心就是研究如何更好地满足消费者的需求。消费者究竟有什么样的需求，在购买商品的决策过程中究竟会受到哪些因素的影响，整个购买是一个怎样的过程，就成为营销中非常关键的问题。

1. 消费者市场的概念及特点

消费者市场（consumer market）是指为了满足生活消费而购买商品和服务的个人或家庭所构成的市场。其购买特点可以归纳为以下几个方面：

（1）广泛性。消费者市场人数众多，消费行为广泛存在。

（2）分散性。一方面，消费者市场的购买单位是消费者个人或者家庭，购买者数量众多；另一方面，商品供应充足、方便，消费者可以随时随地购买，没有必要大量储存，市场呈现购买频繁、数量零星的特点。

（3）差异性。消费者的购买行为受到个体、环境等各种因素的影响，每个消费者的需求不尽相同。

（4）易变性。随着新产品不断涌现，消费者的需求呈现求新、求变的态势；生活节奏的加快和压力的增大促使越来越多的消费者寻求新鲜和刺激的购物体验。

（5）非理性。消费者有时对所购买的产品不能从理性的角度加以评判，产品带给人的感受、包装、商店的购物氛围、广告等都会对人的购买行为产生影响，从而使消费者的购买行为呈现非理性的特点。

（6）替代性。随着竞争日益激烈，产品品种日益丰富，能用来满足人们同样需求的产品往往不止一种，消费者可以在不同品种或不同品牌之间变换。

2. 消费者市场的购买对象

消费者市场的产品种类十分广泛。面对不同的需求，消费者的购买行为会呈现不同的特点。可以按照下面两种方法对消费者市场的购买对象进行分类。

（1）按照消费者自身的购买习惯，可以将消费者市场的购买对象分为日用品、选购品、特殊品和非渴求品。

1）日用品。指消费者日常生活中频繁购买、使用很多、非常熟悉、价格低廉的商品。这类商品在日常生活中购买最为普遍，消费者购前一般不会做计划和比较；购买中不会花太多的精力，一般就近购买；购后不会做出太多的评价，很少后悔。如饮料、牙膏、香皂、报刊等。销售这类商品的关键是要接近消费者，及时、方便地满足消费者的需求。

2）选购品。指消费者要花费一定的时间、精力挑选和比较才购买的商品。如服装、家电等。营销这类产品的关键是将销售网点集中起来，给消费者提供更多比较和选择的余地。

3）特殊品。指具有特殊用途、消费者对其具有特殊偏好的商品。消费者最在乎的是这类商品带给自己的特殊利益，而对价格和购买地点并不十分敏感。这类商品的生产者一定要树立好品牌形象，提升企业的知名度，加强商品的宣传，赢得消费者的青睐。

4）非渴求品。指消费者不了解或即使了解也不一定会购买的产品。如各种保险、百科全书、墓地等。非渴求品营销面对的主要问题是如何激发人们的认知，这需要较高的营销技巧。

（2）按照商品的耐用程度，可以将消费者市场的购买对象分为耐用品和非耐用品。

1）耐用品。指能使用多次、购买频率不高、售价较高的产品。如家用电器、家具、电脑等。

2）非耐用品。指使用次数较少、购买频率很高、售价较低的产品。如日用品、食品等。

二、消费者购买行为模式

对消费者购买行为的研究有三种理论范式：第一种是决策导向研究法，这种方法将消费者视为主动、积极、理性的试图解决问题的消费者；第二种是经验导向研究法，这种方法将消费者的购买视为为获得情感体验的非理性购买；第三种是行为导向研究法，这种方法认为，消费者在购买中既没有经历一个理性的决策过程，也不是出于某种情感上的需要，可能只是受到环境或压力的影响。

当然，消费者的购买行为应该是上面三种思路的综合，每一种购买行为既有理性的成分，又有冲动的成分，更有可能受到促销的刺激，这几种思路不应该相互排斥，而应该综合运用到我们对消费者购买行为的研究中去。

在此，我们介绍一种研究消费者购买行为的模式。这是一个刺激-反应模式，可以用来说明外界刺激与消费者反应之间的关系（如图3-1所示）。

从图中可见，消费者的每种购买行为都可能受到来自外界的两种刺激——营销刺激和环境刺激，这些刺激进入购买者“黑箱”（consumer black box），经过某种转换和作用，产生购买者的一系列决策，即选择何种产品、选择哪个品牌、何处购买、何时购买、购买多少等。购买者黑箱由两部分构成：一部分是购买者特征，即消费者的文化背景、社会群体、个人特征和心理因素；另一部分是购买者的决策过程。也就是说，同样的外界刺激，作用于具有不同特征的消费者，加上购买决策过程中所遇到的不同情况，消费者将会做出不同的决策。

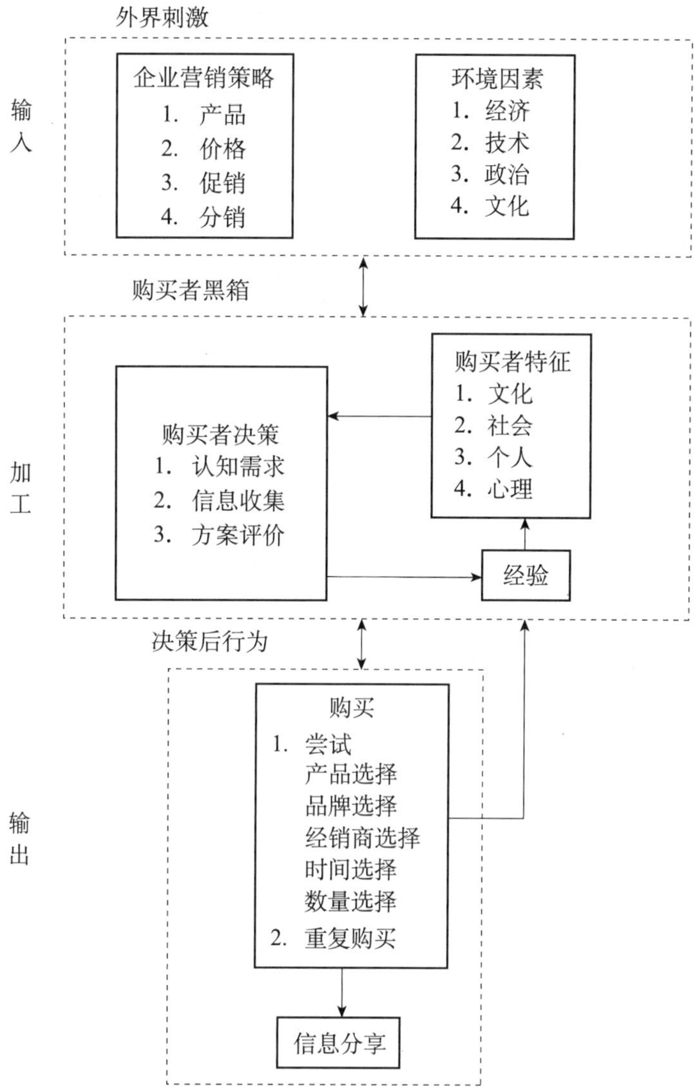

图 3-1　消费者购买行为模式

第 2 节　影响消费者购买的主要因素

经济学家把消费者看作“经济人”，认为人们在购买过程中总能进行理性的判断，做出最经济的选择，但“经济人”理论很难解释现实中人们的购买选择为什么会千差万别。显然，除了经济因素还有其他因素，除了理性的思考还有其他非理性的因素影响人们的购买决策（见图 3-2）。

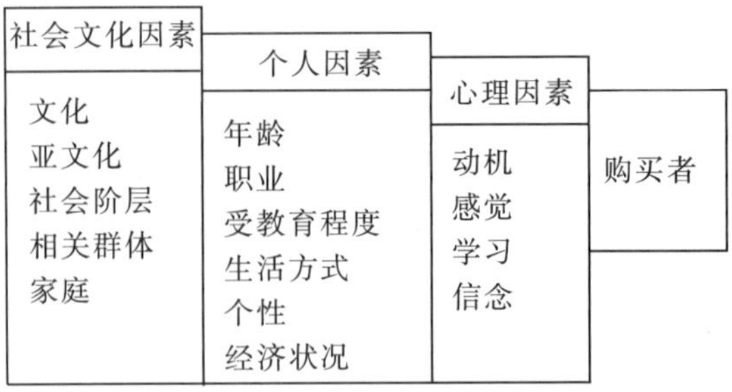

图 3-2 影响消费者购买的因素

一、社会文化因素

1. 文化

文化看上去很抽象，但每个人都生活在一定的文化氛围中，并深受这一文化所蕴含的价值观念、行为准则和风俗习惯的影响，这一影响延伸到他们的购买行为中。如在中国的传统文化里，老年人受到尊重，逢年过节适合老年人的保健品被年轻人买去馈赠长辈。如果仅考察老年人的收入水平，保健品的市场恐怕不会有这么大。

2. 亚文化

每一文化群中还存在若干更具文化同一性的群体，称为亚文化群。例如，由于地理位置、气候、经济发展水平、风俗习惯的差异，我国可明显地分出南方、北方，或东部沿海、中部、西部内陆等亚文化群。不同地区人们的生活习惯有差异，消费自然有别。例如在中国最重要的传统节日——春节，北方人习惯吃饺子，南方人习惯吃汤圆和年糕。年轻人形成了他们独特的亚文化群，追求不同于年长者的音乐、服饰、图书和娱乐方式。

例如数码亚文化。谈到数码世界的品牌拥护，不是所有的客户都能感同身受。有的人买东西靠的是个人喜好和广告里的所见所闻，品牌拥护对他们来说没什么用处，他们也不向他人分享自己的经验。有的人则更愿意咨询他人或者给出意见，他们更可能成为品牌的忠实拥护者。企业想要获得更多的支持，就应该把赌注压在YWN（年轻人、女性和网民）群体上。有关 YWN 群体的许多问题一直都是研究和探索的热点。就规模而言，YWN 群体有巨大的盈利潜力，因此，有关的营销手段都是为 YWN 群体量身打造的。但其实格局可以更大，因为年轻人、女性和网民三个群体之间存在着一种联系：他们都是数码时代最具影响力的群体。

有个事实并不奇怪，那就是亚文化群体——像角色扮演者（cosplayer）、自学者、黑客这样的不同于主流文化准则和信仰的群体——主要源于 YWN 群体。在世界上的许多地方，他们被认为是少数和边缘人士。过去的权威和权力属于长者、男性和市民，因为这一群体的收入和购买力都相对更高，但随着时间推移，YWN 群体变得愈发重要且有影响力。事实上，YWN 群体所代表的亚文化已经在影响主流文化了，这得益于他们更为广阔的社群、朋友和家庭网络。举例来说，年轻人引领潮流，尤其是在流行文化领域，音乐、电影、运动、美食、时尚、技术一样不落。年长的人往往没有时间和精力去领略瞬息万变的流行文化而只能跟随潮流，依靠年轻人的推荐。年轻的消费者往往最先尝试新产品，因此也是营销人员的第一批目标。年轻人要是能接受某种新产品，这种产品就通常能在主流市场获得成功。许多国家的家庭妇女就像家里的财务部长一样，在添置商品、购买服务时女性的话语权往往更大。这是因为大多数女性有着仔细调查、寻找最佳选择的耐心和兴趣，这一点大多数男人都觉得没用，或者觉得麻烦。因此，女性是营销人员想要推销家用产品和服务时需要通过的第一道关卡。网民，又称网络公民，也有着相当的影响力。作为数字原生代，他们与他人线上交流和分享信息都轻车熟路。就算他们分享的不见得都是有效信息，活动不见得都有产出，但他们仍然是聪明顾客的代表群体。他们能够对有关品牌发表坦率的意见，表达真实的情感，通常匿名进行，并把这视为无界民主的一种模式。他们创造了评分、照片上传和其他内容，吸引其他用户群体的关注。由于以上这些特征，YWN群体很难对产品产生深刻的印象，但一旦被打动，他们就会成为品牌的忠实拥护者，而类似YWN群体这样的有质量的拥护者往往比一般群体意义更大，因为他们对主流市场的巨大影响力会为品牌带来巨大的利益。

3. 社会阶层

每个社会客观上都存在社会阶层的差异，即某些人在社会中的地位较高，受到更多的尊敬，成为人们学习的榜样，另一些人在社会中的地位则较低。社会阶层是一个社会中按层次排列的具有同质性和相对稳定性的社会群体。在现代社会，一般认为在所从事职业中的威望、受教育程度、收入与财产状况综合决定一个人所处的社会阶层。显然，位于不同社会阶层的人，因收入水平、价值观、生活背景和受教育程度不同，其生活习惯，消费内容，对传播媒体、商品品牌甚至商店的选择都可能存在差别。不过，现代社会另一种倾向也日趋明显，即平等的趋势——消除阶层差异的趋势。

4. 相关群体

相关群体指对个人的态度、偏好和行为有直接或间接影响的人群。每个人都有许多亲戚、朋友、同学、同事、邻居，这些人都可能对他的购买活动产生这样那样的影响，他们就是他的相关群体。人们往往有意无意地按照或追随周围人的意向决定自己的购买。近年来，受电视、网络等传媒几乎无处不在的影响，利用名人推介某些品牌的商品，形成某种消费时尚的做法已司空见惯。年轻人尤其容易受相关群体的影响。

5. 家庭

一个人一出生就生活在家庭中，在人一生的消费历程中，早期的消费习惯主要受父母的影响，每个人都会受父母潜移默化的影响而产生某种倾向。后期消费中家庭的影响则来自配偶和子女，妻子和丈夫在购买决策中通常有着不同的影响力，但对于一些价值昂贵的产品，往往是由夫妻双方共同做出购买决定。家庭各成员的态度和参与决策的方式，尤其会影响以家庭为消费单位的商品的购买。

二、个人因素

1. 年龄、职业及受教育程度

不同年龄层消费者因生活技能和社会经历的差异具有不同的购物兴趣，选购商品的品种和样式也不同。如婴儿通常是受生理消费动机的驱使去满足吃、喝等生理需要。随着年龄的增长，他们出现审美的动机，对商品的质量、外观、颜色和功能更加重视。青年人的消费行为与消费态度受其好奇心、归属感、独立性、责任心以及被他人认同的需求驱使，冲动性消费明显多于计划性消费。

职业对消费模式的影响也不可忽视。营销人员通常会针对那些对产品和服务有着高于平均水平的兴趣的职业群体设计营销计划，甚至专门为特定职业群体设计产品。例如，电脑软件公司会为品牌经理、工程师、律师和医生设计不同的产品。在生活中，我们可以发现工作在 CBD（中央商务区）的高级金融经理在服饰的选择上倾向于博柏利、迪奥等奢侈品品牌，而在中关村工作的程序员在服饰的选择上则倾向于一般休闲品牌。

受教育程度在很大程度上影响着一个人的知识水平和对外界信息的了解与兴趣，从而影响其需要和动机。文化知识水平的提高有助于增加人们对产品的了解，更容易诱发其对产品的兴趣和好奇心。

2. 经济状况

个人的经济状况主要取决于一个人的收入水平，也受其是否有其他资产来源、借贷的可能及储蓄倾向的影响。

消费者收入是指消费者个人在一定时期内（比如一年）从各种不同来源获得的货币收入，如劳动收入、租金收入、利息收入、福利性收入及其他收入。消费者收入是直接或间接影响社会购买力，进而影响市场需求的主要因素之一。

不过，消费者并不是将自己的全部收入都用来购买商品，形成购买力的只是其收入的一部分。分析消费者的收入水平，一般采用两个指标：个人可支配收入和个人可任意支配收入。

个人可支配收入是指扣除消费者个人缴纳的各种税款和交给政府的非商业性开支后，可用于个人消费和储蓄的那部分收入。它是影响消费者购买力和消费者支出的决定性因素。

个人可任意支配收入是指个人可支配收入减去维持生活所必需的支出（如食品、衣物、住房）和其他固定支出（如分期付款、学费）所剩下的那部分收入。它是影响消费需求结构最活跃的经济因素。这部分收入越多，人们的消费水平就越高，企业营销的机会也就越多。

分析消费者收入还要区分货币收入和实际收入。在消费者的货币收入不变时，如果物价下跌，则表明其实际收入上升；反之，则表明其实际收入下降。即使消费者的货币收入随着物价上涨而增长，但是如果通货膨胀率超过了货币收入增长率，消费者的实际收入也会减少。

过去，消费者一般要在可支配收入的范围内考虑其开支。然而，随着国内借贷平台的日益成熟和消费者消费习惯的改变，越来越多的消费者开始透支消费，"日光族""月光族"屡见不鲜，贷款买房、贷款买车已经成为一种主流消费模式。另外，近年来我国居民的收入差距明显拉大，城市和农村、东南沿海与内地、不同行业之间都存在这一现象，个人消费出现层次差异的倾向已十分明显，这为企业提供了更多的市场机会。

由于经济发展存在阶段性变化，而且同一时期的不同地区、不同阶层，消费者收入均存在差异，因而除进行上述分析，企业还要研究不同时期、不同地区、不同阶层消费者收入水平的变化，这对企业制定购买决策具有重要意义。

3. 生活方式

生活方式是人们根据自己的价值观安排生活的模式。有些人虽然处于同一社会阶层，有相同的职业和相近的收入，但由于生活方式不同，其日常活动内容、兴趣、见解大相径庭，消费内容和消费方式也相去甚远。

4. 个性

个性是一个人的性格特征，如内向或外向、活泼或沉稳、固执或随和等。显然，自信或急躁的人，购物时很快就能拿定主意；缺乏自信或慢性子的人，其购买决策过程较长，要反复比较权衡。外向的人容易受周围人的意见影响，也容易影响他人；内向的人则相反。

三、心理因素

1. 动机

心理学家认为，人的行为是由动机引起的，购买行为也不例外。关于动机对人们消费需求的影响，用得最多的是马斯洛需要层次理论。该理论认为：人的需要从低到高分为生存的需要、安全的需要、社会的需要、尊重的需要和自我实现的需要几个层次，只有未满足的需要才会形成动机。一般来说，只有低一级的需要得到相对满足，高一级的需要才会起主导作用，成为支配人们行为的动机。不同的消费动机与商品或服务之间具有一定的对应关系，企业营销者应学会判断何种商品和服务能最好地满足处于不同层次的顾客的需要。

2. 感觉

感觉是人们通过各种感官对外界刺激形成的反应。在现代社会，人们每天面对大量的刺激，但同样的刺激对不同的人可能引起不同的反应或感觉，原因在于感觉是一个有选择性的心理过程。它表现在三个方面：第一，选择性注意，即并不是所有的外界刺激都会引起同等的注意，人们往往只注意那些与其当时需要有关、与众不同或反复出现的外界刺激；第二，选择性理解，即人们受到了外部刺激，但并不一定会做出同样的解释，而是根据自己以往的经验或成见对信息进行理解；第三，选择性记忆，即收到的信息大部分很快被遗忘，只有少数令人感兴趣的信息被记住。显然，感觉的这种差异性也是造成消费者购买行为差异的原因之一。

3. 学习

人们的有些行为是与生俱来的，但多数行为，包括购买行为是通过后天的学习形成的。学习是指经验引起个人行为改变的过程。正如一句俗话所说：要想知道梨子的滋味，就得亲口尝一尝。尝过之后，用过之后，对产品有了亲身体验，就会形成某种观念或态度，学习过程即告结束，下次购买也将变得简单。

4. 信念

通过行为和学习，人们形成了自己的信念和态度。信念是人们对某种事物比较固定的观点或看法，如相信某品牌的电视机图像更清晰，它影响着人们未来的购买行为。态度是人们长期保持的关于某种事物或观念的认识上的评价、情感上的好恶和行动倾向。信念和态度一旦形成就很难改变，它们能帮助简化消费者的购买决策过程，引导消费者习惯性地购买某些商品。

第3节　消费者购买行为类型与决策过程

一、消费者购买行为类型

消费者购买行为类型有多种划分方法，其中有典型意义的有两种：一种是根据消费者的介入程度和品牌的差异程度加以划分；另一种是根据消费者的性格进行划分。

1. 根据消费者的介入程度和品牌的差异程度划分

根据消费者的介入程度和品牌的差异程度所划分的购买行为类型如表3-1所示。

表3-1　消费者购买行为类型

品牌差异程度	购买介入程度	
	高	低
大	复杂型	多变型
小	和谐型	习惯型

（1）复杂型购买。复杂型购买行为是消费者购买差异性很大、价格昂贵且不经常购买的消费品的行为。这种购买行为不仅有较高的介入程度，而且不同品牌间有较大的差异，因此消费者购买时十分谨慎，要经历一个较长的思考过程。比如消费

者买房、买车、买大型家电等。

（2）和谐型购买。也称为减少失调感的购买行为。当消费者购买差异性不大的商品并伴有较高的介入程度时所产生的往往是和谐型购买行为。由于各个品牌之间差异不大，消费者一般不会花费更多时间去收集并评估不同品牌的信息，关注的重点在于价格优惠程度、购买时间、地点方便程度等。购买后在使用时如果发现产品有缺陷或者听说其他产品更好，就会感到后悔或者遗憾。消费者购买服装、家具和小家电等商品的行为大多属于和谐型购买。

（3）习惯型购买。习惯型购买行为是指品牌差异程度较小，同时消费者介入程度也不高的购买行为。购买者对所选品牌和产品比较了解，主要根据过去的知识和经验习惯性地做出决定。要么随便选择某个熟悉的或首先遇到的品牌，要么表现出对某个品牌的忠诚。比如消费者购买香烟、家庭日用品等。

（4）多变型购买。多变型购买行为发生在品牌差异程度较大，但消费者的购买介入程度较低时。尽管产品存在明显差异，但消费者不经收集信息和评估比较就会决定购买某一品牌的产品，购买的随意性较大，下次购买可能又会换成其他品牌。转换品牌不一定是对原来的产品不满意，可能只是为了尝尝鲜，寻求产品的多样性。

2. 根据消费者的性格划分

（1）习惯型购买。消费者已习惯购买一个或者几个品牌的产品，成为忠实顾客，消费习惯和偏好相对固定，购买时心中有数，目标明确。

（2）理智型购买。消费者做出购买决策前对不同品牌加以反复比较和考虑，相信自己的判断，不容易被他人打动，也不轻易做出决定，决定后不轻易后悔。

（3）经济型购买。消费者对价格非常敏感，喜欢经济合算的产品，对产品是否物美价廉特别看重。

（4）冲动型购买。消费者缺乏主见，容易受产品外观、广告宣传或相关群体的影响，很快做出决定，但购买后容易动摇和后悔。

（5）想象型购买。消费者对产品的象征意义特别看重，感情色彩浓，容易对产品品牌、产品包装产生丰富的联想，从而影响其购买行为。

（6）不确定型购买。此类消费者往往比较年轻，独立购物经历不多，消费习惯和消费心理尚不稳定，没有固定的偏好，容易接受新的东西。

二、消费者怎样做购买决策

1. 消费者购买决策五阶段模型

若把消费者看成理性的问题解决者，则消费者购买决策可以分为以下五个阶段，如图3-3所示。

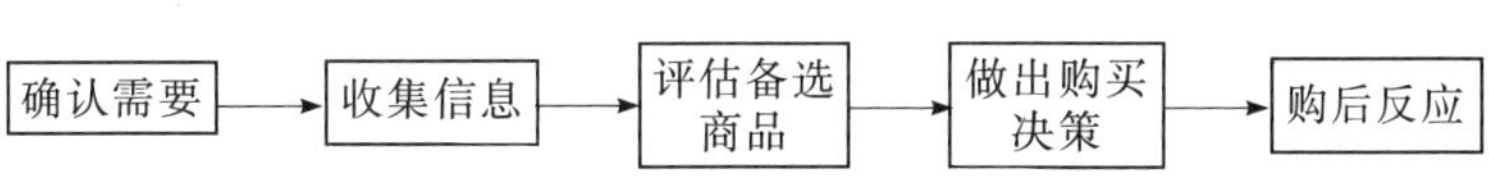

图3-3　消费者购买决策过程

第一阶段，确认需要。这可能由消费者内在的生理、心理活动引起，如感到饥饿、寒冷，产生购买食品、冬衣的需要；也可能由外界刺激物引起，例如女孩子看到别人穿了一条漂亮的裙子，自己也想有一条；或是内外两方面因素相互作用的结果，如随着互联网时代的到来，外界宣传的影响和内心追赶潮流的冲动，使许多年轻人对上网和玩电子游戏兴趣浓厚。

第二阶段，收集信息。动机一旦形成，消费者如果不了解什么商品能满足自己的需要，或仅知道商品名称，但不熟悉该类商品各方面的情况，就得收集有关信息，注意这类商品的广告、别人的评价，或直接去商店询问，索取产品说明书等。

消费者主要从四个来源获取信息：（1）商业来源，包括广告、商品陈列、商品包装和说明材料以及推销人员的现场介绍；（2）个人来源，包括从亲朋好友、邻居、同事那里得到信息；（3）大众传媒来源，如广告、电视、报刊；（4）个人经验来源，即消费者通过触摸或试用获得信息。

第三阶段，评估备选商品。经过收集信息阶段，消费者逐渐在头脑中形成一个备选品牌的清单，接着就是对这些备选品牌进行评比选择，为最终的购买决策奠定基础。一般来说，消费者首先考虑每种商品有哪些属性，特别是有哪些令他感兴趣的属性；其次，确定自己关心的每种属性的重要程度，也就是给每种属性一个权重；再次，对每种品牌在每一属性上的表现给予评价；最后，对每种商品做出综合评价。

第四阶段，做出购买决策。完成对各种品牌的评价后，消费者便形成了对某种品牌商品的偏好和购买意向，这时如不发生意外，做出购买决策就是自然而然的了。除了品牌，购买决策还包括购买时间、地点、数量、支付方式等方面的决策。

第五阶段，购后反应。消费者购买和使用商品后，可能感到满意，也可能不那么满意。如果消费者感到满意，他就会再次购买同一品牌的商品，并且会对周围亲朋好友的购买或多或少地产生影响，留住一个老顾客从时间和成本上看比开发一位新顾客对企业更有利。因此，了解消费者的购后反应，提高消费者购买后的满意度，成为企业营销人员的重要工作。

不过，消费者并非在购买任何商品时都经过上述复杂的决策过程，如购买牙膏和购买住房的决策过程就大不相同。人们在购买住房时十分谨慎，会认真比较不同地段、户型、朝向、楼层、价格、物业管理等方面的差异，再做购买决策。显然，这属于复杂型购买，一般发生在消费者初次购买单价高、品牌差别大的商品时。对牙膏、肥皂、早点、晚报等经常购买且价格不高的商品和服务，人们大多有反复购买的经验，因此是典型的习惯型购买。购买过程不需要收集信息、综合评价，即便遇到新品牌，也会不假思索地先买下，到消费时再加以评价。还有两种情况：一种是对不经常买、价格比较贵，而且品牌之间没有显著差别的商品，如家具、家用电器等，消费者的购买行为也比较简单，不会过多收集信息，也不精心挑选品牌，购买过程很迅速，但购买以后如果发现产品有缺陷或别的产品更好，就会产生认知失调，这时消费者才开始关注更多的信息，以减轻认知失调，这是一种和谐型购买。

另一种是对单价便宜但品牌差别大的商品，如洗发水等，消费者的购买行为很随意，并不深入收集信息和进行品牌评价，只在消费时才加以评价，但下一次购买时可能又转换到其他品牌，这是一种多变型购买。

2. 从 AIDMA 到 AISAS 的购买决策

AIDMA 作为一个传统的购买决策模型，显示了消费者购买决策中一个递进的过程：Attention（引起注意）、Interest（产生兴趣）、Desire（激发欲望）、Memory（强化记忆）和 Action（促使行动）。过去，营销者通过大众媒体来控制主导权，逐步影响消费者，最终使其产生购买行为。在数字化时代，消费者的信息渠道更加宽泛，消费者的购买主动性有了很大的提升，消费者从过去被动接受产品信息、营销宣传，逐步转变成主动获取产品知识与信息。消费者的决策模型发展成 AISAS，较之以前的 AIDMA，变化的是 Search（搜索）和 Share（分享），即若一个商品被消费者注意到，它精致的包装或独特的功能使消费者产生了兴趣，此时，消费者不再像以前那样不作为，而是主动去搜索更多相关产品知识，进行对比和选择，再决定是否购买。最后，消费者还会根据自己的购物体验，在日常生活中将有关信息分享给自己的朋友，甚至在相关平台、网站、社群里分享给其他的用户。

在移动互联网时代，用户决策方式的转变提醒企业必须转变营销方向，营销人员与消费者的对话要从单向转变成双向。企业要注意倾听消费者的诉求，用更加系统的方法来满足客户的需求，多投资由消费者主导的营销活动，影响和管理口碑推荐的过程。

3. 消费者决策历程模型

通过探究消费者和品牌的联系，戴维·考特和苏珊·莫德等提出了决策历程的椭圆模型，包括四个阶段：考虑、评估、购买，以及享受、推荐和建立纽带。这一决策历程是循环往复的。

在考虑阶段，消费者的脑海里会出现常见的产品和品牌：一些是他们过去经常购买的，一些是他们在广告中了解到的，一些是他们的亲朋好友介绍的。在当今信息爆炸、品牌竞争激烈的时代，消费者在开始决策时就要做减法，即筛选出一些最初品牌，因此，在这一阶段，品牌的知名度非常重要。

在评估阶段，一些在考虑阶段被剔除的品牌又有了一线生机。随着消费者产品知识的增加以及消费者受到品牌竞争者、零售商和评论者等参照群体的影响，其最初的决策标准可能发生改变，消费者可能删除一些最初品牌，添加一些曾经被剔除的品牌。

在购买阶段，很多消费者都是到店里才做出购买决策，因此，购买点是一个很重要的接触点，商品陈列、包装、样式、定价、销售人员的服务等因素都会直接影响消费者的购买决策，这给那些未进入初选范围的品牌提供了很大的机会。

最后是享受、推荐和建立纽带阶段，在做出购买决策后，消费者的购后体验会对这些产品以后的购买决策产生影响，因此这个决策历程是循环的。当消费者对购买的产品感到满意时，他们会进行正面的口碑传播；当消费者对购买的品牌感到失望时，他们可能会放弃使用该品牌，或者做出负面的宣传。如果消费者和品牌建立了强大的联系，他们可能会跳过考虑和评估阶段，直接进入享受—推荐—购买循环，这对企业来说是一个长期的福利。

三、消费者购后认知失调

购后认知失调是指消费者在购买之后会产生怀疑、不安、后悔等负面情绪，从而引发不满的行为。个体在产生认知失调的同时会产生降低这种不舒适感的动机，当动机转化为行动时，消费者可能会做出对商家不利的行为，例如退货、在网上给差评，或是向亲戚朋友进行负面口碑传播，因而购后认知失调对于消费者的再次购买、消费者满意以及长远的顾客关系会产生深刻的影响。研究发现，购后认知失调的程度与产品感知价值、消费者的介入度、消费者的性格、品牌知名度、购买代价和重要性都息息相关。一般来说，消费者在购买决策中介入度越高，感知到的购后认知失调水平越高；越是自信的消费者，感知到的购后认知失调水平越低；矛盾不解的消费者，感知到的购后认知失调水平较高。

认知失调产生于决策，多数消费者在做决策时会有不同水平的认知失调，管理者需要在消费者产生认知失调时，甚至在产生认知失调之前就做出营销努力。企业要重视销售人员的作用，有意识地去指导销售人员，使其能够在实际销售商品的过程中帮助消费者减少认知失调，提高满意度，从而提高顾客保有率，提高顾客购买频率。此外，还可以通过改进产品的售后服务、建立品牌社区来提高消费者对公司的信任感，降低认知失调水平。

小 结

市场营销的目的是满足顾客的需要，因此需要分析购买行为的差异，以此为依据制定不同的营销策略。

市场营销学根据消费者自身的购买习惯，将消费者市场的购买对象分为日用品、选购品、特殊品和非渴求品。影响消费者购买行为的主要因素有社会文化因素、个人因素和心理因素。一个完整的消费者购买决策过程包括：(1) 确认需要；(2) 收集信息；(3) 评估备选商品；(4) 做出购买决策；(5) 购后反应。

基本概念

1. 消费者市场——为了满足生活消费而购买商品和服务的个人或家庭所构成的市场。

2. 马斯洛需要层次理论——人的需要从低到高分为生存的需要、安全的需要、社会的需要、尊重的需要和自我实现的需要几个层次，只有未满足的需要才会形成动机。

3. 消费者购买决策过程——由确认需要、收集信息、评估备选商品、做出购买决策和购后反应这五个阶段构成。

思考题

1. 同样是购买计算机，产业市场和消费者市场在需求和购买行为上有哪些区别？
2. 影响一对年轻夫妇购买汽车的因素有哪些？
3. 消费者购买寿险服务和购买软饮料的决策过程有区别吗？为什么？

案例分析

消费者的网络消费行为

网络的出现及其覆盖率逐年提高对传统购买行为产生了巨大影响，推动新型消费方式——网络消费的实现与发展。越来越多的人选择通过网络购买，网络消费日益成为一种时尚的标志。网络消费的购物环境不同于实体消费，它是在由互联网技术支持的虚拟购物空间或网页上操作的，消费者不能与店家面对面沟通，具有一定的隐匿性。在浏览或购买商品时，消费者不受时间与空间的限制，可实现非强制性的消费。

一、消费者的网络消费行为的特征

1. 冲动式购买比例升高

冲动式购买是指消费者在购买之前并未制订相应计划，等到了现场才临时做决定。随着社会分工的不断细化与专业化，很大一部分消费者即使在购买日常用品时也欠缺必要的专业知识，不能对产品进行良好的鉴别与评估。在网民日益增加的背景下，越来越多的群体开始借助网络来获得市场信息，网络中的商品信息很可能使消费群体在短期内进行冲动式购买，这导致很多网络消费行为极具冲动性。

2. 要求更高的便利性

随着生活节奏的加快，人们对日常生活用品的质量、价格与便利性提出了更高的要求。现代物流技术与运筹学管理技术的应用加快了产品的流通进程，这不仅给予消费者借助网络更广泛地了解商品性能与价格的空间，而且使他们在互联网环境下更加明确自身的消费目标，从而选择最具便利性的消费方式。

3. 消费更具主动性

在社会分工日趋细化与专业化的背景下，网络消费品可选范围的扩大增加了消费者在购买过程中的风险意识。对于许多日常生活用品尤其是耐用品（如计算机、洗衣机），消费者会以多种途径获取商品相关信息并进行比较分析。即使这些分析的充分性与准确性有所欠缺，消费者也能从中获取心理上的平衡，避免在购买后感到后悔。

4. 名牌产品消费成为一种追求

品牌效应不断深入人心，购买名牌产品逐渐发展为一种消费时尚，各零售商开始积极主动地通过网络打造品牌。借助网络，消费者能够更为广泛地掌握名牌产品的各种信息，通过比较众多名牌产品的价格与性能，做出自己的消费决策。

5. 上网消费成为主流

电子商务的发展使得网上购物不再是一种单纯的时尚行为，它逐渐发展为网民日常消费中不可或缺的一部分。零售商借助网络销售平台，提供更为便利的网络销售渠道，不断激发网民对电子化购物方式的热情，通过变革传统的营销方式，网络时代的消费者行为模式得以确立。

6. 消费个性化日益突出

如今的消费者不再是潮流的盲目跟随者，他们不断朝着个性化方向发展。借助网络，消费者能够更加迅速、更为全面地收集产品的各项信息，对于部分新款个性化商品，他们能够利用网络便利性为自身个性化消费提供决策依据。很多零售商借助网络，更为广泛地传播产品特性。

二、消费者的网络消费行为的影响因素

相关学者研究指出，消费者行为的影响因素通常有三个：消费者自身、环境与企业市场营销。对网络消费行为产生影响的因素可以划分为五类：消费者个体、感知风险、零售商特征、营销以及消费意向。

消费者自身的特点会在很大程度上影响其消费行为，网络购物的特殊性对消费者的使用计算机、上网等能力以及熟悉网购流程的程度提出要求。消费者通过网购可积累购买经验，为今后的购买提供参考，在难以把握消费品真实情况时增强辨别能力。

感知风险是指消费者在购物时对购买结果的不确定性。网络购物环境具有虚拟性的特点，提前检验消费品的机会欠缺，这会导致支付与收货的不确定性增加。此外，网络购物还可能导致个人隐私外泄，这也会增加消费者的感知风险，降低消费者的购买欲望。

零售商是向最终消费者出售商品并直接提供服务的企业或个人，其面向的对象以消费者为主，而非批发商或生产商。零售商形象借助自身的外部特征与经营实力表现出来，其知名度与信誉度构成传统营销模式下的企业资产。在网络环境下，零售商同样会对消费者购买意图产生重要的影响，通常消费者更青睐传统企业的名牌产品，主要原因在于这些企业有着较好的信誉与形象。大量研究指出，零售商的良好形象与服务会提高消费者的接受程度，使消费者更具购买意向，促进消费。

在网络购物过程中，消费者对产品品牌、价格与广告这些营销要素的认同等会形成相应的态度与意愿，这会对其购买行为产生直接的影响。若顾客对某一品牌具有忠诚度，则会再次购买，并有向他人推荐的可能性；零售商制定的价格合理会适当增加消费者的忠诚度；若广告信息泛滥，则会对消费者的购买心理与行为产生一定的影响。

很多研究指出，消费意向与消费行为之间具有相关性。Fishbein & Ajzen（1975）提出理性行为理论，认为意图引起行为。程华（2003）以技术接受模型与创新扩散理论为基础建立起消费者网络消费行为模型，通过引入消费者特性外在变量证明了消费意向对消费行为的影响。为了向具有不同特征的消费者提供优质服务，零售商应建立顾客档案，分析相关资料与信息，有针对性地为消费者提供个性化信息咨询服务。具体地，应登记消费者的购买记录，从消费者年龄、职业、收入、喜好以及网购经验等方面着手建立顾客档案。当有新产品上市时，零售商可针对不同的消费者进行宣传，借助网络及时有效地传达相关信息，从而节省消费者的时间与精力。

资料来源：施颖．消费者的网络消费行为特征与影响因素实证分析．商业经济研究，2017（4）．

▶ 讨论题

1. 该案例描述的是消费者市场还是产业市场？

2. 消费者行为研究应从哪里入手？

3. 请你根据案例中消费者的网络消费行为特征，为你感兴趣的行业设计一个针对网络消费者的营销策划方案。

阅读材料

让发展成果更公平惠及消费者

中国消费者协会（以下简称“中消协”）在确定2022年消费维权年主题时提出，持续完善相关法律法规，积极引导经营者从事公平竞争，强化对特殊群体消费者的保护力度，倡导消费者践行绿色低碳消费方式，凝聚各方力量，推动各方共识，共促消费公平。中消协倡导的“共促消费公平”2022年消费维权年主题，内涵层次丰富，围绕以人民为中心发展思想谋划全年消费维权事业，始终心怀“国之大者”，协同推进高质量发展，促进全体人民共同富裕，实现物质文明、政治文明、精神文明、社会文明、生态文明的全面提升，使全体人民享有更加幸福安康的生活。在实现共同富裕的过程中，实现全体人民的消费公平当然是应有之义。当前，我国经济发展面临需求收缩、供给冲击、预期转弱三重压力，必须坚持稳中求进工作总基调，深化供给侧结构性改革，实施好扩大内需战略，推动消费侧提质升级。中央经济工作会议提出，在消费领域，增强全民节约意识，倡导简约适度、绿色低碳的生活方式。这种健康可持续性的消费理念与消费方式，既是消费侧提质升级的必然要求，又彰显更可持续消费公平的科学内涵。

第4章

组织市场及购买行为分析

思政目标

- 明确招标文件、合同和项目等必须严格遵循《中华人民共和国招标投标法》。
- 理解“公开、公正、公平”对政府采购的重要性。
- 理解打击和制止商业贿赂行为的重要性。

引导案例

企业不仅把产品和服务出售给最终消费者，而且把大量的原材料、零部件、机器设备、办公用品以及相应的服务提供给诸如企业、社会团体、政府机关等用户。由于这些用户购买产品或服务的目的与最终消费者不同，因而由它们所构成的组织市场及其购买行为与消费者市场及其购买行为存在明显的差异。只有充分认识到这些不同，才有可能制定有针对性的营销策略。

组织市场营销是指为组织客户提供产品和服务的所有活动，即对组织的产品和服务的营销。这些组织包括自然产品和制造产品生产商、政府部门、提供服务的机构（包括公共机构、教育机构、医院等）、批发商、零售商和其他组织，它们使用不同的产品或服务来制造自己的最终产品或保证组织的运营。

第1节　组织市场和组织购买对象

一、组织市场及其分类

营销的目的是满足顾客的需要，因此首先要了解和分析顾客的需要，这就要求对市场做进一步分类，针对不同市场在需求和购买行为上的差异制定不同的营销策略。

市场营销学根据购买者的不同，将市场分为两大类：消费者市场和组织市场。这两类市场由不同的购买者组成，需求及购买行为相去甚远。这一点对企业的营销管理至关重要，因为它是企业制定各种营销战略及相应策略的重要依据。

一般来说，人们习惯于根据购买的产品对市场进行分类，如服装市场、电视机市场、计算机市场等。但营销学以谁在市场上购买为依据对市场进行分类，例如一台打印机，可能被个人消费者买去，也可能被一家企业买去，虽然二者都购买同一种商品，但其需求、购买目的和购买行为有很大的不同。

依据这种方法，市场营销学将市场分为两大基本类型：组织市场和消费者市场。其中，消费者市场由那些为满足自身及家庭成员的生活消费而购买的顾客组成；组织市场则由那些为维持经营活动，对产品进行再加工、转售，或向社会提供服务的工商企业、政府机构及各种社会团体组成。如一位购买毛线为孩子织毛衣的母亲是消费者市场中的一员，而购买毛线生产毛衣的针织厂则是组织市场中的一员。

组织市场（organizational market）是指工商企业为从事生产经营活动以及政府部门和非营利机构为履行职责而购买产品和服务所构成的市场。换言之，组织市场是以某种正规组织为购买者所构成的市场。

组织市场包括以下三种类型：

（1）产业市场（business market），也称为企业市场。菲利普・科特勒将其定义为所有购买产品和服务，并将它们用于生产其他产品和服务，以供销售、出租或供应的组织所构成的市场。组成产业市场的主要行业包括农业、林业、制造业、渔业、运输业、公用事业、通信业、金融和保险业、分销业以及服务业等。

（2）非营利组织市场（institutional market）。泛指所有不以营利为目的、从事非营利活动的组织所构成的市场，包括学校、博物馆、医院、福利院等机构。在我国，人们习惯以“机关团体事业单位”指代各种非营利组织。

（3）政府市场（government market）。指为履行政府职能而购买或租用产品或服务的各级政府及下属各部门所构成的市场。从严格意义上讲，政府市场是非营利组织市场的一个特殊组成部分。由于政府采购的产品和服务门类广泛，对于任何一个企业而言都是一个不可忽视的大市场，又鉴于政府采购与一般民间采购有较大的不同，因此，对政府市场将做专门的研究。

二、组织购买对象的分类

组织的购买对象即组织购买品可以分为七大类，包括初级原材料、二级原材料、辅助材料、零部件、设施、系统以及顾客服务。组织购买品的特点以及购买者采购产品及服务的用途，对买卖双方会产生不同的影响。

（1）初级原材料（raw materials）。指处于自然状态下未经加工而被出售的产品，如煤、石油、天然气、矿石等。这些产品往往用于生产其他产业产品，很小一部分会被最终用户直接使用。例如，煤是生产塑料产品、化工产品、涂料和钢铁的原料。根据自然禀赋的不同，初级原材料的生产大多集中于某个区域。作为战略物资的某些原料或重要的矿产资源，例如石油、钻石、黄金等，往往是垄断经营的。

同时，厂商为保证能够及时获得原材料，控制生产成本，降低经营风险，往往通过各种方式直接掌控重要的原材料。比如，一些化工公司拥有自己的石油和天然气公司。

（2）二级原材料（manufactured materials）。指在构成最终产品前被部分加工过的产品，例如玻璃、钢铁、皮革等。初级原材料经过加工后价值会增加。二级原材料具有同质性的特点，即不同竞争对手的产品的区别微乎其微。二级原材料还有一个显著特征，就是当加工过的产品被进一步加工成其他产品时，其品牌很难在制成品中被识别出来。

在后续产品加工中，二级原材料的同质性和品牌的易失性会影响买卖双方的关系。通常买方倾向于集中一两家供应商，以便获得大量采购的数量折扣；卖方则采用生产特制品，或者提供更具竞争力的生产线，或者利用业内有影响者和采购方产品设计者对产品的认可等方法来增加产品的差异性，从而提高自身的竞争力。

（3）辅助材料（supplies）。指在生产过程中损耗的产品或者日常工作中消耗的产品。辅助材料常指易耗品或维护（maintenance）、修理（repair）、使用（operation）产品时的辅助产品（MRO），例如复印纸、研磨剂、润滑油、焊条等。这些产品往往为各类组织所需要，并且成本较低，消耗快，需要经常购买。以上这些特点决定了买方更关心价格、折扣、产品使用的方便性及供应商提供的无库存购买服务。卖方则希望签订长期供货协议，提供数量折扣，鼓励采购方长期购买。

（4）零部件（components and parts）。指直接组装进入产品或略做加工进入成品的部件，比如计算机芯片、集成电路、显像管等。零部件具有易损耗的特点，有些零部件比较复杂，具有较高的技术含量。这些特点使零部件受到制造商和使用者的重视。比如，在计算机行业，如果厂商能够不断领先推出新型芯片，就意味着芯片制造商及其购买者可能会获得高额垄断利润。零部件的采购者包括渠道中间商、产品制造商和需要更换零部件的用户。三类用户的购买目的各不相同，关注的侧重点也有所不同。渠道中间商从买进卖出的价格差中获取利益，因此比较关心供应商的品牌形象、交易折扣、交货能力以及供应商提供的市场支持如广告等。产品制造商为组装自己的产品而购买零部件，因此，零部件的设计、质量、价格、可靠性及运送的及时性是它们关注的重点。用户采购零部件是为了更换原有的已经损耗的零部件，以维持机器设备正常运转，他们更关心供应商的售后服务。由此可见，零部件的营销应针对不同用户的购买目的及特点采取相应的策略，以期取得良好的营销效果。

（5）设施（installations）。指那些构成生产制造基础的长期投资项目，包括土地使用权、建筑物和设备等，也称为资本商品。设施往往决定了一个企业的生产经营规模，其中重要的组成部分是设备。设备可以分为重型设备和轻型设备。轻型设备如电动工具、扫描仪、小型空气压缩机、打印机等；重型设备如大型计算机系统、大型矿山机械、大型粉碎及研磨机械等。轻型设备往往是标准设备，价格相对较低，影响购买的主要因素是价格、运送和售后服务。制造商一般会利用中间商来销售产品。重型设备大多是按照购买方要求设计的，其成本高，技术复杂，多采用直接销售方式，技术工艺、售前咨询和售后服务等成为影响用户采购的关键因素。

（6）系统（system）。指复杂的、多功能的资产性商品，如生产制造系统、物资储运和处理系统等。这些产品往往涉及电子和机械等相关知识，因此设计实力至关重要。

系统可以为购买者带来很多好处，如提高厂商生产率、增进生产的灵活性以及改进产品质量。因为系统往往成本较高，技术复杂，并且用户经常有特殊要求，所以定制的情形比较多，这导致采购过程比较复杂和漫长。系统的购买多是通过集体谈判方式来进行的。买卖双方的人员接触是多层次的，既有卖方的营销人员与买方的工程技术人员之间的沟通，又有卖方的设计人员与买方的工程技术人员之间的接触。买卖双方往往需要在安装费用、产品保证和服务要求等方面进行长时间的反复谈判才能达成交易。

（7）顾客服务（business services）。一方面，顾客服务主要是指为销售商品而进行的附加活动，其目的是使顾客在购买中得到更多的利益及满足。例如建筑设计、设备维护和相关的技术支持等。顾客服务作为一种无形产品，其作用越来越大，因为它可以增加产品的差异性，树立企业和品牌形象，同时也是企业留住顾客和获取持续利润的重要保障。另一方面，服务类组织面向买方所提供的服务也属于组织市场的顾客服务范畴。服务类组织的产品就是服务。随着竞争压力的增加，一些厂商不得不削减管理人员，把经营重点集中于企业核心业务上，并把某些服务功能转移到外部组织中去，从而为那些专门提供设备维护、计算机支持、物流服务等的服务性组织创造了迅速发展的机会。在组织市场上，提供管理咨询、计算机培训、劳务和设备租赁的组织数量正在迅速增加。比如，近几年市场对计算机软件和服务的需求量比对传统的计算机硬件的需求量高出两倍以上，这使得那些在信息处理及管理领域有专长的服务性企业大受欢迎。

第 2 节　产业市场及其购买行为

一、产业市场

比较产业市场和消费者市场，它们在以下几方面有显著的区别。

（1）从社会再生产看，企业位于再生产的中间环节，它们的消费是一种生产性消费；个人消费者位于再生产循环的终点，他们的消费属于最终消费。在商品经济的现实生活中，二者的购买目的显然不同。前者为经营性活动所需，有明确的盈利目标；后者仅为生活消费，与盈利无关。因此，前者通常是理性的购买，后者多是感性的、冲动型的购买。

（2）参与购买的人不同。前者是由专业人员参与并有组织地制定购买决策；后者是由显然不那么专业的个人或家庭成员做出决策。前者的购买决策相对复杂；后者的购买决策相对简单。前者不那么容易受广告宣传影响；后者则受广告宣传影响较大。

（3）产业市场的购买者数量通常比消费者市场少得多，但购买的数量和金额远较消费者市场大得多。随着单个企业规模的扩大和社会分工的发展，产业市场的规模必将变得更为庞大。

（4）产业市场在地理位置上更集中，这是由自然条件和生产布局决定的。如一国的石油、橡胶、钢铁、汽车、航空航天等工业和许多农产品的生产地都非常集中。相比之下，消费者的人口分布虽有疏密之分，但差别小得多。

（5）一般来说，消费者对商品价格更为敏感，而企业的需求受价格变动的影响小，特别是在短期内。形成这一特点的原因有三：一是由产业用户需求的派生性引起的；二是生产者不可能像消费者改变需求偏好那样很快改变其制造工艺，用别的原料或零配件来代替涨了价的东西；三是在购买条款中，企业用户更注重产品性能、规格符合需要，供货及时，服务可靠等，价格的重要性相对较低。

上述这些差别的存在，使企业在面对产业市场和消费者市场时需要研究和采取不同的营销策略。与消费者市场相比，产业市场在以下几方面具有自己的特点。

1. 市场结构和需求

（1）地理位置相对集中。同一产业的购买者往往集中在某些区域。比如，美国一半以上的制造业用户都集中在加利福尼亚、纽约、宾夕法尼亚等几个州。橡胶、钢铁、石油、汽车等行业的集中现象更加明显。计算机制造商和其他生产复杂电子产品的企业则分布在高科技和研究机构集中的地区，如环绕波士顿的128号公路和旧金山的硅谷。我国的产业客户主要集中在东北地区、华北地区、中南地区及沿海一带。

（2）购买者数量少，购买规模大。产业市场的购买者数量远远少于消费者市场。例如，美国固特异轮胎公司在消费者市场拥有超过1.71亿消费者，而在产业市场上主要的顾客就是几家大型汽车制造商。产业市场的购买力相对集中，少数几家大企业的采购量可能占到产品总销售量的绝大部分。

（3）需求具有衍生性。产业市场的需求取决于最终消费者市场的需求。例如，汽车企业采购钢材是因为消费者需要汽车。如果消费者市场对汽车的需求量下降，那么汽车企业对钢材和其他用于制造汽车的产品如轮胎、玻璃、仪表等的需求也会下降。

（4）需求缺乏弹性。产业市场的需求受价格变动的影响比较小，特别是在短期内。例如，在鞋类需求总量不变的情况下，皮革价格下降，而鞋厂未必就会增加皮革的购买量；当皮革价格上涨时，鞋厂也不会减少皮革的购买量。

（5）需求有较明显的波动性。产业市场的需求是一种派生的需求，因此消费者市场需求的小幅波动会导致产业市场需求的巨大波动。例如，有时消费者市场需求只有10%的升降，却可能使产业市场的需求升降200%。这种现象是由经济加速原理引起的，因此供应商不仅要监测直接用户的需求，而且要了解对它们的产出有间接影响的最终消费者的需求。例如，韩国的浦项制铁公司曾举办过易拉罐的宣传推广活动，这是因为它是易拉罐生产企业的原材料供应商，该公司深知只有获得人们对易拉罐的普遍认同，自己生产的产品才会有广阔的市场。

2. 购买者及购买方式

（1）专业人员采购。产业市场的采购大多由经过专业训练、具有丰富的采购经验和专业知识的人员来执行。他们会对供应商的技术实力、供货速度、付款条件等多方面进行权衡，再做决定，因此其购买更趋于理性。这就要求在产业市场上必须由同样受过良好训练的销售人员与买方的专业采购人员洽谈生意。

（2）直接采购。产业市场的买方通常直接向供应商购买而不经过中间商，特别是那些价格高昂、技术复杂的产品，或者需要按特定规格制造的产品。

（3）互惠采购。购买者和供应商会互相购买对方的产品，并互相给予优惠。因为产业用品的购买方本身也是某种产品的出售方，所以企业在采购其他企业的产品时就会考虑为自己的产品销售创造有利条件，于是产业市场的购买方往往这样选择供应商：“你买我的产品，我就买你的产品。”

（4）租赁。当企业无力购买或者需要融资购买某种产品时，可以通过租赁形式取得某些产品的使用权。这样既可以满足生产经营的需要，又能节约企业成本。这种方式一般适用于价值较高的交通工具、机器设备等。

（5）系统采购。有些产业购买者倾向于从一个供应商处购买所需的多种产品、服务或者完整的生产线，而不是把有关需求分散给不同的供应商。这种“一站式购买”的情形对供应商提出了更高的要求，同时也带来了商机。例如，美国太阳微系统公司（Sun Microsystems）设计了一种“100％财务规划解决方案”，将公司所有的软件、硬件、专业服务和其他合作伙伴的技术整合成一个单一付款的规划方案，用以满足产业用户的需求。

3. 决策行为

（1）决策过程长。产业市场购买者的决策通常比消费者的决策更加复杂，涉及更大的金额、更加复杂的技术，因此，往往需要花费更多的时间进行反复论证。比如，购买一套大型计算机系统可能需要数月甚至一年时间来考察才能做出最后的决定。

（2）群体决策。影响采购的人员多，购买决策的透明度很高。大多数组织设有专门的采购中心，重要决策由专家和管理人员共同做出，其他人直接或间接参与决策。

（3）决策行为更加规范。大规模的购买通常要求有详细的产品规格、写成文字的购买清单，对供应商进行认真审查，通过正式的审批程序等。

二、产业市场的购买行为

1. 谁是产业市场的采购决策者

企业要加工产品和提供服务，首先需要大量采购原料和设备，如经营钢材、机床、卡车、电站设备、计算机、办公用品的企业，必须关注产业市场的购买活动。

产业市场上的采购是企业经营活动的一部分，事关重大，因此决策过程比消费者市场更为复杂和正规。企业采购人员大多受过专门训练，富有经验，采购就是他们的工作。参与购买决策的人员较多，客观上形成一个正式的或非正式的购买决策中心，集体做出决策，并分担决策的风险。一般来说，所购物品价值越高，对企业经营成败越重要；产品性能、结构越复杂，参与购买决策的人越多；决策程序越正规，决策越理性。其中最复杂的决策，可能上至总经理、高级主管、各方面的技术专家、财务主管，下至采购员、生产一线的实际使用者，都要参与。

根据扮演角色的不同，购买决策中心的成员可分为以下几类：

（1）使用者。指组织中实际使用产品或服务的人。在许多场合，使用者首先提出购买建议，并协助确定产品规格。

（2）影响者。指直接或间接对采购决策有影响的人。他们参加拟订采购计划，协助确定采购商品的技术要求、规格等。企业中的技术人员、工程师等常常是购买决策的重要影响者。

（3）决策者。指企业中有权决定采购项目和供应者的人。一般情况下，采购者就是决策者，但在交易金额较大且复杂的情况下，企业的关键决策者是有权签订高额订单或协议的人，即主管、采购经理、生产主管等。

（4）采购者。指被企业正式授权具体执行采购任务的人。他们要熟悉采购业务的程序、合同条款等内容。在比较重要的采购任务中，通常有企业的高层管理人员参与。

（5）控制者。指能阻止卖方推销人员与企业采购中心成员接触，或控制采购有关部门的信息流入的人。如采购代理人、接待员、电话员和秘书等。

当然，对于那些不那么重要的采购，参与购买决策的人数较少，过程也较简单。

有些时候营销人员可能没有时间和条件与其中的每个人接触，因此，他们必须做出判断：谁是主要的决策参与者？其影响决策的程度如何？他们以何种方式影响决策过程？决策参与者采用的评价标准是什么？明确了以上问题，营销人员才可能有针对性地开展推销活动。

2. 产业市场上购买者的购买决策特点

（1）产业市场上购买者的需求和购买决策过程因所购产品类别的不同而存在很大差异。

第一类是生产装备，包括企业的主要生产设备、厂房建筑和那些价值昂贵的装备，如大型计算机、成套设备等。生产装备大多价格昂贵，性能要求高，对买方企业的生产效率及产品质量至关重要，是企业的一项重大决策。购买决策有许多人参与，过程最为复杂、正式。

第二类是原材料、加工过的材料及零部件。原木、矿石、原油、谷物等属于原料；钢材、玻璃、胶合板、皮革、焦炭等属于加工过的原料；零部件是已完工的产品，但将被组装到用户的产品中，如小型电机、汽车轮胎、紧固件、仪器、仪表等。企业一般需要大批量、定时、定点地重复购买这类产品。这类产品多有规定的标准、等级或规格，同一标准、等级的产品质量没有太大差别，供货方的供货能力、价格、数量折扣及运输距离通常成为购买者决策时主要考虑的因素。不过，当有些产品的品牌对其质量和信誉构成重要的保证时，品牌在购买决策中可能比价格优惠更具吸引力。

第三类是附属设备和消耗品。前者主要是一些价值较低，在生产过程中不起关键作用的设备，如工具、运输车辆、办公家具等。这类产品一般有一定的规格或标准，采购员即可做出购买决策。消耗品则类似于消费者市场上的便利品，特点是单价低、消耗快、经常购买，如办公文具、清洁用品、润滑油等。这类产品的购买决策过程简单，一般属常规购买，完全可以采用计算机自动订货。

（2）交易方式具有自身的特点。消费者市场上的交易方式基本上是一手交钱，一手交货。产业市场上的交易方式较为多样，如公开投标、长期合同、集中采购、自动订货、互惠购买和租赁等。

例如，许多产业用户愿与所信任的供应商签订长期合同，一些供应商还与主要客户、大客户建立起电子订购系统，即供应商在客户的办公室装上与自己的电脑联网的订货终端，客户在订货时只需将产品清单输入电脑即可。

租赁形式近年发展较快，特别适用于价值高、技术更新快、结构复杂的大型设备，如飞机、船舶、大型计算机等。这种方式的最大好处是降低了用户方的风险，并可减少初期投资。对卖方来说，则扩大了市场有效需求。

许多大企业为降低成本，把原来各部门分散进行的采购集中起来统一进行。对供应方来说，这意味着将面对人数较少而职位较高的采购者，这种集中采购比原来的分散采购要复杂，物流配送的难度更大，但收益也大得多。

（3）零库存生产系统的出现极大地影响了生产企业的采购决策，要求及时供货而几乎不再需要库存。

3. 产业市场上购买者的购买过程

产业市场上购买者的购买过程远比消费者市场上的购买过程复杂和正规。产业市场完整的购买过程大致分为八个阶段。

（1）提出要求。企业在经营中可能会出现各种问题，如消费者对产品规模有了新的要求，开发新产品需要新设备和原料，设备发生故障需要更新，需要寻找更好的供应商等。当企业内部人员认识到这些问题并提出对某种产品或服务的需要时，采购过程就开始了。采购人员在参加展览会、浏览广告或与推销人员接触时，也会产生一些新想法。供应商需要加强日常推销工作，经常开展各种宣传活动，以发掘新的潜在需求。

（2）确定总体需要。一旦产生了某种需要，采购者便着手确定所需产品的种类和数量。对于重复采购来说，这一阶段并不复杂，一般由采购人员直接决定。但对于修正采购和重新采购而言，专业采购人员需要与技术人员和工程师等其他部门的人员共同研究才能做出决定。

（3）拟定产品规格。总体需要确定以后，还要对所需产品的规格、型号等技术指标做出详细的说明。企业通常委派专业人员运用产品价值分析法来完成这一工作。产品价值分析法是一种降低成本的方法，通过价值分析，对各部件仔细研究，确定能否进行重新设计或实行标准化，从而以更低的成本来生产。专业人员将确定最佳产品的特征并拟定详细的说明书，以便采购人员购买符合标准的产品。

（4）查询可选的供应商。采购人员通常利用工商企业名录或其他资料查询供应商，有时通过其他企业介绍来了解供应商。然后对这些供应商的生产、供货、人员配备及信誉等进行调查，从中选出理想的供应商作为备选者。

（5）征询供应信息。即产业用户向合格的供应商发函，请它们提供产品说明书和价目表等有关资料，如果是复杂、贵重产品的订购，则需要更详尽的资料。卖方为得到订单，在这一阶段要特别注意提供详尽的书面材料，除对产品进行具体介绍外，还须强调本企业的生产能力、资源条件和各种服务等。

（6）选择供应商。产业用户的采购人员将对各供应商提供的有关资料进行具体分析和评价，最后做出选择。他们考虑的主要因素有：企业交货能力、产品质量和规格、产品价格、企业信誉及历来表现、维修服务能力、技术和生产能力、财务状况、对顾客的态度等。采购人员在不同的情况下，对上述条件的重视程度会有所不同。多数产业用户不愿依靠单一的供应商，它们通常会确定一个主要供应商，把另外较少的供应量给予其他供应商，以防陷入被动。

（7）发出正式订单。选定供应商之后，产业用户会向它们发出采购订单，列出所需产品的技术规格、订购数量、交货时间、退货办法、产品保证条款等内容。双方签订合同，把有关事项确定下来，以保证生产企业所提供的产品符合用户的要求。

（8）评估履约情况。用户购进产品之后，采购部门会主动与使用部门联系，了解它们的使用情况和满意程度，并考察各供应商的履约情况，以决定今后对各供应商的态度。

在所有的采购活动中，只有第一次购买需要经过这八个阶段。重复购买最为简单，只需经过拟定产品规格和评估履约情况两个阶段；修正采购只涉及其中的某些阶段。

第3节　非营利组织与政府市场

一、非营利组织

非营利组织是指不以营利为目的的组织，它的目标通常是支持或处理个人关心或者公众关注的议题或事件。非营利组织涉及的领域非常广，包括艺术、慈善、教育、学术、环保等。它的运作并不是为了产生利益，这一点通常被视为这类组织的主要特性，它还具有民间性、自治性、志愿性、非政治性等重要特征。比如各种行业协会、学校、红十字会、医院、卫生保健组织、图书馆、福利和慈善机构等。

1. 购买行为的特点

非营利组织的购买呈现如下特点：

（1）限定总额。非营利组织的设立不以营利为目的，其正常运转的活动经费主要来自社会捐助或政府经费，经费的预算与支出受到严格控制。因此，非营利组织的采购必须量入为出，不能随意突破。

（2）保证质量和价格低廉。由于受到经费预算的限制，大多数非营利组织在采购时往往会选择报价低的供应商，同时为了维持组织运行和履行组织职能，对产品或者服务的质量又有较高的要求。

（3）受到控制。为了充分发挥资金的效用，非营利组织的采购人员受到较多条件的制约，只能按照规定的条件进行购买，缺乏采购自主性。

（4）团体采购。团体采购是指几家甚至几十家机构组成一个联合采购单位或委托专门的采购组织进行采购。借助团体采购，组织可以获得低价、质优的各类产品和服务。同时，团体采购还具有削减各成员的管理费用、使采购更加规范化且更富有竞争力等优点。营销人员必须充分认识到团体采购的规范性、专业性、规模大等特点，只有提供富有竞争力的产品并制定富有效率的营销策略才可能在众多的供应商中脱颖而出。

2. 购买方式

（1）公开招标。非营利机构通过媒体发布广告或发出信函，公布拟采购商品的具体要求，要求供应商在规定的时间期限内进行投标。通过公开招标，非营利组织选择报价最低又符合要求的供应商来供货。采用公开招标采购方式，非营利组织无须与卖方进行反复磋商，并且处于比较主动的地位，但供应商之间必然会产生激烈的竞争。在竞争中供应商必须考虑如下几个问题：第一，自己的产品是否达到招标单位的要求。对于一些非标准化的产品，其规格的不统一往往会成为竞标的障碍。第二，是否满足招标单位的特殊要求。对于一些机械设备，其维护费用也要由供应商负担，免费维修时间长的供应商可能会夺标。第三，报价的高低。通常情况下，非营利机构会把订单交给标价最低的供应商。因此供应商要提高中标率，必须事前了解有关招投标业务，认真研究客户需求和可能的竞争对手，从而有针对性地提供投标产品或服务，知己知彼，合理报价。

（2）议价合约。非营利机构同时和初选出来的若干供应商就某一采购项目的价格和交易条件进行谈判，从中选出符合要求的供应商签订合同。这种采购方式主要发生在与复杂项目有关的交易中，经常涉及风险较高且研发费用巨大，或缺乏有效竞争的采购项目。

（3）例行采购。例行采购即为了维持日常办公和组织正常运行而进行的采购。这类采购所需资金少，购买者对商品比较熟悉，通常以现金形式进行。

二、政府采购行为

政府市场是指由那些履行国家职能、服务国家和社会、以实现社会整体利益为目标的有关组织所形成的市场，比如各级政府部门、警察、军队、消防部门等。政府采购的目的是满足社会公共需要及维持自身正常运转，其采购范围十分广泛。为了有效地行使职能，政府通常会以较为庞大的开支作为后盾，从而形成一个独特的、非常诱人的集团消费大市场。以中国政府采购市场为例，财政部国库司的统计数据表明，2020 年全国政府采购规模持续快速增长，采购规模达 36 970.6 亿元，比 2019 年增加 3 903.6 亿元，增长了 11.8%。统计显示，从结构来看，货物、工程、服务采购规模分别为 9 175.8 亿元、17 492.4 亿元和 10 302.4 亿元，占全国政府采购规模的 24.8%、47.3%和 27.9%。

1. 政府采购的特点

鉴于政府采购者的特殊身份，其购买行为既有组织购买的某些共性，又在如下五个方面呈现不同特点：

（1）资金来源的公共性。政府采购的资金来源为财政拨款和需要由财政偿还的公共借款，这些资金最终来源于纳税人的税收和公共服务收费，因此，政府的采购行为会受到社会公众的监督。尽管每个国家的政治经济制度不同，但政府机构的采购工作都要受到监督。因此，政府机构的采购业务必须慎之又慎，需要不厌其烦地填写各种表格，经多人签署，层层核转，同时其发订单速度比较慢。供应商对此要有所认识，以应付这些烦琐的程序。

（2）非营利性。政府采购为非商业性采购，不以营利为目标，也不是为销售而购买，而是通过采购为政府部门提供消费品或向社会提供公共利益。

（3）采购对象的广泛性和复杂性。政府采购的对象既有标准产品又有非标准产品，既有价值低的产品又有价值高的产品，既有有形产品又有无形产品，既有军用产品又有民用产品，从一般的办公用品到武器、航天飞机等，包罗万象。

（4）政策性。采购实体在采购时不能体现个人偏好，必须遵循国家政策的相关要求，包括最大限度地节约财政资金、保护中小企业发展、优先购买本国产品、保护环境等。因此，政府采购具有目标多重性的特点，即政府在购买时不只考虑经济性目标，还要考虑军事性、政治性以及社会性目标。

（5）规范性。政府采购不是简单的钱货两清交易，而是按有关政府采购的法规，根据不同的采购对象、采购规模及采购时间要求等，采用不同的采购方式和采购程序进行采购，使每项采购活动规范运作，体现公平竞争等原则。如世界贸易组织从各个角度推进政府采购的透明化：一是不遗余力地推动《政府采购协议》在其成员内部的实施；二是建立政府采购透明化工作组，制定和完善《政府采购透明化协议》的条款。另外，政府采购一般是按照年度预算进行的，年度预算具有法律效应，不会轻易变动。政府的有关部门要求有意进入政府采购市场的供应商提供规定的资料，用以说明其能够提供的产品类别、产品规格、企业资信、企业实力等情况。只有经审定被列入政府采购准供应商名单中的企业才有可能参加有关政府采购的竞标活动。

2. 采购方式

一般的政府采购方式与非营利机构的采购方式是一样的，包括公开招标、议价合约和例行采购三种。在我国 2002 年通过的《中华人民共和国政府采购法》（以下简称《政府采购法》）中明确指出，政府采购主要通过公开招标、邀请招标、竞争性谈判、单一来源采购和询价等方式来选择合适的供应商。《政府采购法》对每种方式的适用情况都做了相应的规定。

公开招标的含义前面已经介绍，《政府采购法》中将其确定为主要的采购方式。邀请招标，也称为选择性招标，是指采购人根据供应商或承包商的业绩和资信，选择若干合格供应商（不得少于三家）发出招标邀请书，让被邀请的供应商投标竞争，从中选定中标者。竞争性谈判，是指谈判小组（由采购人的代表和有关专家共三人以上的单数组成，其中专家人数不得少于成员总数的 2/3）从符合相应资格条件的供应商名单中确定不少于三家供应商参加谈判。单一来源采购，也称直接采购，是指采购人向特定的一个供应商采购。询价也就是我们通常所说的货比三家，是指询价小组（由采购人的代表和有关专家共三人以上的单数组成，其中专家人数不得少于成员总数的 2/3）根据采购需求，从符合相应资格条件的供应商名单中确定不少于三家供应商，发出询价单让其报价。供应商一次报出不得更改的报价，然后询价小组在报价的基础上进行比较，确定最优供应商。这是一种相对简单又快速的采购方式。

供应商为了在政府采购这个巨大的市场上分一杯羹，需要密切关注政府采购的需求动向、发展趋势以及相关的法律规定，建立强大的信息网络，甚至在企业内部成立专门的机构负责与政府部门进行沟通，并适时地显示公司的实力，以争取更多的政府客户。

小 结

组织市场包括产业市场、非营利组织市场和政府市场三类。这几类市场由不同的购买者组成，其需求及购买行为相去甚远，企业要重视这种差异。

产业市场上的采购是企业经营活动的一部分，事关重大，因此决策过程比消费者市场更为复杂和正规。参与购买决策的人员较多，客观上形成一个正式的或非正式的购买决策中心。产业市场上购买者的需求和购买决策过程因所购产品类别的不同而存在很大差异。产业市场完整的采购过程大致分为八个阶段：（1）提出要求；（2）确定总体需要；（3）拟定产品规格；（4）查询可选的供应商；（5）征询供应信息；（6）选择供应商；（7）发出正式订单；（8）评估履约情况。

非营利组织是指不以营利为目的的组织，它的目标通常是支持或处理个人关心或者公众关注的议题或事件。非营利组织的购买行为具有四个方面的特征：（1）限定总额；（2）保证质量和价格低廉；（3）受到控制；（4）团体采购。

政府采购具有以下五个方面的特征：（1）资金来源的公共性；（2）非营利性；（3）采购对象的广泛性和复杂性；（4）政策性；（5）规范性。

基本概念

1. 组织市场——工商企业为从事生产经营活动以及政府部门和非营利机构为履行职责而购买产品和服务所构成的市场。

2. 产业市场——所有购买产品和服务，并将它们用于生产其他产品和服务，以供销售、出租或供应的组织所构成的市场。

3. 购买决策中心——由企业中参与购买决策的人组成。他们集体做出购买决策，并分担决策的风险。一般来说，所购物品价值越高，对企业经营成败越重要；产品性能、结构越复杂，参与购买决策的人越多；决策程序越正规，决策越理性。其中最复杂的决策，可能上至总经理、高级主管、各方面的技术专家、财务主管，下至采购员、生产一线的实际使用者，都要参与。

4. 交易方式——消费者市场上的交易方式基本上是一手交钱，一手交货。产业市场上的交易方式较为多样，如公开投标、长期合同、集中采购、自动订货、互惠购买和租赁等。

5. 非营利组织——不以营利为目的的组织，它的目标通常是支持或处理个人关心或者公众关注的议题或事件。

思考题

1. 谁参与产业市场的购买决策？销售人员怎样识别购买决策中心每位成员在决策过程中各自发挥的作用？他们的态度各有什么倾向性？

2. 简述产业市场购买者做出购买决策的过程。

3. 如何对消费者市场和产业市场上的购买对象进行分类？顾客对不同购买对象的需求有何不同？

案例分析

2020 年中国铁矿石行业市场现状及价格走势分析

铁矿石是指含有可经济利用的铁元素的矿石，是钢铁冶炼的重要原材料。铁元素在自然界中储藏量极为丰富，在地壳的组成中仅次于氧、硅和铝，而且分布较集中，比其他金属更易于开采、冶炼和加工，因此钢铁的生产成本较其他金属低。铁元素具有良好的物理化学性能，在现代社会被广泛应用。铁元素以矿物形态存在于自然界中，人们需要从含铁矿石中提取出金属铁，这一过程称为铁冶金或炼铁。天然铁矿石根据主要矿物形态分为赤铁矿、磁铁矿、褐铁矿和菱铁矿等。这几种类型的铁矿石构成当今工业化开采利用的主要来源。

2020 年中国铁矿石行业现状分析

进入 4 月份，铁矿石进口规模出现了同比大涨。据花旗集团预计，上半年全球铁矿石短缺 1 700 万吨，但下半年铁矿石供应过剩或将超过 8 000 万吨。据悉，自疫情发生后，中国国内铁矿需求有所下降，高炉开工率有所回落。据中国国家统计局数据，1—3 月份，全国生产铁矿石 18 790.2 万吨，同比下降 0.1%；累计进口铁矿石 26 273.2 万吨，同比增长 1.3%。但自从进入 3 月份开始，随着中国国内疫情好转，终端产业复工复产节奏加快，除个别地区，多数矿山开工率均明显回升，铁矿石资源供应偏紧局面有所缓解，产量同比 2019 年同期窄幅下降。目前，随着铁矿石产量的回升，中国国内铁矿石市场供应面较前期有所缓解，但依旧维持紧平衡状态。

统计数据显示，截至 4 月 30 日，全国 45 个主要港口铁矿石库存为 11 398.03 万吨，环比上月减少 298.86 万吨，同比则减少 2 028.48 万吨，日均疏港量上升至 320 万吨左右。

海关总署 5 月 7 日发布数据，2020 年前 4 个月，我国进口铁矿石 3.6 亿吨，同比增加 5.4%，进口均价为每吨 631.1 元，上涨 10%；前 3 个月铁矿石进口量为 26 273.2 万吨，同比增长 1.3%；据此计算，4 月份，我国进口铁矿石 9 726.8 万吨，比 3 月份增加 13%，比上年同期增加 20%。

2020 年铁矿石价格预测

随着铁矿石市场转为过剩，预计 5 月份铁矿石价格可能触及每吨 70 美元，因为钢材需求走软将对铁矿石价格构成压力，表明当前每吨 80 美元的现货价格有充足的下行空间。

据中研普华研究报告《2020—2025 年中国铁矿石行业市场全景调研及投资价值评估咨询报告》分析显示，中国的铁矿石产量不断增长，被称为“全球吸铁石”的中国，目前是世界铁矿石市场最大买主。2000 年以来，随着经济高速发展，中国对于铁矿石的需求大幅增加，国内产量无法满足需求，钢铁企业需要大量进口铁矿石，因此中国进口铁矿石的数量连年递增，进口量占需求量的比重亦逐步提高。1999 年，进口铁矿石占总量需求的 28%左右；2008 年，中国进口铁矿石达到 44 414 万吨，同比增长 15.8%，占比总需求量达到 58.9%，中国已成为世界上最大的铁矿石进口国。中国铁矿石的采购来自 18 个国家，其中 80%以上来自澳大利亚、印度和巴西。由于中国铁矿石的对外依存度非常高，这导致了国外铁矿石巨头利用垄断资源提高价格使中国进口铁矿石价格大幅上扬。中国对澳、巴两国的矿石进口比重有所减少，而从印度进口矿石的比重有所增加。

从以上分析可知，铁矿石的生产与需求存在明显的供需错配，因此国家间的进出口总量巨大，目前全球铁矿石进出口总量维持在 15 亿～16 亿吨，近些年增速随产量增速放缓而有所放缓。总体进出口格局依旧维持从澳大利亚、巴西向中、日、韩等生铁产量大国进行运输。中国由于自身铁矿石产量少、品位低等特点，成为全球铁矿石进口数量最多的国家。

作为国内工业重要基础原材料之一，铁矿石价格涨跌事关整个钢铁产业。2020

年以来，在上游供给端收缩等因素影响下，中国进口铁矿石价格大幅上涨，2019年6月铁矿石普氏指数上涨20%。

2019年以来，铁矿石价格大涨改写了矿钢产业链利润分配逻辑。海外矿山供应大幅收缩，令产业链利润的天平向上游倾斜，加之国内钢企对铁矿石的需求并未因长时间的供给侧改革而减少，反而在2019年出现了明显增加，更为一直环伺国内钢铁行业利润的海外矿山提供了可乘之机。

钢材市场价格下跌，对于铁矿石价格形成一定压制作用。虽然铁矿石价格依然坚挺，但是钢厂采购意愿明显偏低，多以按需采购为主，加之国家环保政策势必趋严，钢材下游需求有进一步收缩的预期，钢材市场偏弱、钢铁企业生产受限等因素均制约了对铁矿石资源的需求，抑制铁矿石价格持续大幅上涨。

资料来源：2020年中国铁矿石行业市场现状及价格走势分析.（2020-05-09）. 中国产业信息网.

阅读材料

一个教育行业用户的经历

为了提升商科大学生学以致用的能力，许多学校纷纷开设软件模拟实验教学，由此针对教育用户开发教学软件的公司越来越多，竞争也呈现白热化的局面。S老师是一所高校营销系的系主任，曾被多家公司推销市场营销模拟教学软件，也曾经参与过相关教学软件的招投标工作。在一次同行的研讨会上，她分享了几段和教学软件供应商打交道的经历。情景1：Z公司是一家开发和经营系列市场营销类教学软件的企业，该公司的一位副总有一天给S老师打电话，自报家门后，就和S老师说，我看了您的信息，我们两个可是毕业于同一所学校，绝对的校友啊，你们要买市场营销综合模拟软件，我们有。另外看在我们是校友的情分上，我还可以给你们学校一个好价钱，也可以给您返点好处。S老师听后很反感，交谈后就将这家公司从备选名单中剔除了。情景2：有一天Y公司打来电话，该公司曾以面向企业用户提供市场营销管理软件系统为主，做得风生水起，后来发现教育用户需求增加，于是也想开拓新市场，分一杯羹，便开始与高校联系。S老师觉得这家公司有较高的知名度，加上对方也很热情地表示想来学校演示，就答应了。Y公司来了三个人，有销售部的，也有做服务支持的。在演示软件的过程中，老师们几次提问相关专业内容，对方都含糊其词，说你们看说明书吧。老师们还问是否有配套的教学手册和学生手册，他们说有，可是拿出来一看，完全是企业应用这套软件系统时的操作步骤，与教学要求相去甚远。

通过上述材料可以看出，在向组织顾客销售产品时，仅靠拉关系是不行的，重要的是切实解决顾客痛点。同时，合理搭配销售团队非常重要，懂市场、懂营销和懂技术的人员都要有。最后，在与组织顾客打交道时，全面提升自身素养非常重要，既要熟知市场营销理论知识，又要精通相关产品技术，还要脚踏实地、认真负责和想方设法解决顾客切实问题，不要试图走捷径。

第5章

市场营销调研

思政目标

- 明确大数据战略的时代背景。
- 理解应用大数据进行消费者画像应尊重消费者个人隐私，不违反《中华人民共和国个人信息保护法》。
- 掌握数字经济环境下的大数据分析技术。

引导案例

市场情况瞬息万变，环境变化难以预测。激烈的竞争给企业进入市场带来困难，同时也为企业创造出许多机遇。通过营销调研，可以确定产品的潜在市场需求和销售量，了解顾客的意见、态度、消费倾向、购买行为等，据此进行市场细分，进而确定目标市场，分析市场的销售形势和竞争态势，作为发现市场机会、确定企业发展方向的依据。

第1节　营销调研的程序、分类与方法

一、营销调研程序

市场营销调研是针对特定的营销问题进行信息收集、记录、分析、评价，其目的是为管理决策提供依据和参考。市场营销调研是营销活动的重要内容，营销人员必须掌握科学合理的市场调研方法。

市场营销调研可分为探索性调研、描述性调研和因果性调研。企业在情况不明了，需要找出问题的症结，明确下一步调研的内容和重点时，应该进行探索性调研。在明确调研的内容和重点之后，对所需资料进行收集、记录和分析就是描述性调研。对市场变量之间因果关系（如降价幅度对销量上升的影响程度）的研究属于因果性调研。

有效的营销调研包括以下四个步骤。

1. 确定研究的问题和目标

营销调研的第一步是确定具体研究的问题。问题的选择应该符合有用性和合理性原则。有用性是指问题对企业营销活动有重要影响，解决此类问题能获得较高的经济效益。营销调研是需要耗费企业资源的活动，不可能对每一个营销问题都开展调研。有用性原则就是要筛选出对企业经营最有意义的问题，优先考虑。合理性原则是指在现有条件下调研目标实现的可能性较大。营销调研受企业资源、技术条件的限制，不是每一个有用的问题都能调研，都能马上解决，应选择目标实现可能性大、调研效果好的问题优先研究。

（1）明确调研问题。营销调研的主要目的是通过收集、分析资料，研究企业在市场营销中存在的问题，寻求正确可行的改进措施。因此，营销调研首先要确定问题及调研范围。例如，某企业近几个月销售量大幅度下降，究竟是顾客对产品质量不满意还是售后服务不好？是广告支出减少还是市场不景气造成的？企业应进行初步情况分析或非正式调研，初步判断影响调研目标的重要因素。明确调研问题、界定调研范围可以集中调研中的人力、物力、财力，以最小的代价获得满意的调研结果。

（2）初步情况分析。调研人员收集企业内外部有关情报资料，进行初步分析，发现各影响因素之间的相互关系，探索问题之所在。初步情况分析的资料收集不必过于详细，只需重点收集对所要研究分析的问题有参考价值的资料即可。

（3）非正式调研。非正式调研也称探索性调研。假设调研人员根据初步情况分析，推测近几个月销售量下降的原因是价格太贵，售后服务不好。这种认识是否正确？调研人员可以进行非正式调研，找到企业内部有关人员（如销售经理、推销员）、精通该问题的专家和人员（批发商、主要零售商等）以及个别有代表性的用户，主动征求意见，了解他们对这个问题的看法。

经过初步情况分析和非正式调研，可以使调研的问题进一步明朗，缩小调研范围，便于调研人员确定调研的主题。

经过预备阶段，如果可以找出问题和产生问题的原因，提出改进方案，就可以省略后面几个步骤，进而节省时间和费用。但是大部分问题不可能通过预备调研就得到解决，尚需进一步深入调研。

2. 制定调研方案

（1）选择资料收集方法。资料收集有两种基本方法：一手资料法和二手资料法。解决调研问题所需的信息，也许目前已经存在，也许尚不存在，需要专门收集和整理。

那些过去为其他目的收集、整理的信息，称为二手资料。通过二手资料收集调研所需信息的方法，称为二手资料法。这种方法简便、快捷，节省时间，调研成本低。缺点是资料适用性不强，与调研目的有一定差距，不能很好地说明问题。因此，必须对资料内容做进一步分析。另外，研究人员还必须认真评估二手资料的真实性和可靠性。有些营销调研人员在发现与调研问题有关的二手资料时，往往十分兴奋，对资料不进行严格的审查、评估就直接引用，这种做法是相当危险的。因为二手资料是其他机构、部门和人员为其他目的收集的资料，资料的准确性有待进一步审查和评估；二手资料有错误的可能，而错误的市场信息会导致错误的市场战略，给企业经营带来不可挽回的损失。因此，营销调研人员在引用二手资料前，必须对资料进行严格的审查和评估，审查评估的标准有三个：公正性、有效性和可靠性。

那么，从什么地方收集二手资料可靠性更好、效果更佳呢？一般来说，从以下渠道获得二手资料较为可靠：

- 企业内部资料。包括公司的利润表、资产负债表、销售报表、存货报告、销售人员工作汇报表等。
- 政府权威机构的定期出版物。政府部门的各种统计年鉴、统计报告、调研报告等。
- 各个行业协会的报告和定期出版物。
- 专业的市场咨询公司的研究报告。

当现有的二手资料不能解决调研问题时，企业必须针对调研问题收集专门的资料。企业针对调研问题首次收集的信息就是一手资料。通过一手资料收集调研所需信息的方法，称为一手资料法。

一手资料法的优点是针对性强，能提供直接满足企业经营所需的信息，是达到调研目的的重要手段。如果调研方法运用得当，一手资料能发现和揭示市场机会及威胁，为企业经营指明方向，对开展营销活动有重大意义。缺点是时间长，成本费用高，对调研人员的能力要求高。一些企业将收集一手资料的工作委托给专业调研咨询公司，收到了很好的效果。

企业进行调研活动时往往把二手资料法与一手资料法结合起来，尽量使用二手资料，以节约时间和成本，只对调研的重点问题采用一手资料法。

（2）选择调研方法。营销调研的方法主要有观察法、小组深度访问法、询问法和实验法。

1）观察法。即通过调研人员直接观察有关对象和事物获取所需信息的方法。比如，商店想了解一周客流的变化情况，就可以安排调研人员在商店的入口处和停车场观察不同时间顾客人数的变化情况；想了解顾客进入商店后的行进方向，可以在店内天花板上安装摄像机，记录顾客行进路线。观察法的主要优点是客观实在，能如实反映问题；缺点是调研结果是一些可直接观测的现象，无法说明引发行为的内在原因。

2）小组深度访问法。即有经验的调研人员对 6～10 名被访问者就某一方面的问题进行深入调研的方法。调研往往采取小组讨论的方式。调研人员按照事先拟定的提纲，逐步将讨论引向深入，调研过程强调被访问者的积极参与，通过轻松、自由、相互启发的讨论，得出有用的调研结果。小组深度访问法是设计大规模营销调研前的试探性的调研活动，对确定大规模调研的问题很有帮助。但是，小组深度访问法的参与人数有限，结论不一定有普遍意义。

3）询问法。即调研人员用提问方式向被调研者了解情况、收集信息的方法。抽样调查技术使企业能够通过对样本的调研获得足够科学、可信的信息。询问法是营销调研最常用的方法，具体来说又分为：

①邮寄调研问卷。即调研人员把事先设计好的调查问卷或表格邮寄给被调研者，请他们按要求填好后再寄回的方法。这种调研方法的成本低，样本量大，但是调研问卷回收率低，一般只能收回15%～20%的问卷。

②电话访问。即调研人员通过电话联络方式访问被调研者的方法。这种调研方法速度快、成本低、省时间，但受通话时间限制，调研问题少，无法收集深层信息。

③面谈访问。即调研人员按事先准备的调研问卷或提纲当面询问被调研者以获取信息的方法。这种方法收集的资料全面、真实性强，是最常见的调研法。但是面谈访问的费用高，调研计划组织工作量大，调研结果容易受调研人员个人的影响。

④网上调研。互联网的发展催生了网上调研方式。与邮寄问卷相比，这种调研方式的成本低，速度快。

4）实验法。即从影响调研问题的许多因素中选出一两个因素，将它们置于一定条件下进行小规模的实验，通过实验获得信息的方法。实验法在营销调研中应用范围很广，比如在改变产品品种、包装、设计、价格、广告、陈列方法等因素时，都可运用这种方法。

①产品包装实验。例如某公司对某产品是否需要增加包装进行了实验。方法是第一、第二星期把增加包装的产品给甲、乙两个商店销售，把无包装的产品给丙、丁两个商店销售，第三、第四星期互相调换，甲、乙商店销售无包装产品，丙、丁商店销售有包装产品。实验结果是有包装产品的销售量比无包装产品的销售量增加了40%，因此公司决定对该产品增加包装，以提高销售量。

②新产品销售实验。某机床厂为推销一种新型机床做了如下实验：将试产的10台新型机床请有关单位无偿试用半年，到期收回机床，试用单位提出机床的优缺点。经过实验，该机床厂收集了很多有价值的资料，为进一步改进质量和进行销售预测提供了可靠的依据。

其他如试销、展销、试点也都是实验法的具体运用形式。实验法的优点是方法科学，可获得较正确的原始资料作为预测销售额的重要依据。缺点是不易选出具有代表性的实验市场，市场干扰因素多，影响实验结果，实验时间较长且成本较高。

（3）制定调研方案。选择调研方法后，下一步是制定具体的调研方案。调研方案是确定调研抽样方法及设计调研问卷。

1）抽样方法。企业为解决调研问题需要向调研对象了解情况，收集信息。是不是需要调研每一位调研对象呢？不需要，也没有必要。比如，企业要了解新产品的销售情况，没有必要向每一个可能的购买者调研，但是也不能仅凭几个消费者的反馈就轻易下结论。为了节省调研成本，要在保证调研的科学性和可靠性的条件下，尽量减少调研对象的数目。这就涉及抽样方法。抽样是从全体调研对象中选择有代表性的部分作为样本，对抽出的样本进行调研，然后根据样本调研结果推测调研对象总体情况的方法。抽样调研的准确度取决于两个因素：样本量大小和抽样方法的科学性。样本量越大，准确度越高；抽样方法越科学，准确度越高。

2）问卷设计。问卷是收集一手资料的工具，它由一系列问题组成，目的是通过征求被调研者的回答获得所需信息。设计问卷时，调研人员必须精心挑选问题，精心组织问题的形式和顺序。好的问卷应做到：能正确反映调研目的，问题具体，重点突出；能激发被调研者的兴趣；能正确记录和反映被调研者回答的事实，提供准确的情报；便于事后的统计和整理。

问卷设计是营销调研的重要一环，问卷设计的好坏对调研结果影响很大。要设计好一份问卷，调研人员不能闭门造车，应事先做一些访问，拟定一个初稿，经过调研试验，再修改成正式问卷。设计问卷时应注意以下事项：

● 问卷上所列的问题应该都是必要的，可要可不要的问题不要列入。

● 问题是被调研者有能力回答的，力求避免被调研者不了解或难以答复的问题。注意问题的数量，回答全部问题耗时最好不超过半小时。

● 问卷上所拟答案要有穷尽性，避免重复和相互交叉。问卷上拟定的答案要编号。

● 注意问题的措辞和语气，问题要清楚、明确、具体。例如，“贵单位对××牌汽车是否满意?”这样的问题就不够具体明确，也不易达到所要调研的目的。若所需的调研资料涉及质量或售后服务，则可分别询问：“贵单位对××牌汽车的质量是否满意？为什么?”“贵单位对××牌汽车的售后服务是否满意？为什么?”

● 要明确问题的界限与范围，问句的字义（词义）要清楚，避免文字理解上的误差影响调研结果。例如：“您的月收入是多少?”这个问题的界限不清楚，“收入”指的是基本工资收入，还是包括其他收入，应加以注明。

● 避免使用引导性的问题或暗示性的问题。例如：“您喜欢××牌电视机吗?”这样的问句容易将答案引向喜欢，造成偏差，应改为“您家里的电视机是什么牌子的?”

● 注意问题排列顺序。首先在问卷上应有引导语，说明调研人员代表的单位，调研目的或意图，问卷的填写、回收方法，以及感谢合作等内容。主要调研的问题可安排在问卷中间部分，这是调研的核心。被调研者的收入、年龄、职业、单位等背景材料一般可安排在最后。

（4）制定调研预算。调研预算是调研活动的资金安排。为保证调研顺利实施，做好合理的预算安排是必要的。调研预算按可能支出的项目逐一列表估算，主要项目有：

1）二手资料收集费用。

2）一手资料调研费用，包括材料制作费用、宣传费用、雇用调研人员的费用等。

3）资料加工整理费用。

4）其他费用。

为防止意外情况发生，预算应留有一定的余地。

（5）部署调研人员，安排调研进度。将调研工作明细化，明确各调研人员的工作职责，明确人员间的协调配合方法。如有必要，应组织调研人员的培训，帮助他们达到调研所需的能力水平。此外，还应制定详细的时间进度表。

3. 实施调研

这是营销调研实质性的工作阶段。主要有两方面的内容：

（1）收集二手资料。通过各种渠道收集内部和外部的二手资料，对资料进行整理、评估和加工。

（2）收集一手资料。调研人员按调研计划中确定的调研对象、调研方法进行实地调研，收集一手资料。现场实地调研工作的好坏，直接影响调研结果的准确性。调研人员应有一定的市场研究知识和工作经验，了解企业的基本情况，最好具备市场营销学、统计学和企业生产技术方面的专门知识；性格外向，乐观开朗，善于与陌生人相处；工作认真，有克服困难的信心和勇气。

4. 处理调研结果

（1）整理分析资料。这一步骤是对调研收集到的零散的、杂乱的资料和数据进行编辑整理，剔除因设计误差、问卷内容不合理、被调研者的回答前后矛盾等造成的错误，保证资料系统、完整和真实可靠。将整理后的资料分类编号，以便归档查找和利用。如果采用计算机处理，分类编号尤为重要。对调研的资料进行统计计算，绘制图表，并加以系统分析，在此基础上找出原因，得出调研结论，提出改进建议或措施供领导决策时参考。

（2）形成调研报告。编写调研报告时，应注意报告内容要紧扣调研主题，突出重点，力求客观扼要；文字简练，观点明确，分析透彻，尽可能使用图表说明，以便企业决策者在最短时间内对整个报告有一个概括的了解。

调研报告的一般格式：

第一部分，介绍调研项目的基本情况，主要是对调研目的和意义的简单说明。

第二部分，是调研报告的主体，包括概括性地说明调研的问题、调研采用的方法、调研结果以及调研结果对企业经营活动影响的分析。

第三部分，是附件部分，提供与调研结果有关的资料供参考，如资料汇总统计表、原始资料来源等。

调研报告要简洁明确，有针对性和说服力，重点突出信息的分析结果，避免罗列事实、空洞无物。

（3）跟踪调研效果。形成报告后，调研人员还应追踪了解调研报告是否被采纳、采纳的程度和实际效果如何，以便总结调研工作的经验教训，进一步提高营销调研的水平。

二、营销调研分类

按照调研方式、调研的性质、分析方法和资料来源，我们可以对营销调研做如下分类。

1. 按照调研方式或者调查的范围分类

（1）全面调研。是对调查总体中所有单位普遍进行的调查，也称为市场普查。全面调研可以获得比较完整的资料，能全面反映客观事物的状况，但是所需的人员多、时间长、费用高。一般企业并不具备全面调研的实力，因此这种调研方式只适用于调研范围较小、调研对象总体规模不大的调研项目。

（2）局部调研。是对市场的某一部分或局部所进行的调研。这种调研的规模要小于全面调研，能获得某一局部比较详细的资料，但仍需耗费较多的人、财、物。

（3）典型调研。是从市场中选取若干具有典型意义的单位进行深入调研，由典型到一般，以了解整个市场的方法。这种调研具有一定的主观性，对调查者自身的素质有很高的要求。

（4）抽样调研。是应用统计学的或然率原则抽取出适当样本进行调研的方法。

2. 按照调研的性质分类

（1）试探性调研（exploratory research）。当具体原因不明时，通过这种调研可以明确该如何发现问题，为进一步调研做铺垫。这种调研没有采用正式的调研计划和程序，是一种非正规的调研方式，灵活多样，灵活性和创造性在其中起着非常重要的作用。调研人员可以凭借主观经验做出问题假设，为研究问题投石问路。

（2）描述性调研（descriptive study）。按照试探性调研提出的具体假设，对需要研究的客观事实进行信息收集、记录、分析，从而证实试探性调研的猜测。这种调研只是说明事物的表面现象，并不涉及问题的本质以及影响事物发展变化的内在原因，不回答“为什么”的问题。

（3）因果性调研（causal study）。是从已知的相关变量出发，确定有关事物各变量之间因果关系的一种市场调研方法。因果性调研有两个直接目的：一是确认哪些变量是自变量，哪些变量是因变量；二是确定原因和结果，即自变量和因变量之间的联系的特征。

3. 按照分析方法分类

按照分析方法，可以将调研分为定量调研和定性调研。定量调研是指使用数学分析方法进行的调研，是市场调研中主流的、应用最广泛的一种方法，侧重于对被调查对象及事物的统计特征的调研，注重数量方面的资料收集和分析。比如，某种产品的购买者的年龄特征有什么样的规律。定性调研更加侧重于对消费者的感觉、态度以及动机进行考察，调研资料不经过量化分析。

4. 按照资料来源分类

按照资料来源，可以将调研分为案头调研和实地调研。案头调研是对已有资料、数据进行收集、整理、分析的方法。实地调研是向被访者收集一手资料，然后加以分析整理，并在此基础上撰写调研报告的方法。

三、营销调研方法

下面根据调研的类型介绍几种营销调研方法，重点介绍实地调研中的几种方法。

1. 案头调研

如上所述，案头调研即为获得二手资料进行的调研。二手资料的来源包括内部来源和外部来源。内部来源包括消费者、供货商以及公司希望跟踪的资料数据库，具体包括年度报表和股东报告、顾客名单、销售记录、销售人员报告；经销商信函、消费者意见；以前的审计报告、调研报告。

外部来源是指从公司外部得到的相关资料，具体包括大众传媒、官方信息机构、图书馆、民间信息机构、金融机构以及互联网等。

2. 实地调研

通过实地调研获得的是一手资料，也称为原始资料，是指调研人员为解决当前的问题通过实地现场调查直接向调研对象收集的信息资料。实地调研具有更具体、适用性和针对性较强的特点，但也有不足之处，主要表现为投入人力较多、费用较高、时间较长。

实地调研的方法可分为三种，即询问法、观察法和实验法。

（1）询问法。是市场调研人员先通过向被调查者提问，后由被调查者回答，从而获得所需资料的一种调研方法。它是企业获取市场一手资料常用的调研方法，主要用于了解消费者的行为和态度。

按照各种询问方法出现时间的远近，可以将它们分为传统调研方法和新型调研方法两种。传统调研方法分为面谈调研法、邮寄调研法、自我管理问卷调研法（调查人员不在现场的一种调研方法）、电话调研法；新型调研方法主要有自动语音调研法、在线调研法等。

还可以按照调研人员和被调查人员接触方式的不同，将询问法分为面谈调研、电话调研和邮寄调研三种，每种调研方法又可以做更详细的分类。

面谈调研法是调研者通过与被调研者面对面访谈，从而获取信息资料的一种调研方法。面谈调研法又可以分为入户访谈法、街头拦截法和计算机辅助访谈法。入户访谈法是指在被访者家中单独对被访者进行访谈。街头拦截法是一种十分流行的询问调查方法，在超市等公共场合，购物者被当街拦截或在专门的访谈室中接受访谈。计算机辅助访谈法是在访谈过程中借助计算机选择问题并输入答案，在访谈结束后利用计算机整理并分析问卷的一种访谈方法。

电话调研法是通过电话向被调查者进行询问，以获取信息资料的一种调查方法，这种调研的样本以拥有电话的访问对象为主。电话调研法被广泛地应用于营销调研。

邮寄调研法则是将设计好的调查问卷通过邮政系统邮寄给被调查者，由被调查者按照要求填好后寄回的一种调研方法。邮寄名单及地址可以借助电话号码簿。随着网络的兴起，邮寄调研法逐渐减少，网上问卷日益增多。

（2）观察法。是由调研人员或采用观察仪器，对所选的人或事物进行系统的观察并记录，从而获得信息资料的一种调查方法。

观察法可以按照不同的标准划分为不同的类型。可以根据观察要借助的工具将观察法分为仪器观察法和人员观察法。还可以根据是否具有严格的观察程序和详细的观察计划将观察法分为结构性观察和非结构性观察。结构性观察要求事先对观察对象、程序、内容进行详细的设计，观察者按照设计好的表格内容进行观察并做好记录，这样所获得的资料更便于整理和定量分析。非结构性观察是指对观察的内容、程序不做事先严格设计，观察范围也不确定，由观察人员根据调研需要自主进行观察，并记录有关内容。根据是否接触被观察者还可以将观察法分为直接观察法和间接观察法。直接观察法是通过直接观察正在发生的行为来研究行为或现象本身。间接观察法则是通过观察行为产生的结果或影响来研究某事物或行为本身，可借助档案记录或实物痕迹来观察。

（3）实验法。实验法是指从影响调研对象的若干因素中选择一个或者几个作为实验因素，在控制其他因素不变的条件下，观察实验因素的变化对调研对象的影响程度，为企业的营销决策提供参考依据。简要地说，就是改变 A，看 B 是否随 A 的变化而变化，若发生变化，则说明 A 对 B 有影响。实验法在营销中的应用主要有两个方面：一是解释一定变量之间的关系，即解释 A 是否对 B 产生影响；二是分析这种关系变化的性质，看 A 变化后 B 是增加还是减少。

3. 定性调研

定性调研是收集程序非标准化、设计问题非格式化，一般只针对小样本进行研究，更多是探索消费者心理的一种调查方式。调研的结果往往不经过定量分析。

（1）焦点小组访谈法。这种方法是指选择 8～12 人作为有代表性的客户或消费者，在一个装有录音录像设备或单面镜的房间里（在隔壁房间里可以观察座谈会的进程），在主持人的组织下就某个专题进行讨论，进而获得对有关问题的深入了解。

（2）深度访谈法。这是一种非结构化的、直接的、一对一的访谈。在访谈过程中，由掌握高级访谈技巧的调查员对调查对象进行深入的访谈，借以揭示被调查者对某一问题的潜在动机、情感和态度。

（3）投射法。投射法是指通过观察受访者对一些刺激的表面反应，来探究隐藏在表面反应下的真实心理，从而了解受访者真实的情感、意图和动机。投射法的精髓在于突破人的心理防线，让真正的情感和态度呈现出来。调研中常用的投射技术有漫画测试法、词语联想法、句子和故事完形法等。

4. 定性和定量相结合的研究结果

因为定性研究得出的结论很有限，所以一些营销人员使用定量与定性相结合的研究来帮助进行战略决策。他们用定性研究的结果来发现新的观点并制定促销战略，用定量研究的成果预测消费者对促销投入的反应。有时从定性研究中产生的观点又被经验检验成为设计定量研究的基础。

营销人员发现，这两种研究范式不是相互矛盾的，而是一种真正的自然补充。定性研究提供了方向，定量研究使预测成为可能，二者合一，能够使营销人员对消费者行为的轮廓有更丰富、更充分的了解。结合两种研究得出的成果，营销人员可以为营利型和非营利型营销设计出更有意义、更有效果的市场战略；它们一起为公共政策的决策提供坚实的基础。

第 2 节　问卷设计与抽样设计

问卷设计和抽样设计是市场调研中的两大技术，其运用合理与否会直接影响最终调研结果的质量。

一、问卷设计

1. 问卷的基本结构

问卷的基本结构包括如下四个方面：

（1）开头部分。包括问候语、问卷编号和填表说明等。问候语也称为问卷说明，包括自我介绍、调查目的和意义、调查者代表的组织或机构、致谢等；填表说明包括填写调查表应该注意的事项、交回问卷的时间要求、填写方法等；问卷编号用来识别问卷，以便校对检查、更正错误。

（2）甄别部分。也称为过滤部分，即通过对被调查者进行过滤，筛选掉非目标对象，只对特定的被调查者进行调查。

（3）主体部分。即调查需要收集的主要信息，是问卷的主要组成部分，由一系列问题和答案组成。

（4）背景部分。有关被调查者的一些个人资料，通常置于问卷的最后，作为对被调查者进行分类比较的依据。

2. 问卷设计的基本程序

问卷设计是一项非常重要的工作，要想提高设计水平，就必须按照符合逻辑的程序进行设计。一般设计调查问卷必须符合如下程序：

（1）事前准备。首先，要明确调研的主题和所需的资料——初步确定问卷调查的范围；其次，确定调研使用的方式和方法；最后，确定资料整理和分析使用的方法。

（2）问卷设计。第一，收集二手资料，可以借助已有的对类似问题的研究设计更好的问卷。第二，进行试探性研究，了解受访者所关心的问题，将其列入问题清单当中。第三，编写问卷题目。将调查目标分为若干题目，并且详细列出问题，以免遗漏。同时还要考虑用什么样的方式提问，并检查是否有前后矛盾、不适当的问题。第四，编排顺序。根据逻辑性和难易程度对问卷的顺序进行编排，一般过滤性问题要放在最前面，在过滤性问题后通常是较为简单且有趣的热身问题，接下来进入正题，最后是比较复杂或者难以回答的隐私问题。问卷设计流程如图 5－1 所示。

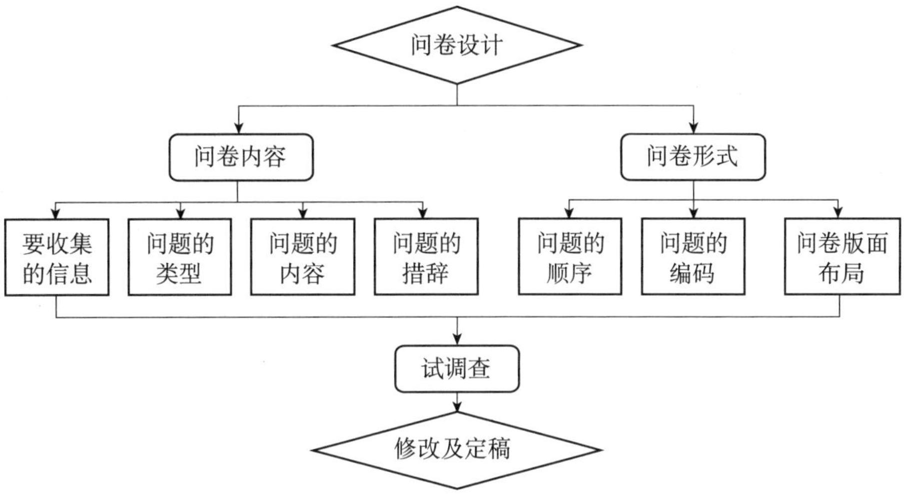

图 5－1　问卷设计流程图

对设计好的问卷必须进行试调查，以便找出问卷存在的不足之处，及时进行修改。试调查应该采取与最终访问相同的方式进行，比如访问是入户调查，则试调查也应该采用入户调查的方法。最后印制成问卷，要注意选择质量合适的纸张。

3. 问卷设计应注意的问题

（1）选择合适的问题回答形式。这是指考虑提问中使用开放式问题还是封闭式问题。

开放式问题是指对所设计的问题没有提供具体的备选答案，被调查者可以说出自己的真实想法。比如："您对网上购物有什么看法?""为什么您要购买××牌彩电?"

封闭式问题是指在设计调查问题时还设计了各种可能的答案，让被调查者从中选择自己认为最合适的答案。提问的方式有多项选择题、二项式问题和量表应答式问题（以量表形式设置的问题）。

（2）问题的用词。

1）问题要具体明确。比如"您对某百货商店的印象如何?"这个问题就过于笼统，被调查者很难回答。可以换种方式进行具体的提问，比如："您认为某百货商店的商品品种是否齐全，营业时间是否恰当，服务态度如何？”

2）用词要通俗易懂。简单通俗的词语易于让不同文化背景、不同阶层的被调查者理解和接受，也可以避免因理解错误而产生回答上的偏差。在问题中应该尽量少用专业词汇和字母缩写，比如“您认为本店的 POP 广告如何？”一般被调查者并不知道 POP 的意思，也就很难回答。

3）语句应该尽量简短。过长和过于复杂的句子不仅理解起来比较困难，而且容易出错，思考和作答时间也较长，容易引起回答者的反感。应该尽量避免这种情况。

4）一个提问只包括一项内容。比如，“乘公共汽车上班和开私家车上班，哪个更方便经济？”这个问题就包括方便和经济两个主题，乘公交车上班经济但不方便，开私家车上班方便但不经济，被调查者通常不知该如何回答，这时应该分开提问。

5）避免使用否定式的提问。比如，“您不觉得洗发水的价格是您选择某个品牌很重要的因素吗？”这种提问的方式与人们的习惯并不相符，应改为肯定式的提问——“洗发水的价格是您选择某个品牌很重要的因素吗？”

6）避免使用诱导式的提问。这种提问中含有关于被调查者该如何回答的线索，或调查者自身的某种观点，带有情绪色彩。比如，“很多人都喜欢看电视，您呢？”“您不认为某品牌家用电器的质量有明显的提高吗？”

7）避免提敏感的问题。诸如收入、年龄等不愿让调查者知道答案的问题应该放到问卷的最后，并要注意提问的艺术性。

（3）问题的次序安排。过滤性问题应该放在问卷的最前面，在得到合格的被调查者后以一个能引起被调查者兴趣的问题开始。首先提一般性问题，需要思考的问题放在问卷中间，有关被调查者的个人资料放在问卷最后。

（4）问卷的版面设计。避免版式看上去杂乱，给开放式问题留有足够的空间，同时，问卷中的说明应当尽量使用醒目的字体。

二、抽样设计

要想知道一碗汤的味道，没有必要把一碗汤全部喝完，只要舀一勺就知道了。我们在舀一勺之前，还会把汤搅拌一下，让汤的味道更均匀。市场调研的原理与尝汤的原理是一样的。对于绝大多数的市场调研而言，没有必要也不可能进行普查，只能抽取样本进行调研。有效的调研要求样本均匀，也就是足够分散、随机、具有代表性，这是抽样调查是否准确可靠的重要衡量标准。

1. 抽样设计的步骤

（1）界定调研总体。是指清楚地说明调研对象的范围。如 2018 年 6 月 A 市 B 区 C 街道 18～35 岁年轻人对互联网发展的看法。

（2）选择资料收集的方法。资料收集采取电话调查、入户访谈、街头拦截还是邮寄调查的方式，对抽样过程有不同的影响。

（3）选择抽样框。是指确定能代表总体的抽取样本的名单。在实际调研中，很难得到完整准确的抽样框。

（4）选择抽样方法。抽样方法可以分为随机抽样和非随机抽样两大类、八种方法。

（5）确定样本大小。是指样本所含个体数量的多少。样本的大小不仅影响自身的代表性，而且影响调查的费用。确定样本大小一般要考虑精确度要求，会受到客观条件的制约。

（6）抽取样本，收集资料。

（7）评估样本的正误。是指考察样本的代表性，如果代表性不足，则需要重新抽取。

2. 抽样设计的方法

我们可以将抽样方法分为两大类共八种方法。随机抽样法（random sampling）是从抽样框中随机抽取一部分个体作为样本进行调查，然后根据样本信息推算出市场总体情况的方法。非随机抽样法（non-random sampling）是随机抽样法以外的抽样方法。

（1）非随机抽样方法。具体可以分为：

1）便利抽样法。即选取偶然遇见的个体或利用自己身边和附近的人作为研究的对象和样本，街头拦截法就是其中很好的一例。这种便利抽样好像有某种随机性，实际上不然，缺乏代表性。

2）判断抽样法。是指研究者根据自己的主观判断去选定符合研究目的的样本。这种抽样方法易受个人主观影响，研究人员如果判断不准，可能会造成很大的误差。

3）滚雪球法。是要求回答者提供附加回答者名单的抽样方法。当调研者手头的样本十分有限，而回答者又能提供对调查有用的其他回答者的名单时，这种方法就可以让回答者的名单像雪球一样越滚越大。

4）配额抽样法。总体存在不同层次的样本，为了能够抽取到具有代表性的样本，人为地规定各个层次应抽取的数量，这种抽样方法就是配额抽样法（quota sampling）。配额抽样法的一般步骤是：第一，选定控制特性，即分组的标准；第二，决定总体中控制特性的比例；第三，确定各层抽取样本的数目；第四，配额指派，即把各层要求的样本量选出来。可以使用便利抽样或判断抽样的方法，直到抽满配额为止。

（2）随机抽样方法。具体可以分为：

1）简单随机抽样法（simple random sampling）。是指排除任何主观有目的的选择，采用纯粹偶然的方法从总体中抽取样本。这种方法应用在总体单位数不太大以及总体分布比较均匀的情况下。

2）分层抽样法（stratified sampling）。是先按某种划分标准将调查总体划分为若干层次，再从各层次中随机抽取一部分个体作为样本的抽样方法。这种抽样方法的主要目的在于保证各层具有代表性的要素能被均匀抽出。

3）等距抽样法（systematic sampling）。是指根据构成总体的个体的出现顺序，每隔 K 个单位抽一个单位作为样本。如每隔七户抽一户、逢十抽一等。这种抽样方法的特点是工作量小，样本分布均匀。等距抽样法是广泛应用的一种抽样方法。

4）整群抽样法（cluster sampling）。在实际工作中，当总体特别大时，不能一个一个地筛选，需要整群整批地抽选，这时就会用到整群抽样法。比如，为了解中学生的某种情况，可以从几所中学任意抽取几个班级作为样本。

第 3 节　调研数据的清洗、分析与结果呈现

市场调查实施阶段所获得的原始资料是粗糙的，需要经过整理加工才能进行分析研究并得出科学的结论。因此，资料的整理和分析工作是营销调研过程中一个必不可少的环节。

一、企业营销决策需要哪些数据信息

企业在经营活动中不断接收信息，同时也产生新的信息。信息有的来自外部环境，有的来自企业内部。企业经营活动中的信息量是巨大的，不是每一个信息都很重要，收集尽可能多的信息既不现实又无必要。大量无关紧要的信息往往会分散决策者的注意力，甚至迷惑他们，影响决策的准确性和及时性。因此，对营销信息的收集使用工作来说，重要的不是积累大量的数据，而是从纷繁芜杂的数据中提炼出营销决策需要的有用信息。

企业营销决策需要哪些信息呢？

针对不同的营销问题，决策需要的信息有所不同。比如，产品开发决策需要了解顾客的需求、市场现有产品的特点、企业的技术能力和原材料供应条件等信息，销售渠道选择决策需要了解产品的物理特性、销售网点的布局、不同销售渠道的成本费用、竞争对手的渠道选择等信息。因此，收集信息首先要明确营销决策内容，根据营销决策内容来选择信息可以最大限度地降低信息成本，筛除不必要的信息，提高信息利用效率，满足决策需要。

数据在企业经营活动过程中不断产生，如果平时不注意及时收集，数据就会消失，也就无法满足决策活动的需要。在日常经营中，主动及时地收集保存数据，根据营销决策需要整理信息，是企业信息管理的重要工作。一般来说，以下数据对营销决策影响较大，在日常经营中要特别留意。

1. 宏观市场环境发展状况

企业需要跟踪最新的政治、经济、社会、文化发展动态，如人口增长率、消费

支出数量、收入增长情况等数据。

2. 市场需求

某种产品的市场需求是指在特定的地理区域、特定的时间、特定的营销环境中，特定的顾客愿意购买的总量。市场需求是企业营销人员最关心的信息。需求是营销管理的核心，企业只有在确定顾客需求之后，才有可能采取适当的营销组合，满足需求，最终实现企业目标。与市场需求有关的数据主要包括市场需求总量、企业的市场占有率及其增长率、企业销售额、市场需求增长率等。

3. 竞争状况

了解竞争对手的状况有助于企业制定竞争战略，在市场竞争中争取主动，做到“知己知彼，百战不殆”。表明市场中各个企业的竞争状况的数据主要有竞争企业产品的市场占有率和价格，竞争企业的数量、生产效率、成本费用、渠道和促销等。

4. 企业内部营销信息

企业内部生产、销售、财务等部门会产生大量的有关企业营销活动状况的信息，即内部营销信息，它们对于营销活动的计划、管理和控制具有重要意义。它们的作用相当于传感器，时刻反映企业的情况。与内部营销信息有关的数据主要有订单数量、销售量、存货水平、生产成本、生产进度、现金流量、应收和应付账款等。

二、资料整理的目的

第一，实现文字资料向机读数据文件的转化。是指将问卷中的文字信息转换成计算机能够识别的数字符号，以便接下来进行统计分析。

第二，对大量开放式问题的答案进行分组，以便整理和分析汇总。

第三，以简明扼要的方式将统计和汇总的结果表现出来，让人们能够了解某一现象的发展状况。

三、资料整理的程序

对资料进行整理要经过如下四个步骤：

（1）问卷登记和检查。可以按照地区、访问员等分类方式对资料进行分类，记录一个地区收回问卷数量、实发问卷数量等情况。对收回的问卷进行质量检查。剔除无效问卷，如答案完全一致、答案模糊不清、不符合回答要求的问卷等，并对缺损数据的问卷进行处理。

（2）编码。编码是把原始资料转化成符号或数字的资料简化过程。原始资料一般可分为两类：文字信息和数字信息。编码主要是针对文字信息而言的。比如：您是从什么渠道知道 5G 手机的？①电视广告；②公交车站路牌广告；③杂志；④报纸；⑤朋友；⑥同事。可以直接按答案顺序分别赋予 1～6 的数字。

在编码过程中，编码人员必须编写一本编码手册，清楚说明每一个数字所代表的意思。因为在整个市场调研过程中会有大量的变量和数据资料，如果没有手册，数字所代表的含义容易忘记。

（3）数据录入。是指将数据信息录入计算机的存储设备中的过程。

（4）对数据质量进行审核。在完成数据录入工作之后，还要对数据质量进行审核，即检查数据录入的准确性，同时对缺损的数据进行处理。

四、资料分析

SPSS 公司总裁杰克·努南曾说："绝大多数的营销调研者会告诉你，他们只是在收集数据，但是只有成功的调研者才知道如何利用收集到的数据去解决疑难的营销问题，明白分析什么、如何分析、如何解释结论，从而使他们的研究具有价值。了解资料分析的基础知识对于一名营销调研领域的成功者来说是非常有必要的。"因此，在对调研资料进行系统整理的基础上，还必须对它们加以充分的研究分析。调研资料的分析包括统计分析和理论分析两部分。

统计分析的程序是首先列出初步的统计清单，然后运用各种计算机统计程序对数据进行处理，接下来分析输出的统计结果，再提出某些项目重新统计的要求，最后对输出结果进行详细的分析，直至得到满意的结果。统计分析过程中会用到很多统计方法。比较简单的有描述性的统计方法，如计算平均值、众数和中位数等反映集中趋势指标的方法，计算方差、标准差、全距等反映离散程度指标的方法。较为复杂的调研活动可能还会用到相关分析、方差分析、回归分析、聚类分析等更加复杂的统计方法。

理论分析是在统计分析的基础上进行思维加工，从感性认识上升到理性认识的过程。

五、调研结果的沟通

调研结果的沟通是整个调研过程的最后一个阶段，也是非常重要的一个阶段。

1. 调研报告的主要内容

调研报告（research report）并没有一个固定的结构，一种建议的结构是标题、目录、摘要、调查概况、调查结果、结论建议、附录。

（1）标题。标题页也可能是报告的封面，一般包括以下内容：调研的题目或标题；调研机构的名称；报告完稿的日期；项目负责人的姓名及所属机构。一般封面设计的整体风格应该是精致、严肃。

（2）目录。目录是报告中各项内容的一览表，篇幅不宜超过一页。

（3）摘要。摘要是对调查活动所获得的主要结果进行的概括性说明，是调查报告中极其重要的一部分。它应该简明扼要地说明本次调查的主要结果，一般不要超过报告内容的 1/10。

（4）调查概况。在调查概况中要交代调查背景、方法和目标。简单罗列调研委托人所面临的问题、调研目的、调研方法、资料来源、抽样程序等。

（5）调查结果。调查结果构成整个调研报告的主体，提供调研人员收集到的所有相关事实和观点。具体包括数据图表资料、相关文字说明、推论以及调研结果产生的原因分析。

（6）结论建议。在这一部分研究人员要说明调查获得的重要结论，根据调查的结论应该采取什么措施。有时也可以与调查结果合并到一起。

（7）附录。附录中包括与调研直接相关的资料，如问卷、统计方法、信息来源等。

2. 调研报告中应该注意的问题

（1）篇幅不代表质量。调研报告中经常存在的一个误区是“报告越长，质量越高”，事实上，调研报告的价值是用质量、简洁与有效来衡量的，而不是用篇幅来衡量的。

（2）解释不充分。某些调研者在调研报告中只是简单地重复一些图表中的数字，而不进行任何解释或解释得不够充分。

（3）脱离现实或偏离目标。调研报告中常见的另一个毛病是，调研结果没有达到预期的目标，或者是提出了不符合现实的结论。

（4）过度使用定量技术。在调研报告中过多使用不易理解的统计技术会让人怀疑调研报告的合理性。使用定量技术的前提和基础是调研目标和方法具有合理性。

（5）虚假的准确性。在一个相对较小的样本中，把引用的统计数字保留到两位小数以上，常会造成对准确性的错觉。

（6）资料解释不够准确。有时尽管调研报告对结论进行了解释，但解释不够准确会对营销策略的正确性产生较大的影响，因此，要想准确地解释问题，调研者必须了解各种研究方法的局限性。

（7）虚张声势的图表。过于眼花缭乱的图表不仅毫无用处，反而会产生误导。

第 4 节 市场需求预测

在营销调研中，市场需求预测（demand forecasting）是一项很重要的工作。市场需求预测是指通过对消费者的购买心理和消费习惯的分析，以及对国民收入分配政策、收入水平的研究，推断出市场的总体消费水平。市场需求预测是营销调研中最重要的一部分，也是最为复杂的一部分。

市场需求预测大致可以分为定性预测方法与定量预测方法两大类。定性预测方法包括德尔菲法、对比类推法、集合意见法等；定量预测方法包括时间序列法、神经网络法、灰色系统预测法、数据挖掘法等。我们接下来将重点介绍最为常用的两种方法：定性预测方法中的德尔菲法与定量预测方法中的时间序列法。

一、德尔菲法

德尔菲法（Delphi technique），又称专家意见法，是指采用背对背的通信方式征询专家小组成员的预测意见，经过几轮征询后，使专家小组的预测意见趋于集中，最后得出符合市场未来发展趋势的预测结论。德尔菲法依据系统的程序，采用匿名发表意见的方式，即专家小组成员之间不得互相讨论，不发生横向联系，只能与调查人员发生联系，反复填写问卷，以集中问卷填写人的共识及各方意见。

德尔菲法的实施原则有：

（1）挑选的专家要有一定的权威性、代表性。

（2）在预测之前应取得参加者的支持，确保参加者能够认真地进行每一次预测，以提高预测的有效性，同时也要向组织高层说明预测的作用和意义，获得决策层和其他高级管理人员的支持。

（3）问题的设计应该措辞准确，不能引起歧义，征询的问题一次不要太多，不要询问与预测目的无关的问题，列入征询的问题不应该相互包含；所提的问题应是所有专家都能回答的问题，应尽可能保证所有专家都能从同一角度去理解。

（4）统计分析时应该区别对待不同的问题，不同专家的权威性不能一概而论，而应给予不同的权重。

（5）提供给专家的信息应该尽可能充分，以便专家做出正确的判断。

（6）只要求专家做出比较粗略的估计而不要求十分精确。

（7）问题要集中，具有针对性，不要过于分散，以便各个事件构成一个有机的整体。问题要按等级进行排列，遵循先简单后复杂、先综合后局部的原则，这样便于专家回答问题。

（8）调查单位或者领导小组的意见不应强加在调查意见之中，要防止产生诱导现象，避免专家意见向领导小组靠拢，以至于得出专家迎合领导小组观点的预测结果。

（9）避免组合事件。如果一个事件包括专家不同意的和同意的两个方面，专家将难以做出回答。

德尔菲法的具体实施步骤如下：

（1）形成专家小组。按照课题涉及的知识范围，确定专家人数。专家人数的多少可以根据预测课题的大小和涉及面的宽窄确定，一般不超过 20 人。

（2）向所有专家成员提出所要预测的问题以及有关要求，并附上有关这个问题的所有背景材料，同时请专家指出还需要什么材料。然后，由专家成员做出书面答复。

（3）各个专家成员根据他们所收集到的材料，提出自己的预测意见，并说明自己是怎样利用这些材料做出预测的。

（4）将各位专家第一次的判断意见进行汇总，列成图表，进行对比，再分发给各位专家，让专家比较自己与他人的不同意见，对自己的意见进行修改。也可以对各位专家的意见进行整理，或者请地位更高的其他专家加以评论，然后把这些意见再分发给各位专家，以便他们参考后修改自己的意见。

（5）将所有专家的修改意见进行汇总，再次分发给各位专家，以便进行第二次修改。逐轮收集专家意见并向专家反馈信息是德尔菲法的主要环节。收集意见和信息反馈一般要经过三到四轮。在向专家进行反馈时应该注意，只是给出各种意见，并不说出发表各种意见的专家的具体姓名。然后让这一过程重复进行，直到每个专家不再改变自己的意见为止。

（6）对专家成员的意见进行最后的综合处理。

二、时间序列法

时间序列法（time series method）是指将历史资料和数据按照时间顺序排成一个系列，根据时间序列所反映的经济现象的发展过程、方向和趋势，将时间序列外推或者延伸，以预测经济现象未来可能达到的水平。

时间序列法考虑以下四个影响市场需求的变动因素：（1）长期趋势（T），是指在整个预测期内事物呈现的递减或者递增的总趋势；（2）周期变动（C），是指以某一时间间隔为周期的变动，如复苏和危机的交替；（3）季节变动（S），是指以季节为周期的变动，如服装行业销售额的季节波动；（4）偶然变动（I），指上述三种情况之外的不符合规则的变动，又称为随机变动。这四个因素的综合模式有乘法模式、加法模式和混合模式。若以 TS 表示时间序列，则加法模式的时间序列是上述四个变动因素相加，$TS_{加总}=T+C+S+I$；乘法模式的时间序列则是上述四个变动因素相乘，$TS_{乘积}=T\times C\times S\times I$。

时间序列法可以分为两类：第一类，不细分四个变动因素而是直接利用时间序列数据建立起数学模型，进而进行预测；第二类，对四个变动因素有侧重地进行预处理，从而派生出剔除季节变动法、指数平滑法、自回归法、移动平均法、时间函数拟合法等具体预测方法。下面我们简要介绍其中的几种。

（1）简单平均数法。又称为算术平均法，是指把若干历史时期的统计数据作为观察值，求出算术平均数，作为下期的预测值。这种方法基于以下假设："过去这样，今后也将这样"，把近期和远期数据平均化和等同化，因此只适合变化不大的趋势预测。如果事物呈现某种明显上升或下降的趋势，就不宜采用这种方法。

（2）加权平均数法。就是把各个时期的历史数据按照近期和远期影响程度进行加权，再求出平均值，作为下期的预测值。

（3）简单移动平均法。就是相继移动计算若干时期的算术平均数，作为下期的预测值。

（4）加权移动平均法。就是对简单移动平均数进行加权计算。在确定权数时，远期观察值的权数应该小些，近期观察值的权数应该大些。

上述几种方法简便，也能迅速求出预测值，但是由于没有考虑整个社会经济发展的新动向和其他因素的影响，准确性较差。应根据新的情况，对预测结果做出必要的修正。

（5）指数平滑法。是指根据历史资料的上期实际数和预测值，用指数加权的方法进行预测。该方法是由加权移动平均法演变而来的一种预测方法，其优点是只要有上期实际数和上期预测值，就可计算出下期预测值，这样既可节省处理数据的时间，也可减少数据的存储量，使用比较简便。指数平滑法是广泛使用的一种短期预测方法。

（6）季节变动预测法。季节变动是指市场需求情况受社会因素和自然因素的影响，在一年内产生周期性的变化。这种周期性的变化一般是比较稳定的。季节变动在统计中一般指的是一年内4个季度或12个月的周期性变动，而短期的周期性的规律变动，如一个月上、中、下旬的周期性变动，一个星期内从周一到周末每天的周期性变动，甚至一天内的周期性变动，也都称为季节变动。季节变动一般具有三个特点：规律性、重复性变动、稳定性变动。预测季节变动，关键在于认识、掌握和利用季节变动，克服由于季节变动引起的不良影响，以便更好地组织生产。

（7）市场生命周期预测法。是对产品市场生命周期进行分析研究以便做出预测的方法。例如，对处于成长期的产品预测其销售量，最常用的一种方法就是根据统计资料，按时间序列画成曲线图，再将曲线向外延伸，即可得到未来销售发展的趋势。最简单的外延方法是直线外延法，适用于对耐用消费品的预测，这种方法直观、简单，易于掌握。

小　结

市场营销调研是针对特定的营销问题进行信息收集、记录、分析、评价。有效的营销调研包括四个步骤：（1）确定研究的问题和目标；（2）制定调研方案；（3）实施调研；（4）处理调研结果。

抽样方法分为两大类共八种方法。随机抽样法是从抽样框中随机抽取一部分个体作为样本进行调查，然后根据样本信息推算出市场总体情况的方法，包括简单随机抽样法、分层抽样法、等距抽样法与整群抽样法；非随机抽样法是随机抽样法以外的抽样方法，包括便利抽样法、判断抽样法、滚雪球法与配额抽样法。

市场需求预测大致可以分为定性预测方法与定量预测方法两大类。定性预测方法包括德尔菲法、对比类推法、集合意见法等；定量预测方法包括时间序列法、神经网络法、灰色系统预测法、数据挖掘法等。

基本概念

1. 市场营销调研——针对特定的营销问题进行信息收集、记录、分析、评价，其目的是为管理决策提供依据和参考。

2. 观察法——通过调研人员直接观察有关对象和事物获取所需信息的方法。

3. 小组深度访问法——有经验的调研人员对 6～10 名被访问者就某一方面的问题进行深入调研的方法。

4. 询问法——调研人员用提问方式向被调研者了解情况、收集信息的方法。

5. 实验法——从影响调研问题的许多因素中选出一两个因素，将它们置于一定条件下进行小规模的实验，通过实验获得信息的方法。

6. 抽样——从全体调研对象中选择有代表性的部分作为样本，对抽出的样本进行调研，然后根据样本调研结果推测调研对象总体情况的方法。

7. 德尔菲法——又称专家意见法，是指采用背对背的通信方式征询专家小组成员的预测意见，经过几轮征询，使专家小组的预测意见趋于集中，最后得出符合市场未来发展趋势的预测结论。

8. 时间序列法——是指将历史资料和数据按照时间顺序排成一个系列，根据时间序列所反映的经济现象的发展过程、方向和趋势，将时间序列外推或者延伸，以预测经济现象未来可能达到的水平。

思考题

1. 在日常的营销调研工作中，随机抽样和非随机抽样哪一类用得更多？为什么？

2. 如果我们想知道两个因素间的因果关系，应该采用哪一种营销调研方法？为什么？

3. 德尔菲法在满足怎样的前提条件下是最合适的方法？

案例分析

焦点小组访谈提纲——对大学生的手机使用调查

一、解释焦点小组访谈法及其规则（10 分钟）

（1）解释焦点小组访谈法。

（2）没有正确答案——只要说出你自己的观点即可。

（3）要倾听别人的发言。

（4）我的一些同事在镜子后做观察，他们对你们的观点非常感兴趣。

（5）自动录音或录像。因为我想全神贯注地听你们的发言，所以没有办法做笔记。

（6）请一个一个地发言，否则我担心会漏掉一些重要的观点。

（7）不要向我提问，因为我所知道的和我的想法并不重要，你们的想法和感受才是重要的。

（8）如果你对我们将要讨论的一些话题了解得不多，不要觉得难过，没关系，重要的是让我们知道这一点，不要怕与别人不同。我们不要求所有人都持有同样的观点。

（9）我们要讨论一系列话题，所以会不时地将讨论推进到下一个话题，请不要把这当成冒犯。

（10）还有问题吗？

二、手机的历史（15分钟）

我对于你们对手机的态度和使用情况很感兴趣。

（1）你使用的是什么品牌的手机？为什么选择此品牌？

（2）你使用的是什么操作系统的手机？你觉得该操作系统的优点是什么？

（3）如果换个新手机，你会换什么品牌、什么操作系统？

（4）在日常生活中，你的手机主要用来干什么？

（5）你认为大学生选择和购买手机的主要标准是什么？

（6）你目前对手机及其使用的态度是什么？当你拥有一部手机后，你的态度是否会改变？如何改变？

三、手机的广告设计（20分钟）

现在我将向你们出示几种手机的广告，每一种广告代表不同的产品，我想知道你们对不同广告的反应。我每出示一种广告，希望你们写下对它的第一反应。我想知道你们的第一反应。用一分钟时间写下你们的反应之后，我们再详细地讨论每一种广告设计。

1. 出示第一种广告。

（1）记录自己的第一反应。

（2）讨论。

①你对这种广告的第一反应是什么？该广告有什么你特别喜欢的地方？

②你会停下来仔细观看吗？你会被它吸引吗？为什么？它有什么你感兴趣的地方？

③你是如何看待这种广告宣传模式的？它能够得到你的认同吗？

2. 对第二种广告重复以上过程。

3. 对第三种广告重复以上过程。

4. 出示所有广告。

（1）这些广告中哪一种最可能吸引你的注意？使你停下来仔细观看的原因是什么？

（2）哪一种最不可能吸引你的注意？为什么？

（3）你认为哪种广告更适合手机？

（4）在你所知道的手机广告中记忆最深刻的广告是什么？为什么？

四、手机的品牌效应（20分钟）

现在我想让你们看看几种品牌的手机。同第一次讨论一样，我先出示一种品牌的手机，你们记下自己的第一反应，然后对每种品牌的手机进行讨论。请使用事先发的表格记录你们的反应。

1. 出示第一种品牌的手机。

(1) 记录自己的第一反应。

(2) 讨论。

①你的第一反应是什么?

②你了解此品牌的手机吗?了解到什么程度?

③你会考虑使用此品牌的手机吗?为什么?

2. 对第二种品牌的手机重复以上过程。

3. 对第三种品牌的手机重复以上过程。

4. 出示所有品牌的手机。

(1) 你心中的最佳品牌是什么?为什么?

(2) 你认为品牌是选择手机的最大影响因素吗?为什么?

五、手机的设计(20分钟)

最后,我想让你们看一看手机的设计样式。同前两次讨论一样,我先出示每种设计,你们记下自己的第一反应,然后讨论每种设计。请使用事先发的表格记录你们的反应。

1. 出示第一种设计。

(1) 记录自己的第一反应。

(2) 讨论。

①你的第一反应是什么?设计中你特别喜欢的是什么?不喜欢的是什么?是否有让你在使用时觉得称心的设计?

②设计中有哪些地方令你在使用时感到不舒服?

2. 对第二种设计重复以上过程。

3. 对第三种设计重复以上过程。

4. 出示所有的设计。

(1) 这些设计样式中你最喜欢哪一种?如果使用你会选择哪一种?

(2) 哪种手机的设计你不接受?为什么?

感谢你的参与!

资料来源:焦点小组访谈提纲——对大学生的手机使用调查. 豆丁网. http://www.docin.com/p-668712467.html.

讨论题

1. 在本案例中,你认为能否在10分钟内将焦点小组访谈法及其规则解释清楚?为什么?

2. "手机的广告设计"这一环节是否存在需要改进的地方?如果有,应如何改进?

3. 请对该访谈大纲进行总体评价。

阅读材料

依法使用商业大数据，保护消费者信息安全

自由、平等、公正、法治，是从社会层面对社会主义核心价值观。基本理念的凝练。依法使用大数据保护公民隐私安全，正是社会主义核心价值观的体现。商业大数据是双刃剑，一方面促进商业活动，另一方面也在很大程度上记录了消费者行为轨迹。消费者信息安全保护包括大数据伦理问题：哪些是合理采集？哪些又属于过度采集？如果消费者个人信息泄露了怎么办？现阶段，被收集的消费、游戏、娱乐、交通等行为大数据的安全隐患引发了国家的高度重视，2019 年 5 月，被称为“中国版 GDPR”的《数据安全管理办法（征求意见稿）》发布。2019 年 11 月开始，公安部加大了 App 违法违规采集个人信息集中整治力度，共下架整改 100 款 App，其中考拉海购、房天下、樊登读书、天津银行等知名 App 也在列，多涉及无隐私协议、收集使用个人信息范围描述不清、超范围采集个人信息和非必要采集个人信息等情形。

第6章
制定营销战略

思政目标

- 明确建立在细分基础上的营销战略有助于实现中国梦。
- 理解习近平法治思想中的公平竞争法治观。
- 理解中国文化元素在市场定位工作中的重要性。

引导案例

2020年9月4日，珠海格力集团在官方微信号上正式宣布，格力集团与小米集团、中信银行签署战略合作协议，三方将会在产业基金、金融服务、产业投资、项目合作、资源共享等方面展开全方位合作。珠海格力集团希望能够通过强强联合，加速珠海智能制造产业的发展。此次合作中珠海格力集团将出资35.45亿元参与投资和管理由小米集团发起的小米产业基金。珠海格力集团聚焦培育发展战略性新兴产业，未来将借助小米集团在产业领域的丰厚积累，大力对接和引进小米生态链企业，推动智能制造产业在珠海取得突破性发展，为珠海经济社会发展带来新动能。企业之间为什么要合作？可以从营销战略的角度去寻找答案。

第1节　营销战略的制定

营销战略是企业为实现特定的营销目标而制定的行动纲领或方案。它是企业战略的一个组成部分，属于业务层次、职能部门的战略。有时，人们同时使用战略和计划这两种说法，它们都是事先对未来行动的设计和安排，没有本质区别，但是战略一般指较长期、重大的决策，而计划强调可操作性，可以是短期的安排。

制定有效的市场营销战略是在竞争激烈的市场中保证企业资源与环境变化的平衡，实现企业发展的重要手段。战略制定过程是企业营销工作的重要内容，是企业识别、分析、研究、选择和发掘市场营销机会，实现企业目标的过程。它包括以下七个步骤。

一、外部环境分析

营销人员要监测影响营销活动的主要宏观环境因素（人口的、经济的、自然的、技术的、政治法律的），同时还必须监测重要的微观环境因素（顾客、竞争者、供应商、分销渠道）。这些环境因素会影响企业在市场中的盈利能力。企业需要建立营销信息系统，研究环境因素的发展趋势和规律，发现市场机会和威胁。

二、内部环境分析

外部环境机会对每一个企业都存在，但不是所有的企业都能抓住机会，这是因为不同企业的内部环境不同。只有充分发挥企业自身优势，把环境机会和企业能力结合起来，企业才能成功。

企业要定期检查内部环境，分析自身的优势及劣势，扬长避短，把握能充分发挥优势的市场机会。分析优势和劣势可利用“优势/劣势分析检查表”。表6-1是一个检查表的基本形式。

表6-1 优势/劣势分析检查表

	企业能力					该能力对竞争力的影响程度
	很强	强	中等	稍弱	极弱	
营销能力						
公司信誉						
市场份额						
产品质量						
服务质量						
销售网络						
财务能力						
资金成本						
现金流量						
财务安全性						
生产能力						
生产设备						
生产能力						
规模经济						
技术和工艺						
管理能力						
有远见的领导						
具有奉献精神的员工						
组织弹性						

三、制定营销目标

对企业的优势、劣势、机会和威胁的全面分析称为SWOT分析，它是一种战略分析的基本手段。完成SWOT分析，就进入了制定营销目标阶段。营销目标是未来一定时期内营销活动的定性和定量发展方向。

营销目标可能不止一个，而是一个包含多个目标的目标束。常见的目标束包括销售额、市场占有率、利润率、企业形象和声誉等多重目标。营销目标制定过程就是在研究市场机会、威胁的基础上，结合企业的优劣势确定每一个分目标以及各个目标的组合关系。

合理有效的营销目标应满足以下条件：

(1) 层次化。各个目标应按轻重缓急做出安排，确定目标束中的首要目标、关键目标、重要目标和次要目标。这样即使目标之间存在冲突和不平衡，也可以依据重要性的差异协调相互关系。

(2) 数量化。目标应尽可能用数量形式表示。“到第二年年底企业的投资利润率达到8%”的表述就比“努力提高投资利润率”更明确、更有约束性和激励作用。

(3) 现实性。目标应该切实可行，必须在科学分析机会和优势的基础上形成。目标不应是主观愿望的产物。过高的、不切实际的目标无法指导行动。

(4) 一致性。各个目标之间应尽量协调一致，避免过大的矛盾和冲突。

四、市场细分

从企业营销的角度看，某产品的销售对象是该产品的全体买主，任何企业都会面对成千上万个买主，但是不同的买主受自身条件的影响，对产品的具体需求往往并不相同，甚至差异极大。比如，购买音响的顾客的购买目的可能是作为家庭摆设、发烧级音乐欣赏、娱乐、显示主人的品位和地位。

虽然购买的物品相同，但是购买行为背后的购买目的有很大区别，相应地，对产品的要求也就不同。以娱乐为目的的顾客要求音响价格适中，质量稳定；以发烧级音乐欣赏为目的的顾客需要品质优越的产品；以显示自己的品位和地位为目的的顾客要求产品有突出的品牌形象，价格不是问题。

可以看出，市场上的需求形形色色，企业凭借有限的资源要满足所有的需求是不切实际的。最佳的选择是为部分市场服务。只要这部分市场的需求有相似性，企业就可以提供有针对性、有特色的产品和服务以满足需求。将某一产品的市场按需求特点不同划分为不同的子市场就是市场细分（见表6-2）。有关市场细分的具体内容将在下一节中讨论。

表6-2 牙膏市场的细分

利益细分市场	人口统计特征	行为	心理
经济（低价）	男人	每天刷牙3次以上	高度自主、看重价值
医用（防蛀）	大家庭	每天刷牙3次	保守、多疑
化妆（洁白牙齿）	青少年、成年人	每天刷牙2次	爱好交际、积极生活
味觉（气味好）	儿童	每天刷牙1次	高度介入

五、选择目标市场

目标市场是企业决定投入资源并为之服务的市场。市场细分活动将市场划分为不同的具有相似性需求的子市场，企业必须结合自身的优势、特点选择适当的子市场作为目标市场。企业的一切经营活动都是围绕着目标市场进行的。目标市场可以是一个子市场，也可以是多个子市场，还可以是所有的子市场。目标市场选择问题将在第3节中具体讨论。

六、市场定位

企业一旦选定了目标市场，就要在目标市场上进行产品的市场定位。所谓市场定位，就是根据竞争者现有产品在市场上所处的位置，针对顾客对产品特征或属性的重视程度，塑造本企业产品与众不同的、形象鲜明的个性或特征，并把这种个性或特征生动地传递给顾客。市场定位也就是使企业产品在消费者心目中占有独特的位置。

案例

品牌定位助力王老吉成功逆袭

中国的饮料市场可谓群雄并立，几家大型领头企业牢牢把握住了市场资源，王老吉要在这样恶劣的生态环境中寻求自己的一片发展空间并不容易。2002年以前，王老吉面对很大的困扰，最核心的问题就是：红罐王老吉是当凉茶卖，还是当饮料卖？消费者对王老吉的认知混乱。别说消费者，就连企业也不知道自己生产的饮料的定位。传统的广东凉茶在消费者心中的印象是味道偏苦，不适合经常饮用，而“王老吉”这个品牌具有百年的历史，似乎已经和“凉茶”绑定在一起。但是王老吉的口味偏甜，与传统的凉茶差别很大，按照“良药苦口”的传统观念，消费者感到产品“败火”的药力不足。

2002年王老吉开始寻求改变，它想重拍一则广告，改变以往概念不明确的广告形象。但研究后发现，企业首先要解决品牌定位问题。王老吉通过对消费者和市场的大量调查发现，其实大家对王老吉并没有过多的要求，只是把它作为一个功能饮料，希望它能预防上火，而王老吉的竞争对手并没有采用“预防上火”这一定位。因此王老吉迅速发力，确定了“预防上火”这一品牌定位，通过多种宣传途径突破地域的限制，很好地调和了凉茶与饮料之间的矛盾，于是王老吉风靡全国。

七、确定营销组合

在选定目标市场后，就要确定营销组合，综合运用企业可控的营销手段（即4P 组合）实现营销战略目标。

第 2 节　有效的市场细分

市场细分也称市场细分化，是 20 世纪 50 年代中期由美国人温德尔·斯密提出的概念。所谓市场细分，是指根据整体市场上顾客需求的差异性，以影响顾客需求和欲望的某些因素为依据，将一个整体市场划分为两个或两个以上的顾客群体，每个需求特点类似的顾客群就构成一个细分市场（或子市场）。在不同的细分市场，顾客需求有较明显的差异。例如服装市场，可按顾客的性别细分为男装市场、女装市场；按年龄细分为老年市场、中年市场、青年市场、儿童市场；也可按地理因素细分为国外市场和国内市场，或城市市场和乡村市场，或南方市场和北方市场等。每个细分市场的需求各不相同，同一细分市场内需求基本相似。

市场细分不是通过产品来细分市场（如分成汽车市场、服装市场、机床市场等），而是按照顾客需求、爱好的差别，求大同存小异，来区分市场。市场细分是将整体市场划分为若干拥有不同顾客群体的子市场，并从中选择经营对象和目标市场的一种方法。

一、市场细分的作用

市场细分对企业市场营销的影响很大，表现在以下几个方面。

（1）有利于企业发掘新的市场机会。企业经过市场调查和市场细分后，对各细分市场的需求特征、需求的满足程度和竞争情况了如指掌，并能从中发现需求尚未得到满足或尚未充分满足的细分市场，这些市场为企业提供了新的极好的开拓机会。

（2）有利于小企业开拓市场，在大企业的夹缝中求生存。顾客的需求是多变的、各不相同的，即使是大企业，其资源也有限，不可能满足整个市场的所有需求。为求得生存，小企业应善于运用市场细分原理对整体市场进行细分，拾遗补阙，从中找到需求尚未满足的细分市场，采取与目标市场相适应的营销组合策略，从而获得良好的发展机会，取得较大的经济效益。

（3）有助于企业确定目标市场，制定有效的市场营销组合策略。通过市场细分，企业可以深入了解顾客需要，结合企业的优势和市场竞争情况，从细分市场中选择企业的目标市场。经营服务对象一旦确定，企业就能有的放矢，有针对性地制定有效的市场营销组合策略，提高企业经营管理水平，增强市场竞争力。

（4）有利于企业合理配置和使用资源。企业根据市场细分，确定目标市场的特点，扬长避短，将有限的人力、物力、财力等资源用在一个或少数几个细分市场上，避免分散力量，取得事半功倍的经济效益。

（5）有利于企业取得信息反馈以调整营销策略。就整体市场而言，一般信息反馈速度较慢，企业不易察觉市场变化，而在细分市场中，企业为不同的细分市场提供不同的产品，制定相应的营销策略，比较容易得到市场信息，察觉顾客的反应，这有利于企业发掘潜在需求，适时调整营销策略。

二、消费者市场的细分依据

影响消费者市场和产业市场的因素不同，二者细分的依据也不同。消费者市场的细分依据有以下几个。

1. 地理因素

这是按消费者居住的地区和地理条件来划分。消费者居住的地区和地理条件不同，其需求和欲望也不同。如居住在我国南方沿海经济比较发达的城市和居住在北方内地农村的消费者，对家具的材质、款式、价格等的需求都不一样。

地理因素包括国界（国际、国内）、气候、地形、自然环境、城市规模、交通运输、人口密度等。

地理因素是一个静态因素，往往容易辨别，对于分析研究不同地区消费者的需求特点、需求总量及其发展趋势有一定意义，有助于企业开拓区域市场。但是，即使居住在同一国家、地区、城市的消费者，其需求与爱好往往也不相同，有时甚至差别很大，因此，还要进一步按其他标准细分市场。

2. 人文因素

运用人文因素细分市场，就是根据人口统计变量如国籍、种族、年龄、性别、职业、受教育程度、宗教、收入、家庭人数等对市场进行细分。不同国籍或种族、不同年龄和性别、不同职业和收入的消费者，其需求和爱好大不相同，故人口统计变量与消费者对商品的需求和消费行为有密切关系，而且人口统计变量资料比较容易获得和衡量。因此，人文因素常常是市场细分中用以区分消费者群体的标准。

3. 心理因素

心理因素包括生活方式、个性等。同样性别、年龄，相同收入的消费者，由于其追求的生活方式或性格不同，往往表现出不同的心理特性，对同一种产品会有不同的需求和购买动机。心理因素对消费者的爱好、购买动机、购买行为有很大影响。企业利用心理因素进一步分析消费者的需求和爱好，更有利于发现新的市场机会和目标市场。例如，有的消费者购买昂贵的名牌商品，不仅是为了追求高质量，而且希望显示其经济实力和社会地位；有的消费者身穿奇装异服，为的是突出其个性；有的消费者喜欢购买外国货，是为了满足其崇洋心理等。企业根据心理因素细分市场，可为不同细分市场设计专门的产品，采用有针对性的营销组合策略。

4. 购买行为因素

运用购买行为因素细分市场，即根据消费者的不同购买行为来进行市场细分。购买行为因素包括追求的利益、品牌忠诚度（品牌偏好）、使用者地位、使用频率等。例如，人们对化妆品有不同的需求，有的消费者追求化妆品的润肤护肤功能，有的则希望化妆品能增白、祛斑；有的是从未使用者或首次使用者，有的则是经常使用者且有品牌偏好。企业可以根据消费者购买行为因素细分市场，推出适合细分市场需要的产品。

三、产业市场的细分依据

产业市场购买者的购买目的是进行再生产，并从中谋取利润，它与消费者市场中消费者的购买目的不同。根据其特点，产业市场的细分依据有以下几个。

1. 用户的行业类别

用户的行业类别包括农业、军工、食品、纺织、机械、电子、冶金、汽车、建筑等。用户所处的行业不同，其需求有很大差异。即使是同一产品，军工与民用对质量的要求也有很大的不同。

2. 用户规模

用户规模可分为大型、中型、小型企业，或大用户、小用户等。不同规模的用户，其购买力、购买批量、购买频率、购买行为和方式都不相同。

3. 用户的地理位置

除国界、地区、气候、地形、交通运输等条件，生产力布局、自然环境、资源等也是很重要的细分变量。

用户所处的地理位置不同，其需求有很大的不同。例如，香港地价昂贵，故香港企业希望购买精致小巧的机械设备。自然环境、资源、生产力布局等因素决定了某些行业集中于某些地区，如我国东北地区，钢铁、机械、煤炭企业比较集中，山西省则集中了煤炭、化工和能源企业。按用户地理位置细分市场，有助于企业将目标市场选择在用户集中地区，有利于企业提高销售量，节省推销费用，节约运输成本。

4. 购买行为

购买行为包括追求的利益、产品使用率、品牌忠诚度、使用者地位（如重点户、一般户、常用户、临时户等）、购买方式等。

四、市场细分的原则和注意事项

以上这些细分标准和具体因素选用是否得当，对市场细分影响很大。企业要有效地细分市场，必须遵循以下原则：

- 不同的企业在细分市场时，应采用不同的标准，要根据企业的实力和产品的特性来确定自己的细分标准。
- 选用细分标准时，要求这些标准是可以度量的，并能使细分市场呈现明显的区别和显著的特性，那些难以度量的细分标准应尽量少用或不用。
- 选用细分标准时，要求细分出来的市场是可进入的，即这些市场应是能够对顾客产生影响、产品能够展现在顾客面前的市场。
- 市场不是分得越细越好。市场分得太细，不适合大量生产，会影响规模经济效应，也就是说，细分市场要有一定的规模和发展前途，并能使企业获得利润。

除以上原则，企业在运用细分标准时，还必须注意以下几个问题：

- 市场调查是市场细分的基础。在市场细分前，营销人员必须经过市场调查，掌握顾客需求等有关信息，才能正确选择市场细分标准，并确定企业为之服务的对象——目标市场，制定有效的市场营销组合策略。
- 顾客的需求、爱好和购买行为是由很多因素决定的。市场营销人员可运用单指标标准，也可运用双指标标准或多种指标标准来细分市场，但是选用的标准不能过多，要适可而止，确定少数主要标准和若干次要标准，否则既不实用又不经济。
- 市场是动态的、经常变化的，细分标准不能一成不变，应经常根据市场的变化进行调整。
- 只有在预期市场细分所带来的收益大于因细分市场而增加的生产成本和销售费用时，方可进行市场细分。

第 3 节　目标市场选择策略

市场细分是选择目标市场的基础。市场细分后，企业由于受内外部条件的制约，并非要把所有的细分市场都作为企业的目标市场。企业可根据产品的特性，自身的生产、技术、资金等实力的大小和竞争力，在众多的细分市场中选择一个或几个有利于发挥企业优势、最具吸引力、能获得最大经济效益的细分市场作为目标市场。

目标市场的选择有以下三种基本策略，其中差异性市场营销策略还可进一步细分。

一、无差异性市场营销策略

无差异性市场营销策略是指企业不进行市场细分，把整体市场作为目标市场（见图 6－1）。它强调市场需求的共性而忽视其差异性。企业为整个市场设计生产单一产品，实行单一的市场营销方案和策略，来迎合绝大多数的顾客。例如，早期美国可口可乐公司采用的就是这种无差异性市场营销策略来满足美国市场的需要。我国第一汽车制造厂在经济体制改革以前也采用这种策略，生产单一的“解放”牌卡车，以满足整体市场的需要。

图 6－1　无差异性市场营销策略

无差异性市场营销策略的优点是适合大批量生产，能发挥规模经济的优势；可以降低生产、存货和运输成本；可以减少广告、推销、市场调研和细分市场的费用，进而以低成本在市场上赢得竞争优势。缺点是应变能力差，一旦市场需求发生变化，很难及时调整企业的生产和市场营销策略；对目标市场的依赖性大，风险较大。

无差异性市场营销策略适用于企业实力雄厚，产品通用性、适应性较强，差异性小，以及市场相似性较高且具有广泛需要的情况。通用设备，通用的量具刃具、标准件以及不受季节、生活习惯影响的日用消费品即可采用这种策略。

二、差异性市场营销策略

差异性市场营销策略是指企业将整体市场细分后，选择两个或两个以上甚至所有的细分市场作为目标市场，并根据不同细分市场的需求特点，分别设计生产不同的产品，采取不同的营销组合手段，制定不同的市场营销策略，有针对性地满足不同细分市场顾客的需求（见图 6－2）。

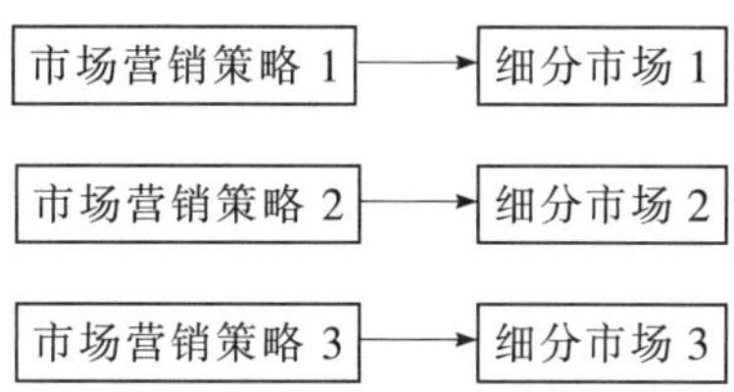

图 6－2　差异性市场营销策略

差异性市场营销策略的优点是：企业面向广阔的市场，满足不同顾客的需要，可以增加销售量，增强竞争力；企业适应性强，有回旋余地，不依赖一个市场、一种产品。其缺点是由于小批量、多品种生产，要求企业具有较高的经营管理水平；

品种、价格、销售渠道、广告、推销的多样化，使企业的生产成本、产品改良成本、存货成本、销售费用、市场调研费用相应增加，从而降低了经济效益。企业在选择差异性市场营销策略时要慎重，应判断运用此策略所能获得的经济效益能否抵消或超过成本的增加。

企业选择差异性市场营销策略时，不一定要面向整体市场中的每一个细分市场，可以根据具体情况选择几个细分市场作为目标市场。具体地说，差异性市场营销策略又可分为以下四种。

1. 完全差异性市场策略

完全差异性市场策略是指企业将每一个细分市场都作为目标市场，生产和提供不同的产品，分别满足不同目标顾客的需求。例如，某服装厂分别为中老年、青年、少年三个目标市场提供不同面料、款式、尺寸的外衣、内衣、衬衫。

2. 市场专业化策略

企业为一个目标市场即同一类顾客提供多种产品，满足这一类顾客对产品的不同需要。例如，为青少年市场提供各种服装；为农村市场提供化肥、农药、农用薄膜。这种策略的优点是适当缩小了市场面，有利于发挥企业的生产技术优势，生产多种产品，以满足目标市场顾客的不同需要，增加销售量和销售收入，避免生产单一产品可能造成的弊端。

3. 产品专业化策略

企业可以把对同类产品有需求的若干不同细分市场作为目标市场，为不同的目标市场提供同类产品。例如为军队提供防弹衣；为工业、捕鱼业提供直流电机。这种策略的优点是产品单一，有利于发挥企业的优势，避免多品种生产的一些弊端。这样，企业可以保持较宽的市场面，有更大的回旋余地。

4. 选择性专业化策略（或称散点式专业化策略）

企业在市场细分的基础上，结合企业的实际情况，有选择地放弃部分细分市场，选取若干有利的细分市场作为目标市场，并为各目标市场提供不同的产品，实行不同的市场营销策略。例如，为家庭市场提供家用缝纫机；为成衣制造企业提供锁眼机；为工业企业提供包装缝纫机。这种策略的优点是避免四面出击、分散力量，使企业集中精力开拓有利的细分市场，简化营销工作，节省费用，降低成本。

差异性市场营销策略一般适合生产、经营差异性较大的产品的企业以及多品种产品的生产企业。

三、集中性市场营销策略

集中性市场营销策略又称产品-市场专业化策略。企业在整体市场细分后，由于受到资源等的限制，选取一个或少数几个细分市场作为企业的目标市场，集中实施某种市场营销策略。

采用集中性市场营销策略的企业，追求的不是在较大市场上取得较低的市场占有率，而是在一个或几个小市场上拥有较高的市场占有率。

这种策略适合资源有限的中小企业，有利于企业深入了解市场，集中使用有限的资源，实行专业化的生产和销售，提供良好的服务，节省营销费用，提高产品和企业的知名度，有助于企业在局部市场的竞争环境中处于有利地位。必要时，企业还可等待时机，迅速扩大市场，进一步向纵深拓展市场。集中性市场营销策略往往成为新企业战胜老企业或小企业战胜大企业的有效策略。

这种策略的缺点是对比较单一和窄小的目标市场依赖性太大，一旦目标市场突然发生变化，企业回旋余地小，风险大，可能陷入严重困境，甚至倒闭。

以上这几种策略各有优缺点，企业在选择时除了考虑目标市场应具备的一些条件，还需考虑以下几方面的因素：

（1）市场类似性。若顾客的需求、爱好、购买行为大致相近，对产品供应和销售的要求差别不大，即市场需求类似程度很高时，宜采用无差异市场营销策略；反之，则采取差异性市场营销策略或集中性市场营销策略。

（2）产品的同质性。同质性产品如火柴、普通水泥、标准件等，比较适合采用无差异性市场营销策略；一些差异较大的产品，如家具、服装、食品、家用电器、汽车、专用设备等，宜采用差异性市场营销策略或者集中性市场营销策略。

（3）企业实力。如果企业在生产、技术、资源、销售等方面的实力很强，有能力覆盖所有的市场面，则可采用无差异性市场营销策略或差异性市场营销策略；若实力有限，则采用集中性市场营销策略较为有效。

（4）产品生命周期。通常产品在投入期宜采取无差异性市场营销策略，以探测市场与潜在顾客的需求；也可采取集中性市场营销策略，集中力量专攻某个细分市场。当产品进入成长期和成熟期，宜采用差异性市场营销策略，开拓新的市场，不断刺激新需求，延长产品生命周期。

（5）竞争者的市场策略。假如竞争者实行无差异性市场营销策略，则企业应采取差异性市场营销策略与之抗衡；如果竞争者采取差异性市场营销策略，则企业应当在进一步细分的基础上，采取差异性市场营销策略或集中性市场营销策略。

必须指出的是，以上几方面因素应综合考虑。

第4节　合适的市场定位

目标市场确定后，企业为了与竞争对手相区别，开拓和占领目标市场，在目标市场上获得竞争地位和优势，更好地为目标市场服务，还要在目标市场上对本企业产品进行市场定位。市场定位实际上就是竞争优势定位，企业的竞争优势来自两个方面：一是成本优势；二是产品差异化优势。

一、市场定位的步骤

1. 识别潜在竞争优势

企业要做到这一点，首先，要进行规范的市场调研，了解目标市场的需求特点及这些需求被满足的程度。其次，要研究主要竞争对手的优势和劣势，包括竞争者的业务经营情况、核心营销能力和财务能力。在以上分析的基础上，识别企业潜在的竞争优势。

2. 确定核心竞争优势

核心竞争优势就是与竞争对手相比，企业在产品开发、服务质量、价格、分销渠道、品牌知名度等方面所具有的可获得明显差别利益的优势。企业最好选择那些符合企业长远利益、最具开发价值的竞争优势。

3. 传播独特竞争优势

企业独特的竞争优势不会自然而然地显示出来，必须通过一系列宣传、促销活动来表现。因此，企业首先应使目标顾客了解、认同、偏爱本企业的定位；其次，通过一切努力强化企业的形象，保持目标顾客对企业的了解，巩固企业的定位。

二、市场定位的策略

1. 抢占或填补市场空白策略

这种策略是将企业的产品定位于目标市场的空白处，这样不仅避开了市场竞争，避免了与目标市场上的竞争者直接对抗，而且可在目标市场的空白领域开拓新的市场，生产、销售目标市场上尚未出现的某种特色产品，以更好地发挥企业的竞争优势，获取较好的经济效益。

2. 与竞争者并存和对峙的市场定位策略

这种策略是将本企业的产品定位于与目标市场上现有竞争者的产品相互并存和对峙。实力较弱的中小企业大都采用此策略。

采用这种策略的好处是：

（1）企业可仿制竞争者的产品，向市场销售自己品牌的产品。

（2）由于竞争者已开发出产品，本企业可节省大量研发费用，降低成本。

（3）由于竞争者为产品进行了推广宣传，开拓了市场，本企业既可节省推广费用，又可规避产品不适销的风险。

企业决定采用对峙和并存的市场定位策略的前提是：首先，该市场的潜在需求很大，还有很多未满足的需求，足以吸纳新进入的产品；其次，企业推出的产品有自己的特色，能与竞争产品媲美，并立足于该市场。

3. 取代竞争者的市场定位策略

这种策略就是将竞争者赶出原有位置并取而代之。实力雄厚的大企业为扩大自己的市场范围，通常会采取这种取而代之的策略。企业要实施这种定位策略，必须具有比竞争对手更明显的优势，提供比竞争者更好、更有特色的产品，并做大量的推广宣传工作，以提高本企业产品的形象和知名度，冲淡顾客对竞争者产品的印象。

企业在实施市场定位时，需要做好三项工作：首先，识别潜在的竞争优势，这就需要研究竞争者的优势和劣势；其次，选择企业的核心竞争优势，这里的核心竞争优势必须是顾客所追求的；最后，传播企业的竞争优势，如通过广告宣传等手段来传播企业的竞争优势，逐渐形成一种鲜明的市场概念。

小　结

营销战略是企业战略的一个组成部分，属于业务层次、职能部门的战略，指企业为实现特定的营销目标而制定的行动纲领或方案。制定有效的市场营销战略是在竞争激烈的市场中实现企业发展的重要手段。营销战略制定过程包括七个步骤：(1) 外部环境分析；(2) 内部环境分析；(3) 制定营销目标；(4) 市场细分；(5) 选择目标市场；(6) 市场定位；(7) 确定营销组合。

市场细分也称市场细分化，是根据整体市场上顾客需求的差异性，以影响顾客需求和欲望的某些因素为依据，将一个整体市场划分为两个或两个以上的顾客群体，每个需求特点类似的顾客群就构成一个细分市场（或子市场）。消费者市场的细分依据有：(1) 地理因素；(2) 人文因素；(3) 心理因素；(4) 购买行为因素。产业市场细分的依据有：(1) 用户的行业类别；(2) 用户规模；(3) 用户的地理位置；(4) 购买行为。

市场细分后，企业可根据产品的特性、自身实力和竞争状况等内外部条件，在众多的细分市场中选择一个或几个有利于发挥企业优势、最具吸引力、能获得最大经济效益的细分市场作为目标市场。目标市场的选择一般有三种基本策略：(1) 无差异性市场营销策略；(2) 差异性市场营销策略；(3) 集中性市场营销策略。

企业为了与竞争对手相区别，开拓和占领目标市场，在目标市场上获得竞争地位和优势，还要对产品进行市场定位。

基本概念

1. 营销战略——企业为实现特定的营销目标而制定的行动纲领或方案。

2. SWOT 分析——一种战略分析的基本手段，即对企业的优势、劣势、机会和威胁进行全面分析。

3. 市场定位——根据竞争者现有产品在市场上所处的位置，针对顾客对产品特征或属性的重视程度，塑造本企业产品与众不同的、形象鲜明的个性或特征，并把这种个性或特征生动地传递给顾客。

4. 市场细分——根据整体市场上顾客需求的差异性，以影响顾客需求和欲望的某些因素为依据，将一个整体市场划分为两个或两个以上的顾客群体。

5. 目标市场——企业决定投入资源并为之服务的市场。

思考题

1. 假设你刚被北京中关村的一家小型网络公司雇用，该公司从事网站业务。你是一个新手，想在总经理面前显示你接受过正规教育。总经理认为在快速变化的IT市场上营销战略不实用，计划赶不上变化。你会如何向他解释营销战略对企业的意义？

2. 近年来，很多城市出现了空调专线巴士。它方便、服务好、舒适，受到市民的欢迎，但是由于票价高、月票无效、车辆少、发车间隔长，乘客人数始终没有大幅上升的迹象。请分析空调巴士的机会、威胁、优势和劣势。

3. 作为管理咨询公司的成员，你正为一家酒厂做咨询。该厂生产一种由名贵中草药炮制的保健酒。你认为该厂的目标市场在哪里？应该如何进行市场定位？

案例分析

元气森林的市场定位

就行业总体情况来看，近几年的营销环境对饮料品牌并不友好，包括百事和可口可乐在内的著名品牌纷纷遭遇连续几年的销量下滑。在巨头林立的饮料品牌中，2016年新推出的国产品牌“元气森林”异军突起，从100万元的注册资本做成细分市场中的明星，并在2020年实现超过百亿元的品牌估值。快速的成长离不开成功的品牌传播，早期的元气森林并没有盲目投资传播，而是另辟蹊径，在品牌理念、产品设计和用户沟通上进行网红化设计，走出了一条独特的品牌传播之路。

1. 创新品牌定位

健康理念的普及让新一代年轻群体在饮品的选择上更加慎重。事实上，无糖饮料本身并不是一个新概念，两大可乐品牌以及国内一些著名饮料品牌早在十年前就已经研发无糖产品——在成熟的工业条件下，将原本的蔗糖与果糖成分用代糖替代，以满足追求健康的新一代顾客的需求。元气森林从中找到创新契机，市面上的绝大部分无糖饮品采用的代糖成分主要是安赛蜜和阿斯巴甜两种，其优势是成本低廉，但经过研究证明，长期食用会对人体造成危害，因此许多消费者对这两种代糖成分尚有疑虑。元气森林在其主要产品中使用的代糖成分是赤藓糖醇，这是一种价格较高、对人体影响最小的天然糖醇。此外，元气森林没有像大品牌一样做碳酸饮料，而是选择气泡水，相对传统碳酸饮料的生产工艺，气泡水在释放气体时更加温和，从而减轻胃部的压力，是一种被广泛认为更健康的饮料。随着健康、天然的概念被广泛传播，元气森林的配方相比于其他传统饮品更贴心，真正做到了“甜蜜无负担”，聚集了大量的忠实用户。在传播之前先做好产品，使得元气森林最大限度地降低了用户流失的可能性，从而使后续的传播更有效率。

2. 塑造独特气质

按照大品牌的思路，在品牌传播早期就投资大规模传播，会在前期产生可观的成本，这样做对小微品牌并不友好。怎样才能在初期既低成本地开展营销工作，又增加产品的曝光度呢？元气森林在发展初期同样面临这个问题，由于成本所限，其无法像大品牌那样多渠道渗透市场。因此，元气森林选择了最接近年轻人的便利店、商超作为前期的主要销售渠道。只要光顾过这些便利店、商超，顾客很难不注意到该品牌的产品，这是由于元气森林的两款主要产品“元气水”与“燃茶”均采用时下流行的简约包装设计，在瓶身分别加上醒目的大字“气”和“燃”。事实证明，惹眼的设计相当符合如今年轻群体偏向日系小清新风格的审美标准。此外，该品牌在命名上也有讲究：“元气”一词在日本动漫作品中被广泛运用，顾客可以从饮品名称中感受元气满满的品牌形象。有创意的包装也是元气森林成为网红产品的一个主要因素：在微博、抖音、小红书等平台上，许多顾客在分享该品牌的饮用体验时，都提到其包装是如何吸引他们进行首次购买尝试的，随着更多的顾客参与分享，元气森林独特的包装设计广泛传播于社交网络中。

3. 以真情实意与顾客沟通

自媒体的繁荣为商家与用户的交流带来便利，也给小品牌提供了更多的可能性。

第一，在官方自媒体平台的运营上，元气森林深耕细作。自运营开始，元气森林官方微博不仅保持极高的内容更新频率，而且与粉丝保持良好的沟通与互动。在内容设计上，元气森林保证了超过50%的原创比例，原创内容除了对产品进行推荐，更多的是普及健康饮品、代糖成分以及品牌活动等信息。

第二，元气森林鼓励用户创作与其品牌相关的原创内容。元气森林官方除了更新产品信息，还会定期发布活动，引导用户进行创作，并通过投票、抽奖、推荐等方式进行激励。这一策略使元气森林成为小红书平台上健身用户购买饮品的第一选择，其话题互动量远超农夫山泉、可口可乐等大品牌。在元气森林官方尚未入驻的B站，不少知名创作者为其制作视频进行推荐。

第三，元气森林与网红代理机构合作进行品牌推广。元气森林并非盲目与业界的流量明星合作，而是选择与品牌调性相匹配的健身、美食类非一线网红为其代言。同时，积极参与内容设计，通过直播卖货和网文、视频推荐接触顾客。这种精准的网红合作方式不仅节约成本，还显著提升了转化率，使品牌在“双11”“618”等购物活动中获得较好的销售成绩。

资料来源：聂晓敏．基于定位原则的“元气森林”品牌定位分析．广西质量监督导报，2020(10)．

▶ **讨论题**

1. 元气森林的定位策略取得成功的原因是什么？

2. 元气森林的定位基于怎样的市场营销环境？

3. 请查阅相关资料探究当前元气森林品牌遇到的问题以及原因，并尝试给出应对策略。

阅读材料

文化与市场定位

在中华文化影响力持续上升之时，一些具有悠久历史文化沉淀的产业或企业却发展缓慢，甚至步履维艰。是文化与商业的连接断裂，还是行业创新乏力？在中国整体经济崛起的背景下，消费电子、汽车、IT等许多产业正在迎来前所未有的辉煌时代，为何许多具有悠久文化传统的产业却陷入困顿？必须承认，在中国整体经济发展中，相对于IT、汽车、软件、消费电子等新兴产业，传统行业的发展速度与增长总量远为逊色。传统行业既是一个国家经济整体的有机组成部分，又承载着一个国家民族的记忆与文化的精华，因此，振兴传统产业，特别是具有悠久文化底蕴的传统产业，对于任何一个国家都具有重要的意义。中国的丝绸、陶瓷之所以在世界上大受欢迎，正是在于“物”所承载的“道”——中华文明赋予商品一种独特的魅力，文化成为商品使用价值之外非常重要的感受价值。

第7章
营销策略组合

思政目标

- 理解顾客价值创造对社会经济发展的重要性。
- 理解在市场竞争中要考虑消费者利益、企业利益和社会利益的平衡。

引导案例

知名市场调研机构Canalys公布了《全球2020年第四季度的市场份额排名》以及《2020年全年智能手机出货量数据报告》。Canalys统计数据显示，2020年第四季度全球智能手机出货量达到3.596亿部，同比小幅下降2%；苹果iPhone销量为8 180万部，比上年同期增长了4%，而排名前五的手机厂商共有两家来自中国：小米、OPPO。OPPO全球出货量达3 470万台，同比增长了15%，排名全球第四。OPPO副总裁吴强强调，正确的价值观、令人惊艳的产品以及用户满意的服务才是OPPO的核心竞争力。在市场上功能相似的产品越来越多的情况下，怎样才能使自己的产品脱颖而出？除了对产品本身进行创新，还得考虑广告、宣传，要有适当的定价，还要选择适当的中间商，通过推销使消费者接受自己的产品。因此，千万不要认为只要产品生产出来就万事大吉了。

第1节 营销手段与营销策略组合

企业选定了目标市场后，就需要制定一个市场营销方案。市场营销方案由市场营销的各要素及它们之间的相互关系组成。所谓市场营销要素，就是企业能够利用的营销手段，是企业可以控制的内部变量。为简单起见，学者将这些营销手段归纳为四组变量，分别是产品（product）、价格（price）、渠道（place）、促销（promotion）。这四个词的英文首字母都是P，故简称4P。进一步，4P中的每一个P还包含若干特定的次级要素（或称变量），从而在4P组合下形成每个P的次级组合。

（1）产品——包括产品核心使用价值、功能、定位、组合、外观、式样、规格、体积、花色、品牌、质量、包装、商标等，构成了企业的产品组合策略。

（2）价格——包括基本价格，制造商、批发商和零售商的售价，以及折扣、津贴、付款时间、信用条件等，构成了价格组合策略。

（3）渠道——包括直接渠道、间接渠道、渠道长度、渠道宽度、连锁、特许经营、渠道成员的协调与控制等，构成了渠道组合策略。

（4）促销——包括人员推销、广告、公共关系、营业推广、售后服务等，构成了促销组合策略。

现在，人们越来越多地用“沟通”代替“促销”，因为沟通才是促销的本质，而且促销有与营业推广相近的含义。

以上的次级要素中，有些仍可进一步细分。例如质量可分为高中低三档；基本价格可分为高中低三种价格；广告按所用媒体不同，可分为报刊、电视、广播、橱窗等多种广告。因此，市场营销要素有多种组合形式，数目相当可观。仅质量和基本价格两个要素就可构成九种不同组合。只要其中一个要素发生变化，就能形成一个新的组合。

在市场营销实践中，企业要满足顾客需求，促成交易，在市场上获得成功，达到预期的经营目标，仅靠一种营销手段是远远不够的。尤其在市场竞争日趋激烈的今天，企业必须综合利用产品、价格、渠道、促销手段，将这些要素进行组合，使其互相配合，发挥最佳作用，这就是市场营销组合。

营销学强调营销组合诸要素要相互配合，最低要求是具有一致性。例如，低档杂货店销售高档化妆品就是缺乏一致性。对营销组合诸要素相互配合的较高要求是达到一体化，即各种要素积极地相互作用。例如，高额的广告投入与产品高定价就相互起到支持作用，因为来自高定价的额外收入可用于增加广告投入，而大规模的广告投入又帮助提升了品牌形象，强调了品牌差异性，使产品可以卖出高价钱。

还需指出的是，企业的市场营销策略组合不是固定不变的静态组合，而是经常变化的动态组合。企业应动态地利用可以控制的市场营销要素，制定市场营销组合策略，以适应外部不可控的环境因素的变化，在市场上取得主动，提高市场竞争力，使自身得以更好地生存和发展。

20世纪80年代以来，世界经济处于剧烈的变动之中，国际市场竞争日益激烈，贸易摩擦加剧，政府干预加强，贸易保护主义抬头，利益集团的力量增强，企业开拓新市场时遇到了新的阻碍。针对以上情况，著名市场营销学家菲利普·科特勒指出：“在贸易保护主义回潮和政府干预加强的条件下，利用可以控制的市场营销要素，制定市场营销组合策略，以适应外部不可控的环境。企业即使4P安排得当……产品也未必卖得出去，企业的生产经营仍可能失败。”为此，他在1984年提出了“大市场营销”的概念。

所谓大市场营销，菲利普·科特勒将其定义为：

> 企业为了成功进入特定市场，并在那里从事业务经营，在策略上就必须综合地、协调地采用经济、心理、政治和公共关系等手段，以获得所在国和各地方有关方面的合作和支持。

也就是说，在实行贸易保护主义的条件下，除了4P，企业的市场营销策略还必须加上两个P，即政治（或权力）（political或power）和公共关系（public relations）。政治（或权力）是指依靠国内政府的力量对外开展活动，便于企业“闯进”国外或地区市场的大门；公共关系是指企业通过外部活动、谈判、宣传、战略性合作等，在公众心目中树立起良好的形象，在一定程度上改善市场环境，使企业能比较顺利地在国外市场从事营销。

“大市场营销”这一概念的提出，是对现代市场营销核心理论的新发展，大大开阔了营销人员的视野，使他们保持灵活的头脑，不是局限于自己熟悉的产品、定价、分销、沟通等营销手段，而是将视野进一步扩展到更广阔的层面。

随着营销从制造业扩展到服务业，传统的4P组合已难以满足服务业营销的要求，营销学家又提出了7P组合。除传统的4P，服务业的营销策略还需要增加三个P，即人（people）、有形展示（physical evidence）和过程（process），我们称之为服务营销组合。服务的提供者和接受者都是人，因此服务营销离不开服务提供者和顾客二者之间的关系；服务是无形的，因此有形展示就成为企业体现服务质量和顾客判断服务质量的关键要素；服务递送是一个过程，这个过程的运作状况必然影响服务质量。在许多服务经营上，有形展示、人和过程是密不可分的。

第2节 营销策略组合方案要适应特定的顾客、公司和竞争对手

在现实中我们看到，市场营销实践中最引人注目的不是众多公司采用相似的营销组合，而是经营不同产品的公司采用大相径庭的营销组合策略。虽说经营洗面奶的公司与发电厂运用的营销组合策略及其侧重点完全不同，但经营同类产品的公司亦采用多种多样的营销组合。例如，在中国，大多数日报都通过邮局发行，《北京青年报》却自办发行，组织了“小红帽”，同样获得了成功。

为什么会有这些差异？我们应该怎样理解这些差异呢？

首先，企业营销组合要适合特定的目标顾客群，即适合特定目标顾客的需要。例如，针对对价格敏感但对品牌不敏感的消费者，较好的营销组合策略是进行价格促销而不是采用价格高昂的广告或包装。《北京青年报》最初的读者群主要集中在北京地区，因此有可能通过直接办发行获得更大的发行量和收益。

其次，营销组合方案要适合公司自身特点，即与企业的组织、人员、文化、财力和生产能力等相匹配，换言之，企业的营销组合方案要与其核心竞争力相匹配，因为该方案最终要由企业的组织及人员来执行。例如，一个具有大量广告经验和专门人才的公司比那些在这两方面较弱的公司更有能力实施一项依赖广告的营销方案。又如，市场占有率高的大公司，可采用全国性广告、自有分销机构和大量研发新产品的营销组合，因为大公司有巨大的生产能力，可以将高额研发成本和广告开

支分摊到众多产品的单位成本上，而一家市场占有率低的小公司则需要制定突出可变成本的营销方案，如价格促销、付佣金的推销队伍和独立的分销商。

最后，营销组合方案还须因竞争对手的特点而改变，即要考虑到竞争对手的优势、劣势及可能的应对策略。企业最容易犯的错误就是过低地估计竞争对手的能力，而过高地估计自己的优势。

企业应该注意竞争对手过去对各种竞争挑战是如何做出反应的。例如，生产众多品牌洗发水、护肤品、牙膏和香皂的宝洁公司和零售业巨头沃尔玛公司，就是对所有竞争挑战的反应都十分强硬的竞争者。宝洁进入中国市场以来，其洗涤用品一直以高品质、高价格的形象出现。在本土日化企业低价格产品的围攻下，宝洁的市场被不断蚕食，于是，宝洁发起了猛烈的价格攻势，把洗衣粉价格从6元降到2元，这一举措令本土的日化企业处境尴尬。其实这一反应与宝洁在国际市场上的行为是一致的。显然，一家企业对竞争对手了解得越多，它预测竞争对手将如何反应的能力就越强。当一家企业能通过自己的营销组合策略引导竞争对手的反应，使之不但不会对本公司造成负面影响，还会有所帮助时，该公司的营销组合方案的设计便取得了成功。

与大多数营销原理一样，市场营销组合策略也只是一种抽象的概括。现实中的企业营销组合方案并不总是恰好分为产品、价格、渠道、促销几部分，有时它们是相互交叉的。如价格促销的诸多形式——优惠券、买一送一、价格折让等就兼具价格和促销两要素；通常被看作产品策略一部分的品牌，显然也是促销策略的重要组成部分。对企业来说，关键在于营销组合策略的每个要素都能最好地支持整个组合，从而达到“1＋1＞2”的效果。

第3节　营销策略组合方案要适应产品生命周期的不同阶段

企业营销组合策略在很大程度上依产品生命周期所处阶段的不同而不同。产品生命周期是市场营销学中一个非常有用的概念，指产品从试制成功投入市场开始，直到最后被淘汰退出市场为止所经历的市场销售变化过程，也称为产品市场生命周期。

换言之，产品生命周期是指产品的市场寿命，是对产品的市场销售额和利润额的变化进行分析和判断，研究产品的销售情况及获利能力在时间上的变化规律的概念。因此，产品生命周期概念与产品的使用寿命无关。后者指的是产品实体的消耗磨损，是产品实体的有形变化，受消费过程中使用的时间和强度、维护保养以及自然力的作用（如生锈变质）等因素的影响。产品生命周期主要受经济形势、科学技术发展、新产品推出、市场竞争、政治、法律、供求情况、顾客需求偏好的变化等因素的影响。

根据产品市场销售变化的规律，我们将产品生命周期的全过程划分为四个阶段，即引入期、快速成长期、成熟期和衰退期。将一个产品在市场上从无到有，从高速增长、市场饱和，直到被市场淘汰的变化过程，用一条曲线表示出来，就是我们所说的产品生命周期曲线（见图7－1）。

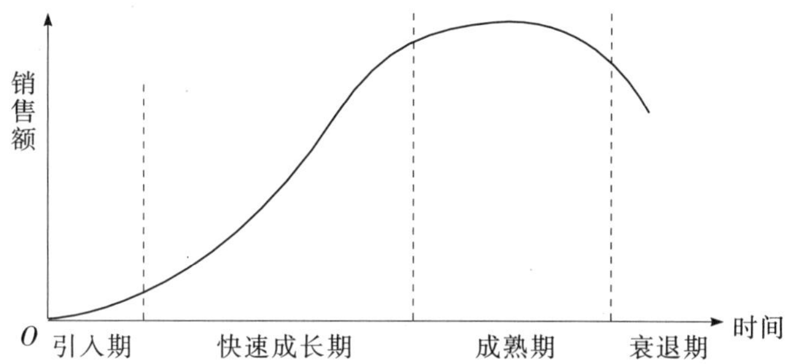

图7－1　产品生命周期曲线

研究分析产品生命周期，正确把握产品在市场上的寿命，对企业经营有非常重要的意义：

(1) 产品生命周期理论揭示了任何产品都和生物有机体一样，有一个诞生、成长、成熟、衰亡的过程，也就是说，世界上没有一个企业的产品在市场上能永远畅销，永远盈利，迟早要被市场淘汰。因此，企业要居安思危，不断创新，开发新产品，只有做到生产一批，储备一批，试制一批，设想一批，企业才能更好地生存和发展。

(2) 借助产品生命周期理论，可分析判断产品处于生命周期的什么阶段，从而推测产品今后发展的趋势，正确把握产品的市场寿命，并根据不同阶段的特点，采取相应的市场营销组合策略，增强企业竞争力，提高企业的经济效益。

(3) 由产品生命周期理论可知，由于科学技术迅猛发展，人们的需求变化加快，未来产品的生命周期将会越来越短，但是通过企业的市场营销努力，产品生命周期是可以延长的。

一、产品生命周期各阶段的特点

(1) 引入期。指新产品投入市场的初期，这时产品销售量（额）和利润增长比较缓慢，因为市场还没有打开，销售量（额）很有限，产量不高，产品质量不稳定，导致经营处于亏损状态。

(2) 快速成长期。是产品销售量（额）和利润额迅速增长的阶段。在这一阶段，越来越多的消费者开始接受新产品，同时，看到新产品市场迅速扩展并有利可图，越来越多的竞争者加入进来。由于产量增加，单位生产成本和销售成本都在下降，利润大幅增长。

(3) 成熟期。在这一阶段，产品销售量（额）不再增长，到后期甚至开始下降，但销售量（额）比其他各期均高，达到最大值，利润率开始下滑。

（4）衰退期。在这一阶段，产品的销售量（额）加速下降，利润趋近于零或负值。

产品生命周期各阶段的划分并无一定的标准，通常按以下几种方法做大致的划分：

（1）类比法。即根据类似产品的发展情况进行分析和判断。如参照电视机的销售资料来判断洗衣机的生命周期。

（2）按销售增长率进行划分。即利用销售增长率的数据，制定标准来区分生命周期的各个阶段。如销售增长率达到10%以上，判断产品从引入期进入快速成长期。

（3）按普及率进行划分。当产品普及率小于5%时，为引入期；普及率为5%～50%时，为快速成长期；普及率为50%～90%时，为成熟期；普及率为90%以上，则进入衰退期。这种方法特别适用于判断家用电器产品所处的生命周期阶段。

二、不同的产品生命周期曲线

产品生命周期曲线与正态分布曲线相似，它反映了产品生命周期变化的基本形态，是一条抽象的、理论上的曲线。现实中产品的生命周期曲线与该图形有些相似，但大多数并非如此理想化。由于产品不同、市场环境不同、企业采取的营销策略不同以及其他因素的影响，产品生命周期曲线的形态会出现各种变异（见图7－2）。

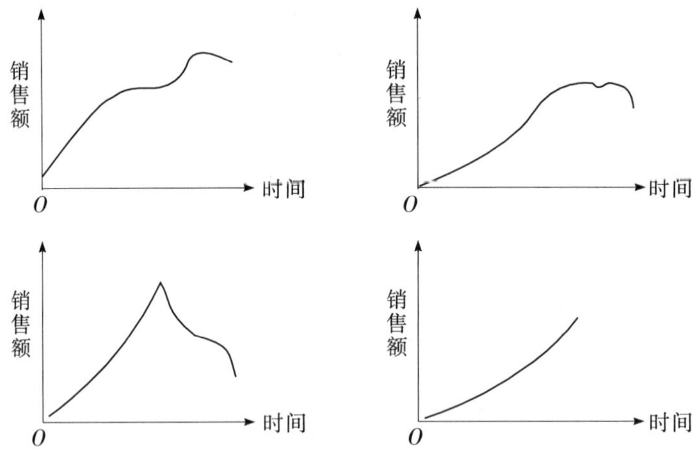

图7－2　不同形态的产品生命周期曲线

（1）有的产品投入市场后，发展很快，销售量迅速增加，一开始就跳过引入期直接进入快速成长期，或是引入期很短，迅速进入快速成长期。

（2）有的产品投入市场后，迅速进入快速成长期，但好景不长，销售量又迅速下降，越过成熟期，立即进入衰退期。这是典型的时尚品。

（3）有的产品投入市场后，经过漫长的引入期，才缓缓进入快速成长期。

（4）有的产品刚进入市场不久就被市场淘汰，从引入期立即进入衰退期。这类产品属于失败的产品。

（5）有的产品刚进入快速成长期，销售量就开始趋于平稳，从快速成长期迅速进入成熟期。

（6）有的产品生命周期曲线呈波浪形，也就是产品进入成熟期后又进入第二个快速成长期，形成波浪式发展。

显然，只有产品经历了从引入期到衰退期的全过程，才可能根据数据资料较完整地描绘出产品生命周期曲线。但对企业市场营销管理来说，此时得出结论已无实际意义。重要的是对企业将试制的新产品或正在市场上销售的产品进行分析，判断它们正处于什么阶段，未来发展的趋势如何，以便企业采取适当的营销策略。

不同层次产品的生命周期曲线的形态可能不同，如某大类、某个品种、某个品牌、某种规格的产品生命周期曲线。以电视机为例，电视机属大类产品，其产品生命周期很长；彩色电视机或黑白电视机是不同的品种，其中黑白电视机已被市场淘汰，而大屏幕液晶电视正处于快速成长期。品牌知名度高的产品，生命周期长；反之，非名牌产品的生命周期则短。此外，同一品牌的产品，其生命周期在不同地区亦可能处于不同阶段。

三、产品生命周期不同阶段的市场营销组合策略

产品生命周期各阶段有不同的特点，企业应根据顾客购买行为、竞争激烈程度的不同，采取不同的市场营销组合策略。

1. 引入期

根据这一阶段的特点，企业的主要任务是：投入市场的产品要“准”；进入市场的时机要合适；设法使市场尽快接受此产品，以缩短引入期，更快地进入快速成长期。

（1）产品策略。产品要有特色，与老产品相比，差异越大优势越明显。同时，注意完善产品的质量、性能，以取得顾客的信任。

（2）价格策略。典型的策略是撇脂定价，即定高价，因为只有这样才能产生高利润，尽快补偿产品研发和市场开拓的成本。一般来说，在这一阶段，只要新产品比替代的产品有明显的优势，消费者对其价格就不会那么计较。有时，企业也可以采用渗透定价，即定低价，目的是迅速启动市场，快速提高市场占有率。至于到底是定高价还是定低价，需要考虑企业面临的需求、竞争和生产条件。

（3）渠道策略。自行销售或与中间商建立联系，选择愿意经销本企业产品的中间商代为销售。

（4）沟通策略。此阶段的基本目标是就产品的使用及较所取代产品的明显优点与潜在的顾客进行沟通，即通过消费者教育创造初始需求——通过尽可能全面、快速地取代与之竞争的传统产品，使对新产品的整体需求达到最大。此外，无论采取

高促销策略还是低促销策略，都应宣传介绍新产品的性能、用途、特点，吸引顾客购买，以求打开局面，在短时间内迅速进入和占领市场。

2. 快速成长期

这一阶段的市场营销组合策略的要点有：

（1）产品策略。完善产品质量保证体系，并以良好的包装和完善的服务与之配合，创优质名牌产品；开发多样化的产品形式，以满足不同细分市场差异化的需求。

（2）价格策略。分析市场价格趋势和竞争者的价格策略，撇脂定价仍然可以获利；也可以适当调低价格，提高市场潜力。

（3）渠道策略。进一步增加销售网点，渗透和开拓市场；适应顾客需要，为顾客购买提供便利。

（4）沟通策略。继续集中精力于开发初始需求和消费者教育，加强广告宣传，从介绍产品转向树立产品形象，进一步提升产品知名度。

3. 成熟期

这一阶段的主要任务是集中一切力量，尽可能延长产品生命周期，扩大市场，增加销量，取得良好的经济效益，为企业积累更多的资金。

成熟期产品的行业结构已经形成，少数企业占据了主要的市场份额，其他企业不得不成为跟随者，二者的战略已经分化。前者的目标主要是保持并提升市场占有率，后者的主要精力则放在如何求得生存上。

（1）产品策略。保持和提高产品质量，开展优质服务，提高产品声誉；开发产品的新用途，吸引新顾客，增加销售量；发展新技术，改革现有产品，开发变型产品，满足顾客的不同需要等。

（2）价格策略。由于生产规模达到最大，成本大幅度降低，可以考虑进一步调低价格，吸引老顾客，争取新顾客。

（3）渠道策略。有选择地扩大销售渠道，增加销售网点，以促进销售。

（4）沟通策略。宣传产品的新用途，介绍变型产品的性能和特色，以开拓新市场。

4. 衰退期

这一阶段企业的主要任务是抓好一个“转”字，即转入新产品或新市场，如选择新的目标市场，由国内市场转向国际市场，由城市市场转入乡村市场等。企业要有计划地“撤”，有预见地“转”，有目标地“攻”。

（1）产品策略。缩减产品生产量，逐步有计划地撤出市场，淘汰老产品；根据新的目标市场的需要，组织生产，占领新市场；延长现有产品的生命周期，组织新产品开发和生产。

（2）价格策略。降低产品售价，但不宜一味地降价，要力争取得边际利润；老产品进入新的目标市场和新产品投入市场时，可根据具体情况定价。

（3）渠道策略。减少销售网点；注意加强与新目标市场的中间商的联系，以开拓新市场。

（4）沟通策略。在即将退出的市场中，不宜大做广告宣传，以减少销售费用，节省开支，但仍需做一些提示性广告，并利用各种促销手段。

小 结

市场营销方案由市场营销的各要素及它们之间的相互关系组成。所谓市场营销要素，就是企业能够利用的营销手段，是企业可以控制的内部变量，可以归纳为四组变量，分别是产品、价格、渠道、促销。每一组变量可进一步细分。在市场竞争日趋激烈的今天，企业必须综合利用产品、价格、渠道、促销手段，将这些要素进行组合，使其互相配合，发挥最佳作用，这就是市场营销组合。

在现实中我们看到，经营不同产品的公司采用大相径庭的营销组合策略。产生这种现象的原因是：（1）企业营销组合要适合特定的目标顾客群，即适合特定目标顾客的需要；（2）营销组合方案要适合公司自身特点；（3）营销组合方案还须因竞争对手的特点而改变，即要考虑到竞争对手的优势、劣势及可能的应对策略。

企业营销组合策略在很大程度上依产品生命周期所处阶段的不同而不同。产品生命周期是指产品从试制成功投入市场开始，直到最后被淘汰退出市场为止所经历的市场销售变化过程，也称为产品市场生命周期。企业根据产品生命周期阶段的演变不断调整其营销组合策略。

基本概念

1. 市场营销方案——由市场营销的各要素及它们之间的相互关系组成。

2. 市场营销要素——企业能够利用的营销手段，是企业可以控制的内部变量，为简单起见，将它们归纳为四组变量，分别是产品、价格、渠道、促销。

3. 市场营销组合——企业综合利用产品、价格、渠道、促销手段，将这些要素进行组合，使其互相配合，发挥最佳作用。

4. 大市场营销——企业为了成功进入特定市场，并在那里从事业务经营，在策略上就必须综合地、协调地采用经济、心理、政治和公共关系等手段，以获得所在国和各地方有关方面的合作和支持。也就是说，除了 4P，企业的市场营销策略还必须加上两个 P，即政治和公共关系。其中，政治（或权力）是指依靠国内政府的力量对外开展活动，便于企业“闯进”国外或地区市场的大门；公共关系是指企业通过外部活动、谈判、宣传、战略性合作等，在公众心目中树立起良好的形象。

5. 产品生命周期——产品从试制成功投入市场开始，直到最后被淘汰退出市场为止所经历的市场销售变化过程，也称为产品市场生命周期。根据产品市场销售变化的规律，我们将产品生命周期的全过程划分为四个阶段，即引入期、快速成长期、成熟期和衰退期。

6. 产品生命周期曲线——将一个产品在市场上从无到有，从高速增长、市场饱和，直到被市场淘汰的变化过程，用一条曲线表示出来，就是产品生命周期曲线。

思考题

1. 为什么说市场营销要素是企业可以控制的内部变量？

2. 怎样理解市场营销方案的“三适合”？

3. 不同企业为不同产品制定的营销组合策略肯定不同吗？为什么？

4. 什么是产品生命周期？了解这一概念有什么现实意义？

5. 以钟表产品为例，说明不同层次的产品处于生命周期的哪个阶段。另外，它们的生命周期曲线有什么不同？

6. 以你熟悉的一种产品为例，说明处于生命周期不同阶段的产品的生产者和消费者所面临的问题，以及经营者在不同时期应采取什么营销组合策略。

案例分析

4P理论在OPPO营销策略中的运用

2017年第一季度报告显示，中国手机销量第一的是OPPO R9s。3年前，OPPO还无法挤进中国智能手机市场前5名，但自2016年第三季度以来，却连连登顶并不断发布新品。OPPO智能手机的品质较几年前有了质的变化，但说到成功还是其营销最成功。下面介绍4P理论在OPPO营销中的运用。

4P营销理论，即产品（product）、价格（price）、渠道（place）、促销（promotion），产生于20世纪60年代的美国。这种以市场为导向的营销组合理论被企业普遍应用。OPPO公司成立于2001年，利用MP3、MP4、随身听打入手机市场，先后主打音乐手机、拍照手机、快充手机。2016年OPPO在全球手机销量排名第四，截至2017年年初，全球有超过1亿年轻人使用OPPO手机。很多人认为OPPO的成功来自它不断砸钱播广告、搞赞助、请明星，这可以看成是对OPPO广告营销的一种认可。但是OPPO的成功不止这些，它的产品、价格、渠道、促销每一方面都值得学习。

一、直击痛点的产品

什么样的产品是好产品？到底什么样的产品能带给顾客满意，带给企业价值？这些或许是很多企业家想要问的问题。没有智能手机的时候，体验差；有了智能手机，拍照不清晰、续航时间短、充电慢等问题又层出不穷。“充电五分钟，通话两小时”“这一刻，更清晰”，从广告语中可以了解OPPO的定位。消费者的痛点就是充电慢、续航差，而直击痛点的产品会受到消费者青睐。从2016年手机年度报告中可以看出，在用户使用手机最看重的体验中，“拍照是否清晰”占比最大，达

53.2%。OPPO将自己的产品定位为年轻化、时尚化，更倾向于女性市场，因此拍照便成了首推功能。OPPO新品R11更是推出了2 000万像素前置摄像头，1 600万+2 000万像素双摄后置摄像头，能够实现自然的背景虚化效果。解决痛点的产品对于消费者来说就是好产品，对企业而言也是好产品，OPPO的产品策略就是不断满足顾客更高的需求，直击痛点。

二、中高定位、严控价格

OPPO将市场锁定年轻用户，但在年轻用户中，根据消费力的不同可以分出很多层次。OPPO现在掌握了不少技术，如VOOC闪充、SmartSensor图像芯片防抖技术、旋转摄像头，它关注的是年轻人中更注重品质的那一类人，所以在定价上偏高，如R9定价为2 999元，比同等配置的其他手机贵300～600元。

OPPO公司在全国统一价格、严控价格，这种策略不会造成不同渠道价格不同，某种程度上也限制了线上渠道，因为如果线上线下同价，消费者更愿意去实体店进行体验后再购买，这种方式也有利于公司对价格进行管理。

三、线下渠道稳扎稳打，农村包围城市

截至2016年6月，OPPO线下有24万个经销商店铺。近年来消费升级、电商降温，消费者更加注重体验，越来越不买电商饥饿营销的账。OPPO手机仿佛一夜之间铺满天南地北，特别是在三四线城市，手机城里有大量销售人员。线上线下统一的价格策略，无形中让渠道倾向线下，OPPO要做的就是精耕线下渠道，掌握销售终端。OPPO的渠道趋于扁平化，即OPPO—省代—代理商—用户，OPPO与渠道合作伙伴以一种捆绑方式合作，一些合作伙伴持有OPPO公司的股份，这会促使渠道伙伴更用心、更尽力去销售，同时让渠道伙伴对公司建立高度的信任。进入手机卖场，推销人员热推的就是OPPO手机。OPPO为了巩固前端销售人员，采取高提成。

如今各路企业纷纷在线下大范围扩张，OPPO利用其MP3时期的实体渠道资源在这场战役中打了个翻身仗。它采用深度分销，不拥有终端但控制终端，与渠道合作伙伴结成共存亡关系。OPPO在精耕的这条路上采取“农村包围城市”的方法，在三四线城市、在乡镇铺开代理商店，再逐步向一二线城市进击。

四、财大气粗、砸钱促销

OPPO庞大的代言团队的主要特点为偶像化、粉丝众多、当红。OPPO还赞助了《奔跑吧兄弟》《偶像来了》《快乐大本营》《中国好声音》等节目，通过明星本身的号召力和粉丝效应进行营销。R11的广告选择了各地的机场、地铁站和高铁站，这种直接宣传方式让消费者很快接收到企业要传达的信息。

简单来说，OPPO的营销策略是大力宣传、大幅出镜，让消费者不用费力寻找信息，而是唾手可得。“因为我喜欢这个明星，所以我愿意看到广告。”OPPO不仅把握住当红明星的热度，更掌握了这一消费者心理，因此大量邀请当红偶像。OPPO能这样做与其品牌定位有关联，是内在的品牌定位和外在的竞争关系决定了这一促销方式。

资料来源：梁岚．4P理论在OPPO营销策略中的运用．商情，2017（18）．

▶ 讨论题

1. 你认为OPPO产品的定价是否合理？为什么？

2. OPPO采用的“农村包围城市”这一渠道模式有哪些优势，有哪些劣势？

3. 目前OPPO主要在三四线城市活跃，但是要想成为第一品牌就必须进入一二线城市，未来OPPO在营销策略上需要做出哪些改进？

阅读材料

《中国可持续时尚消费人群行为图谱》在第26届联合国气候变化大会发布

2021年11月13日，第26届联合国气候变化大会（COP26）在英国格拉斯哥正式落下帷幕。中美联合宣布了《中美关于在21世纪20年代强化气候行动的格拉斯哥联合宣言》，承诺将在关键的下一个十年共同努力减少温室气体排放。在本次大会上，R. I. S. E. 可持续时尚实验室正式发布了2021年度《中国可持续时尚消费人群行为图谱》调研报告。该调研历时6个月、结合2 425份消费者样本进行了分析和研究。报告显示，购买过可持续时尚产品的消费者针对产品材料的选购决策中，“天然植物类材料（87%）”占比最高，而“再生材料（45%）”“天然动物类材料（43%）”“创新型材料（21%）”分列其后。这可能是因为目前相较于天然植物类材料，创新型材料制成的产品所占市场份额过小。尚未购买、但有意向进行可持续时尚消费的受访者中，对“天然植物类材料”的选择占比高达96%，排列其后的分别是“创新型材料（80%）”“天然动物类材料（76%）”“再生材料（64%）”。抛开对“天然植物类材料”的一致偏好来看，数据显示，随着年龄的增长，受访者对材料的偏好从“天然动物类”变为“再生材料”“创新型材料”。对新材料的兴趣转移，可能与“31～40岁”以及“41～50岁”年龄层的潜在可持续时尚消费者对“产品是否被回收和利用”较为关注有关。

第8章
产品与服务

思政目标

● 明确高质量发展战略的内涵。

● 理解“中国制造”向“中国创造”转变的驱动力。

● 掌握《中华人民共和国产品质量法》和《中华人民共和国消费者权益保护法》等法律法规的运用法则。

引导案例

商品世界越来越令人眼花缭乱，每年都有无数的新商品推向市场。企业提供各式各样的产品，如电动牙刷、会唱歌的杯子、短信、彩铃，以满足人们的需求，同时获取利润，这就是商品经济中的经济活动规律和社会分工过程。新的有创意的产品具有很高的价值，微信便是一个典型的例子。2011 年 1 月 21 日，腾讯公司推出一个为智能终端提供即时通信服务的免费应用程序——微信。微信支持跨通信运营商、跨操作系统平台通过网络快速免费发送（需消耗少量网络流量）语音短信、视频、图片和文字，提供“摇一摇”“漂流瓶”“语音记事本”等服务插件。此外，微信还提供公众平台、朋友圈、消息推送等功能，用户可以通过“摇一摇”“搜索号码”“附近的人”以及扫二维码方式添加好友和关注公众平台，同时可以将内容分享给好友或者是朋友圈。截至 2020 年底，微信注册用户量已经突破 12.25 亿，是亚洲地区具有最大用户群体的移动即时通信软件。由此可见，产品具有满足顾客需求的特性是营销活动的基础。

第 1 节　产品整体概念

产品是能够提供给市场，满足顾客需要和欲望的任何东西。产品既可以是有形的实体，又可以是无形的服务。产品的形式并不重要，关键是它必须具备满足顾客需要和欲望的功能。产品的种类十分丰富，随着社会生产的进步、人类文明程度的提高，新的产品层出不穷。从食品、饮料、汽车、图书到音乐会、电脑软件、体育、娱乐活动，都是产品。

通常人们对产品的理解是一种具有某种特定形状和用途的物体，如汽车、手机、服装、食品等。事实上，顾客购买一件产品并不只是为了得到一个有形物体，还想从这个产品中得到某些利益，满足某种需求。比如，工业生产者购买一台机床，想得到的不仅是一台质量好的机床，还希望通过使用满足获得投资收益的需求。因此，要求卖方能及时交货，帮助安装调试，培训人员，并提供维修保证等各项服务。

从市场营销观点来看，产品是指人们通过购买（或租赁）所获得的需要的满足，包括一切能满足顾客某种需求和利益的物质产品和非物质形态的服务，这就是整体产品的概念。

现代市场营销理论认为，整体产品包含核心产品、有形产品和附加产品三个层次（见图8-1）。

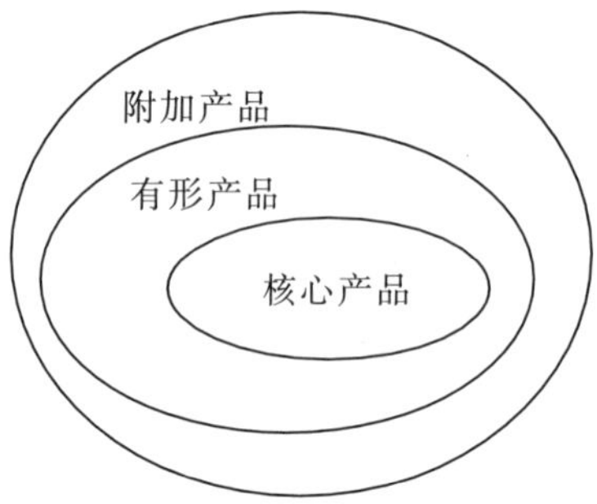

图8-1　整体产品概念示意图

（1）核心产品。指提供给顾客的基本效用和利益，是整体产品中最基本的、最实质的部分，也是顾客需求的中心内容。产品若没有效用和使用价值，不能给人们带来利益的满足，就丧失了存在的价值，顾客也就不会购买它。

（2）有形产品。即产品在市场上的具体形态，是产品的实体性，一般通过产品的外观、质量、特色、包装、品牌等表现出来。产品的基本效用只有通过产品实体才能实现。

（3）附加产品。指顾客购买产品所得到的附加利益的总和，这是产品的延伸性或附加性，如产品维修、咨询、送货、培训、消费信贷安排等。附加产品是随有形产品一起提供的，它能给顾客带来更多的利益和更大的满足。

产品的整体概念一方面说明产品价值的大小不是由生产者决定的，顾客才是最终的裁决者。企业必须从产品整体角度认识产品的价值，考虑如何增加产品价值以赢得竞争优势。缺乏这种认识，就不能真正贯彻现代市场营销观念。另一方面说明产品是多种因素的组合体，由有形产品因素和无形产品因素组成。这些因素关系到产品的功能、质量、可靠性、安全性、经济性以及产品的信誉等，构成了产品的有形价值和无形价值，成为市场竞争的重要手段，企业必须努力提供能让顾客在各方面都满意的产品。

第 2 节　产品组合

一、产品组合的概念

大部分的企业拥有多个产品项目，经营多种产品。如何将多种产品合理地组织起来就是产品组合问题。

产品组合是指一个企业生产经营的全部产品的有机构成和量的比例关系。产品组合由各种各样的产品线组成，每条产品线又由许多产品项目构成。产品线指密切相关的满足同类需求的一组产品。一个企业可以生产经营一条或几条不同的产品线。凡企业在其产品目录上列出的一个产品，就是一个产品项目。

评价产品组合包含三方面：宽度、深度和关联性。

（1）产品组合的宽度。是指一个企业拥有多少条不同的产品线。产品线越多，说明该企业的产品组合的宽度越广。产品组合的宽度反映了一个企业市场服务面的宽窄程度和承担投资风险的能力。

（2）产品组合的深度。是指每条产品线上的产品项目数，也就是每条产品线有多少个品种。产品线上包含的产品项目越多，产品组合的深度越深。产品组合的深度反映了一个企业在同类细分市场中满足顾客不同需求的程度。通过计算每一条产品线上的产品项目数，可得出企业产品组合的平均深度。

（3）产品组合的关联性（或一致性）。是指每条产品线在最终用途、生产条件、销售渠道以及其他方面相互关联的程度。关联程度越高，说明企业各产品线之间越具有一致性，反之，则缺乏一致性。

产品组合的宽度、深度和关联性不同，构成了不同的产品组合。

产品组合的宽度、深度和关联性与促进销售和增加企业的总利润关系密切。拓展产品组合的宽度，可以充分发挥企业特长，利用企业资源，开拓新市场，拓宽服务面，分散投资风险，提高经济效益；增加产品组合的深度，可使各产品线有更多的花色品种，适应顾客的不同需要，增加总销售量；增加产品组合的关联性，可以充分发挥企业的生产、技术、分销渠道和其他方面的能力，增强企业的竞争力，提高企业的市场地位和经营的安全性。

二、产品组合策略

产品组合策略一般有六大类。

1. 有限产品专业性策略

有限产品专业性策略指企业集中生产经营有限的或单一的产品，以适应和满足有限的或单一的市场需要。例如，有的企业只生产高档产品，以满足对质量要求较高却不在乎价格多少的顾客的需要。

2. **单一产品策略**

单一产品策略指企业生产单一的产品，产品线简化，生产过程单一。企业可以采用高效的技术装备和工艺方法。单一产品策略有利于企业提高自动化程度，实现大批量生产，提高劳动生产率，在技术上做到精益求精，提高产品质量，降低成本，节省销售费用，但是生产经营单一品种，使企业对产品的依赖性大，适应性弱，风险大。

3. **产品系列专业性策略**

产品系列专业性策略指企业重点生产经营某一类产品。例如，某日用化工厂根据市场不同的需要生产女士润肤霜、男士护肤霜、宝宝霜等护肤品。

4. **市场专业性策略**

市场专业性策略指企业为某个专业市场（某类顾客）生产经营所需的各种商品。例如，工程机械厂向建筑业提供挖沟机、搅拌机、推土机、起重机等；化妆品厂向女性提供护肤霜、美白霜、洗面奶、沐浴液、腮红、口红、洗发水等。

5. **特殊产品专业性策略**

特殊产品专业性策略指企业生产经营某些满足特定需要的特殊产品。如为某些医疗专用设备提供配件，生产经营治疗癌症的药品等。由于产品特殊，市场开拓范围不大，竞争者少，企业可以利用自己的专长，树立企业和产品的形象，长期占领市场，获取竞争优势。

6. **多系列全面型策略**

多系列全面型策略指企业向顾客提供他们所需要的一切产品。这种策略将尽可能地增加产品组合的宽度和深度。企业可以根据自身条件，考虑产品组合的关联性，如美国通用电气公司的产品线很广，产品大多与电气有关。企业也可不受产品系列之间关联性的约束，如某钢铁公司不仅生产钢材，还生产耐火材料、工艺品等。

三、调整产品组合

由于科学技术迅速发展，市场需求变化大，竞争形势和企业内部条件发生变化，不论是生产经营单一产品的企业，还是生产经营多种产品的企业，有的产品可能销售形势很好，销售量和利润增长较快，有的产品可能销售量和利润增长趋于平稳，有的产品可能销售发展比较缓慢，还有的产品可能趋于衰落。因此，企业有必要对现有产品进行整顿，调整产品结构，得到更佳的产品组合。

调整产品组合有以下几种决策可供选择。

1. **扩大产品组合决策**

有些产品的销售形势很好，企业可以采取扩大产品组合的策略，满足市场需求。这种策略是扩大产品组合的宽度和深度，也就是增加产品线和产品项目，增添产品品种，扩大经营范围，提高经济效益。具体做法有：

（1）垂直多样化策略。这种策略不增加产品线，只是朝产品线的纵深方向发展，增加产品线的长度。

● 向上延伸。即在定位于只生产经营低档产品的产品线中增加中高档产品，目的是抓住中高档产品销售形势好的机会，获取高利润；或是发展成为生产经营高中低档产品的企业，更好地为顾客服务。缺点是顾客可能不相信该企业能生产中高档产品，竞争者可能反过来进入低档产品市场，进行反击。企业需要培训人员为中高档产品市场服务。

● 向下延伸。即在定位于只生产经营高档产品的产品线中增加低档产品。原因是高档产品市场增长缓慢或存在激烈的竞争；利用高档产品的声誉，吸引低档产品需求者，扩大市场范围；或是填补市场空白。值得注意的是，采取这种策略可能会影响高档产品的声誉，给企业经营带来风险。解决的办法之一是推出新品牌。

● 双向延伸。即在定位于生产经营中等质量、中等价格的产品线中增加高档、低档产品。企业朝产品线的上下两个方向延伸，主要是为了扩大市场范围，开拓新市场，为更多的顾客服务，获取更大的利润。

（2）相关系列多样化。即根据产品组合的关联性原则，增加相关的产品线。如在肥皂产品线外增加洗衣粉、清洁剂两条产品线；汽车制造厂除生产卡车，还生产小轿车、旅游客车等。

（3）无关联多样化。指拓展产品线时，不考虑关联性原则，增加与原产品线无关的产品，以利用新机会，开拓新市场，创造新需求。例如，美国一家公司的产品组合主要由化妆品、珠宝首饰以及家庭日用品三条产品线组成。

2. 缩减产品组合决策

随着科学技术的发展、市场需求以及内部条件的变化，企业主动合并、减少销售困难且不能创造利润的产品线和产品项目，集中优势力量生产经营市场需求较大且能获取预期利润的产品。如美国无线电公司曾将彩电型号由69个削减为44个。

3. 淘汰产品决策

这是企业对已经确认进入衰退期的老化的产品线和产品项目所采取的策略。这些产品已不能满足市场需要，也不能为企业带来经济效益，企业应做出果断的决定，淘汰和放弃这些产品，以避免更大的损失。

（1）立即放弃策略。采用这种策略的主要原因是：

● 确认该产品已进入衰退期，无发展前途。

● 该产品如果继续存在，将危害其他有发展前途的产品。

● 该产品的市场售价已不能补偿其成本。

如果出现上述情况，企业应采取果断措施，立即淘汰该产品。

（2）逐步放弃策略。考虑到立即放弃将会对企业造成很大损失，并使顾客产生突然被抛弃的印象，可以采取逐步放弃策略。具体是指有计划地逐步减产直到产品被淘汰，使顾客逐步适应；企业的资源有计划地逐步转移，在生产和财务管理上平稳过渡，不致造成大起大落。

（3）自然淘汰策略。指企业不主动放弃产品而是留在市场上，直至产品被市场淘汰为止。企业根据对竞争形势的分析，利用部分企业退出市场之机，决定留在市场上继续满足部分顾客的需要。企业采取这种策略，在短期内仍可获得一定的销售量和利润，但是面临着丧失市场机会、蒙受损失的风险。

此外，企业可采取产品属性差异化策略来整顿老产品。所谓产品属性差异化策略，是指企业在产品质量、性能、用途、特点和式样等方面采取差异化的产品策略。企业可以通过应用现代工艺和技术装备，提高产品质量，增加产品的功能、规格和式样，改进产品的结构，以期增强企业的竞争优势，引起顾客的浓厚兴趣，满足顾客的物质和精神需要，从而创造更多的利润。

第3节　服　务

美国服务营销专家克里斯蒂·格鲁诺斯认为：服务一般是以无形的方式，在顾客与服务人员、有形资源商品或服务系统之间发生的可以解决顾客问题的一种或一系列行为。一般服务具有以下四个主要特征：无形性；不可分离性（服务的生产和消费同时发生）；可变性；易消失性。这些特征使得服务在营销管理理论和实践方面都和有形产品不同。把服务当作一种产品来理解，是服务管理理论的基础。服务被当作一种可以生产、营销、消费的对象。服务分为三种：核心服务、便利性服务、支持性服务。核心服务是企业存在于市场的原因，比如，体育场馆提供的健身娱乐服务是核心服务。为了让顾客可以使用核心服务，通常还需要附加的服务，如体育场馆的接待服务。这种附加的服务因为具有方便核心服务使用的作用，所以也叫便利性服务。支持性服务不是为了方便核心服务的消费和使用，而是用来提高服务价值或者是与竞争对手区别开来。如体育场馆的茶饮、淋浴服务就属于支持性服务。支持性服务和便利性服务之间的界限不是很分明，但是可以这样来理解：便利性服务是必不可少的，缺少它核心服务就会瘫痪；支持性服务仅仅是一种竞争手段，即使没有它们，核心服务仍然可以发挥作用。

由于服务的特点，顾客在一定程度上参与服务的生产，服务的过程即买卖双方相互作用的过程，包含三个基本要素：服务的可接近性、买卖双方的相互作用、顾客参与。这些要素扩大了服务的概念，形成了扩大的服务供给。当然，这三个要素必须服从顾客利益。例如，如果顾客的要求长时间得不到服务员的响应，或者顾客健身后浴室用起来过于麻烦，那么再好的服务，其感知质量也会很糟。由于服务的无形性，沟通活动不仅对顾客预期产生影响，对顾客的经历也有直接的影响，因此，形象和沟通管理成为服务产品整体不可分割的一部分。此外，口碑也是很重要的，它对企业形象会产生长期的影响，在顾客购买和消费服务时，口碑的作用可能立竿见影。因此，体育场馆进行广告宣传、公共关系活动是非常必要的。

第4节　服务营销

在服务业中，营销并不只是营销部门的事，它涉及整个组织。传统的营销模式（4P）即产品（product）、渠道（place）、价格（price）以及促销（promotion）。营销组合并不适用于服务业，适用的是营销的关系观点。关系营销是一种致力于发展和强化连续的、持久的顾客关系的长期战略。在关系营销中，互动营销是关键，互动正是服务的特点所在，所以服务营销是在关系营销的基础上发展起来的就不难理解了。服务营销可以说是全面的营销职能，可分成两部分——传统的营销职能和互动的营销职能，这是由服务产品的特点决定的。

一、服务营销的定义

服务营销是企业在充分认识消费者需求的前提下，为充分满足消费者需要在营销过程中所采取的一系列行为。服务作为一种营销组合要素，真正引起人们重视是在20世纪80年代后期。这一时期，由于科学技术的进步和社会生产力的显著提高，产业升级和生产的专业化发展加速。一方面，产品的服务含量，即产品的服务密集度日益增大；另一方面，随着劳动生产率的提高，市场转向买方市场，随着收入水平提高，消费者的消费需求也逐渐发生变化，需求层次相应提高，并向多样化方向拓展。服务营销是企业在充分了解顾客需求的前提下，为充分满足顾客服务需求而在营销过程中所采取的一系列活动。服务营销起因于企业对顾客需求的深刻认识，是企业市场营销观质的飞跃。随着社会分工的发展、科学技术的进步以及人们生活水平和生活质量的提高，服务营销在企业营销管理中的地位和作用也变得日益重要。

二、服务营销与传统营销的比较

同传统的营销方式相比较，服务营销是一种营销理念，企业营销的是服务，而传统的营销方式只是一种销售手段，企业营销的是具体的产品。在传统的营销方式下，消费者购买了产品意味着一桩买卖的完成，虽然也有产品的售后服务，但那只是一种解决产品售后维修的职能。从服务营销观念理解，消费者购买了产品仅仅意味着销售工作的开始而不是结束，企业不仅关心产品的成功售出，更注重消费者在享受企业通过产品所提供的服务的全过程的感受。这一点也可以从马斯洛的需求层次理论来理解：人最高的需求是尊重需求和自我实现需求，服务营销正是为消费者

（或者人）满足了这种需求，而传统的营销方式只是满足了消费者在生理或安全方面的需求。随着社会的进步和人民收入水平的提高，消费者需要的不仅仅是一件产品，还包括这种产品带来的特定的或个性化的服务，从而获得一种被尊重和自我实现的感觉，这种感觉所带来的就是顾客的忠诚度。服务营销不仅仅是某个行业发展的一种新趋势，还是社会进步的一种必然产物。

三、企业应该如何做好服务营销

服务营销凸显了以满足顾客体验需求为目的的市场营销策略的重要价值。企业通过关注顾客各方面的需求，提供有针对性的服务，迎合和取悦消费者，从而更好地实现交易。在市场中，产品销售往往面临着可替代的同质化产品竞争的风险，要获得消费者的青睐，就必须在产品和品牌上加入更多创意和个性化元素。对于企业来说，提升服务质量、扩展服务范围一直以来都是提高品牌美誉度和客户保留率的良方。服务营销的核心是维护商家和消费者之间短期或者长期的良好商业关系，通过优越的服务来提升客户的体验和好感度，达到拉新留旧的目的，并通过人性化的服务和沟通，在商家与消费者之间建立起信赖与情感联系，从而巩固客户的忠诚度。

（1）培养强烈的品牌服务意识，加强沟通，构建针对性的服务。企业首先要有强烈的品牌服务意识，培养对消费者的敬畏之心，了解消费者有哪些需求，通过一些服务平台，加强与消费者之间的沟通和互动，让消费者有了解品牌并提出建议或者表达的意愿。当下借助互联网建立这一平台更加方便快捷，比如，外卖平台中都有评价区，淘宝也有这样的评价、提问区，甚至有专门的客服来和消费者进行一对一的交流，有任何问题都可以直接咨询和协商。

（2）塑造专业的服务品质，制定合理高效的服务制度，打造素质优秀的服务团队。客服人员是日常生活中经常与消费者进行互动和交流的对象，其专业素质直接决定服务的水平，影响消费者对于品牌的印象。要提升服务人员的专业素质，要有一个长期的、系统化的服务管理制度，从培训做起，打造一支素质高、稳定认真的服务团队。海底捞的服务员之所以能够做到一丝不苟，在工作中保持微笑和热情，除了经过专业培训，还有不薄的待遇、优厚的福利、系统化的管理制度以及积极高效的竞争制度。

（3）对目标市场进行调查和分析，对消费群体的需求和特点进行细分。有时通过服务平台无法更加深层次、精准量化消费群体的需求，企业要真正、全面地了解消费者的特点和需求，必须主动地对目标市场进行调查和分析，了解市场的趋势，通过数据来分析目标群体的分布，还可以根据不同的需求、特点以及消费习惯来对客户群进行细致的划分，并针对不同类型的客户制定具有针对性和侧重点的服务内容。比如，海底捞为女性顾客准备扎头发的皮筋和美甲服务，为过生日的客户准备生日小礼物等。

（4）了解自身的优劣势，做出差异化、细致全面的服务营销规划。除了根据不同客户群的不同需求设计服务内容，企业还需要根据自身条件和优劣势来策划服务方案。在明白自身的优势与不足后，还需要通过市场调查获知同行业其他品牌的优势、市场主流和发展方向以及在竞争中企业处于何种地位，等等。通过这些对比，扬长避短，找出市场中尚待发掘、具有潜力的服务，或是做出品牌特色，获得差异化优势。一般来说，在当下同行业的竞争中，服务也是大同小异，消费者选择时会对比服务的质和量。企业只有做到更加细致和全面，比竞争品牌更加优秀，才能获得更多的竞争优势。

（5）以维系消费者与企业的良好关系为核心开展营销活动，提升消费者对服务的满意度。总的来说，服务的内容体现在很多方面，但其核心都是维系企业与消费者在一定时期内的友好关系，令品牌在消费者心中留下更深烙印。不管是什么类型的服务，其目标必然是通过服务塑造友好专业的品牌形象，提升顾客对品牌服务的满意度，提高新顾客向老顾客的转化率。在服务过程中面对不同的服务需求，需要体现人性化和人文情怀，从服务态度上传达出真诚和尊重，使消费者获得心理上的优越感和舒适感，从而对品牌产生依赖和好感。

（6）借助宣传来维持热度，营造氛围和场景。服务营销作为一种短期或者长期的活动形式，具有不同的阶段性特征。在活动的不同阶段，企业都要重视借助宣传手段来凸显不同阶段的活动特征，契合消费者的心理和需求变化，维持活动的热度，为企业的服务内容营造合适的氛围和配套场景，让消费者留下更加深刻的印象。

（7）尽可能将服务有形化，让消费者更容易感知服务的存在。除了通过宣传维持热度，企业还要尽可能将服务内容进行有形化处理，比如送小礼物、提供某些消费者需要的物品、扩大售后范围和时间等。这些有形的、具体的服务可以增强企业服务的存在感，让消费者更加真切地感受到企业服务上的用心，更加容易提升好感度。

综上所述，服务营销是企业营销管理深化的内在要求，也是企业在新的市场形势下竞争优势的新要素。服务营销的运用不仅丰富了市场营销的内涵，而且提高了企业应对市场变化的综合能力。针对企业竞争的新特点，注重产品服务市场细分，服务差异化、有形化、标准化，以及服务品牌、公关等问题的研究，是当前企业竞争制胜的重要保证。

小 结

产品是能够提供给市场，满足顾客需要和欲望的任何东西。产品既可以是有形的实体，又可以是无形的服务。产品的形式并不重要，关键是它必须具备满足顾客需要和欲望的功能。现代市场营销理论认为，整体产品包含核心产品、有形产品和附加产品三个层次。

大部分企业拥有多个产品项目，经营多种产品。如何将多种产品合理地组织起来就是产品组合问题。产品组合策略一般有六大类：（1）有限产品专业性策略；（2）单一产品策略；（3）产品系列专业性策略；（4）市场专业性策略；（5）特殊产品专业性策略；（6）多系列全面型策略。

服务具有以下四个主要特征：无形性；不可分离性（服务的生产和消费同时发生）；可变性；易消失性。服务分为三种：核心服务、便利性服务、支持性服务。

服务营销是企业在充分认识消费者需求的前提下，为充分满足消费者需要在营销过程中所采取的一系列行为。服务营销作为一种营销理念，通过提供专业化、有针对性的服务，在企业与消费者之间建立起情感和信赖联系，提升了消费者的体验和好感度，增强了企业的竞争力。

基本概念

1. 产品——能够提供给市场，满足顾客需要和欲望的任何东西。

2. 核心产品——提供给顾客的基本效用和利益。

3. 有形产品——产品在市场上的具体形态，是产品的实体性。

4. 附加产品——顾客购买产品所得到的附加利益的总和。

5. 产品组合——一个企业生产经营的全部产品的有机构成和量的比例关系。

6. 服务——一般是以无形的方式，在顾客与服务人员、有形资源商品或服务系统之间发生的可以解决顾客问题的一种或一系列行为。

7. 服务营销——企业在充分认识消费者需求的前提下，为充分满足消费者需要在营销过程中所采取的一系列行为。

思考题

1. 假设你刚刚进入一家软件开发公司，发现该公司产品种类多，经营方向不够明确，你希望公司能缩减产品组合，但是同事们不同意你的看法，因为现在每一种产品都是盈利的，各个产品差别不大。你会如何阐述你的观点？

2. 以某一体育场馆为例，试阐述该体育场馆的服务营销在哪些方面区别于有形产品的营销。

案例分析

网易云音乐的产品分析

网易云音乐是网易旗下的一款专注于发现与分享的音乐产品，于2013年4月23日正式上线，仅用了两年零三个月的时间用户数便突破1亿。网易云音乐发展迅速，其用户活跃度与用户口碑也很好，这都来源于其自身的品牌营销差异化战略。网易云音乐利用互联网实现精准推送，UGC为“音乐社区”保驾护航，真正达到了与志同道合的人相互分享音乐故事和交流情感的目的，是有温度、有情感的音乐社区，同时对独立音乐的扶持与推广让它显得有态度、有个性，加上线上线下的营销方式，打响了知名度，赢得了好口碑，突出重围，在短时间内成为在线音乐平台中的一匹黑马。

网易云音乐产品分析如下：

（一）差异化定位

网易云音乐是把“音乐社交”作为切入点，以歌单、主播电台、社交为核心，进行音乐搜索、评论、点赞、分享的在线音乐平台。网易云音乐融入社交元素，登录入口可以选用第三方社交账号进入，可以基于通讯录及微博好友进行关注，还可以关注其他用户、音乐DJ、电台等，满足用户对音乐播放的多种需求。“音乐社交”功能让用户建立歌单、关注电台、收听音乐时能与别人讨论、分享，大大加强了社交属性。

（二）基于大数据的音乐推荐功能

网易云音乐的独特之处在于利用大数据技术，记录用户收藏歌单、歌曲的数据，并进行分析，给用户推荐与之相似的音乐，组成每日歌曲推荐歌单，每天6点更新。在移动端，除了每日歌单，还增加了“私人FM”“跑步FM”，也同样是基于用户喜爱的音乐数据及场景数据，随时随地让用户享受个性化推荐。网易云音乐在传统的歌手、专辑推荐中找到突破口，形成以歌单为核心的推荐功能，融入了UGC，增加了互动性，运用大数据实现个性化。

（三）简洁干净的页面设计

无论是网页、PC还是移动端，网易云音乐的原始页面都以红色为主，有统一的形象识别。页面简洁，囊括搜索、头条滚动栏、个性化推荐、独家内容、最新音乐等主打的内容板块，设计化繁为简，在有限空间内凸显网易音乐的核心，强化品牌差异，提高用户体验。

（四）盈利模式多元化

如今粉丝经济依旧拥有庞大的市场，问题在于如何创造出更新的、更多元的模式来挖掘价值。在版权保护逐渐加强、市场秩序不断得到整治以及产业发展逐渐规范的背景下，网易云音乐在机遇与挑战中逐渐成长。目前网易云音乐的盈利模式不仅包括用户的付费下载、收听、数字专辑等，还包括广告、直播、衍生商品的售卖、O2O等。

资料来源：肖佳纯，林青秀. 浅析网易云音乐的差异化营销. 现代商业，2021（24）：6-8.

▶ 讨论题

1. 网易云音乐的产品有哪些特征？
2. 在数字营销背景下，产品策略需要注意哪些方面？

阅读材料

中国中车的新产品开发

中国中车是国企改革的探路者。2015年“南北车”重组成立中国中车，开创了国有企业强强联合重组新模式。在改革中，中国中车强化顶层设计，持续完善集团“1＋20”改革文件体系，建立起促进全面深化改革的主体框架和长效机制。以7家“双百企业”和3家“重要领域混合所有制改革试点企业”为着力点，在重要领域和关键环节大胆探索创新。持续深化改革破除了发展瓶颈，中国中车已经成长为全球规模领先、品种齐全、技术一流的轨道交通装备供应商。以时速250公里的货运动车组为例，这款产品可以实现快速、大运量高效运输。一列8辆编组的动车组载重约为120吨，载货容积约为820立方米，它还具有智能化特点，“新型标准集装器”技术使其能够集装化装卸、周转、运输和固定，可实现公路、铁路、航空一体化运输。该项目负责人介绍，新型货运动车组拥有虚拟装配及在途管理系统，运输人员在押运室里就可以准确地巡检车上所有集装器的状态信息，保证了货物运输全程安全可靠。基于新产品开发领域的优势，中国中车产业结构处于产业链高端，对产业链的拉动具有“三多一强”的突出特点：涉及省份多，达28个；涉及企业多，一、二级配套商2 000多家；涉及行业多，能够带动钢铁、铝型材、机械、电子、电气、精密仪器等10余个行业发展；带动效应强，拉动经济效应比例为1∶5。疫情期间，中国中车及时复工复产，对相关产业链起到了巨大的拉动作用。

第 9 章

品牌建设

思政目标

- 明确“中国品牌日”的设立初衷。
- 明确品牌建设与工匠精神之间的内在联系。
- 掌握在世界范围内树立强势中国品牌的工具与方法。

引导案例

2016 年 6 月，国务院印发了《关于发挥品牌引领作用推动供需结构升级的意见》，提出设立“中国品牌日”，凝聚品牌发展社会共识，营造品牌发展良好氛围，搭建品牌发展交流平台，提高自主品牌影响力和认知度。2017 年 4 月 24 日，国务院批准将每年 5 月 10 日设立为“中国品牌日”。品牌是生产者和消费者共同的追求，是供给侧和需求侧升级的方向，是企业乃至国家综合竞争力的重要体现。加强品牌建设，有利于推动经济大国向经济强国转变，有利于满足人们更高层次物质文化需求，有利于弘扬中华文化、提升中国形象。发展品牌经济，就是以新发展理念为指导，全面改善影响品牌发展的质量、创新、诚信、文化、人才、营销和环境等要素，推动产业结构调整，促进经济转型升级，为实现中华民族伟大复兴的中国梦奠定更加坚实的基础。

第 1 节　品牌的概念

习近平总书记高度重视品牌建设，多次提出殷切期许。2014 年 5 月 10 日，在河南考察时，习近平总书记提出“推动中国制造向中国创造转变、中国速度向中国质量转变、中国产品向中国品牌转变”的重要战略。2020 年 7 月 23 日，习近平总书记在吉林考察时强调，推动我国汽车制造业高质量发展，必须加强关键核心技术和关键零部件的自主研发，实现技术自立自强，做强做大民族品牌。2021 年 3 月 5 日，在参加全国两会内蒙古代表团审议时，习近平总书记要求，要发展优势特色产业，发展适度规模经营，促进农牧业产业化、品牌化，并同发展文化旅游、乡村旅游结合起来，增加农牧民收入。在助力中国梦早日实现的过程中，品牌建设对于企业而言至关重要。

一、品牌的内涵

品牌一词源于古挪威文，意为烙印，代表着差异。

品牌是产品整体概念的重要组成部分，也是产品策略中的核心决策内容。任何商品都有自己的名称，即商品的品名，如汽车、电视机、巧克力、手机、发动机等，这些品名是商品的通用名称。如同商品的品名，品牌是商品的商业名称，是由企业独创的、有显著特性的、未作为商标或已进行商标注册的特定名称。如华为手机、福耀玻璃、红旗汽车、统一润滑油等。这里，“华为”“福耀”“红旗”“统一”都是商品的品牌。

品牌可以由文字、标记、数字、图形、符号及其组合构成。品牌是简称，包括品牌名称和品牌标记。品牌名称是指品牌中可以用语言称呼的部分。例如，燕京牌啤酒、大大牌泡泡糖。品牌标记是指品牌中可以识别、认知，但不能用语言称呼的部分。比如，奥迪汽车的标记四个圆环、麦当劳快餐店的金色大 M 招牌等。

经过商标注册获得专用权，受到法律保护的品牌、品牌的某一部分或其他名称和图案称为商标。商标受法律保护，享有专用权，其他企业不得伪造和仿冒。未经注册的产品品牌不是商标，不受法律保护。

在很长一段时间里，我国企业的商标保护意识不强。加入世界贸易组织（WTO）之后，我国企业的商标保护意识越来越强。例如，2006 年 7 月王致和集团拟在 30 多个国家进行商标注册时，发现“王致和”腐乳、调味品、销售服务等三类商标已被一家名叫欧凯的德籍公司于 2006 年 3 月在德国注册。2007 年初，王致和向慕尼黑地方法院提起诉讼，要求判定欧凯百货公司无偿归还商标并予以赔偿。2009 年 4 月 23 日，慕尼黑高等法院对王致和诉欧凯商标侵权及不正当竞争一案做出终审判决：欧凯公司不得擅自使用王致和商标，否则将对其处以 25 万欧元的罚款或对主要负责人处以 6 个月监禁；欧凯公司应注销其抢注的“王致和”商标。此案号称“中国知识产权跨国维权第一案”。这是中国加入 WTO 后第一起中国企业在国外以原告身份进行的商标诉讼案，也是国内企业在海外胜诉的第一个知识产权官司。

二、品牌与商标

提到品牌，自然会提到商标。商标是企业的无形资产，驰名商标更是企业的巨大财富。随着商品生产和市场经济的不断发展，大批商品如没有注册商标就无法进入流通领域，商场也不会销售。做广告时，媒体要了解企业商标是否已注册。

商标被企业普遍应用。有的企业不仅在产品上使用商标，而且在产品的配件和零部件（如汽车的轮胎和发动机、服装的拉链和纽扣）上使用该产品的商标，以与其他企业的同类产品相区别。企业必须增强商标意识，运用这一有价值的无形资产，更好地为经营服务。

品牌与商标在市场营销中具有以下几方面的作用：

（1）有利于商品的广告宣传和推销。品牌、商标是区别商品质量和品种的特定标志，它表明商品的某种特性，便于企业进行推销和广告宣传，树立产品声誉，吸引顾客重复购买，提高市场占有率，推出系列新产品进入市场。

（2）维护生产者和经销商的经济利益。品牌一经注册成为商标，就受到法律保护，从而保护了企业的经济利益。尤其是享有盛誉的商标，不仅是企业的无形资产，而且是可以转让买卖的工业产权，是企业获取利润、进行竞争的有力手段。

（3）便于顾客选购商品。品牌、商标是区别不同质量水平商品的标记，便于顾客识别、辨认和选购。享有盛誉的品牌、商标有助于顾客形成品牌偏好，增加重复购买。

“中国品牌日”的设立

2017年5月2日，国务院办公厅批复同意设立“中国品牌日”。批复称，同意自2017年起，将每年5月10日设立为“中国品牌日”，具体工作由国家发展改革委与有关部门组织实施。

“中国品牌日”是怎么来的？记者查阅资料发现，在2016年6月20日，国务院办公厅发布《关于发挥品牌引领作用推动供需结构升级的意见》（以下简称《意见》），提出设立“中国品牌日”，大力宣传知名自主品牌，讲好中国品牌故事。“中国品牌日”鼓励各级电视台、广播电台以及平面、网络等媒体，在重要时段、重要版面安排自主品牌公益宣传。定期举办中国自主品牌博览会，在重点出入境口岸设置自主品牌产品展销厅，在世界重要市场举办中国自主品牌巡展推介会，扩大自主品牌的知名度和影响力。

“中国品牌日”的设立有何意义？《意见》明确提出，随着我国经济发展，居民收入快速增加，中等收入群体持续扩大，消费结构不断升级，消费者对产品和服务的消费提出更高要求，更加注重品质，讲究品牌消费，呈现个性化、多样化、高端化、体验式消费特点。发挥品牌引领作用，推动供给结构和需求结构升级，是深入贯彻落实创新、协调、绿色、开放、共享发展理念的必然要求，是今后一段时期加快经济发展方式由外延扩张型向内涵集约型转变、由规模速度型向质量效率型转变的重要举措。发挥品牌引领作用，推动供给结构和需求结构升级，有利于激发企业创新创造活力，促进生产要素合理配置，提高全要素生产率，提升产品品质，实现价值链升级，增加有效供给，提高供给体系的质量和效率；有利于引领消费，创造新需求，树立自主品牌消费信心，挖掘消费潜力，更好发挥需求对经济增长的拉动作用，满足人们更高层次的物质文化需求；有利于促进企业诚实守信，强化企业环境保护、资源节约、公益慈善等社会责任，实现更加和谐、更加公平、更可持续的发展。

第2节　塑造强势品牌

所有企业都希望自己的品牌在市场中成为强势品牌，强势品牌的塑造离不开正确的品牌策略。品牌策略是增强企业产品市场竞争力的重要策略之一，选择正确的品牌策略是搞好市场营销、提高企业经济效益的一项重要决策。

选择品牌策略首先要明确是否需要为产品确定一个品牌。产品要不要品牌，主要是由产品的特点和品牌对促进产品销售的作用大小确定的。若作用很小，甚至使用品牌所投入的费用超过可能的收益，就不必使用品牌。若需要一个品牌，还需确定具体采取什么品牌策略。

一、无品牌策略

无品牌策略是不使用生产者或经销商的标识，不给产品定品牌，以节省销售费用。适用的产品包括：

（1）未经加工的原料、农产品，如煤、木材、大米、玉米等。

（2）制造者对质量无影响的商品，如电力、绵白糖等。

（3）生产简单、可选择性不大、价格低廉，消费者不依据品牌购买的小商品。

（4）临时性或一次性消费的商品。

随着商品经济的发展，越来越多的商品纷纷品牌化，如卫生纸、酱油都有自己的品牌；在超市中，甚至大米也在经过分装后定牌出售。

二、制造商品牌策略或经销商品牌策略

企业决定对产品使用品牌后，制造商有以下几种选择：

（1）制造商品牌策略。即制造商使用自己的品牌。国内外市场上的商品绝大多数使用制造商品牌。制造商使用自己的品牌具有以下好处：可以建立自己的声誉；制造商拥有的注册商标和品牌是工业产权，可以租借、转让、买卖，其价值由商标、品牌信誉的大小决定；企业的产品、零部件等全部使用制造商品牌，有利于与购买者建立密切的关系。

（2）经销商品牌策略。即制造商使用经销商的品牌。制造商采用经销商品牌策略主要是因为：

1）制造商要在一个不了解本企业产品的新市场上推销产品。

2）本企业的商誉远不及经销商的商誉。

3）本企业品牌的价值小，设计、制作、广告宣传、注册等费用高。

经销商使用自己的品牌，虽然会增加投资和费用，承担一定风险，但仍有很多利益：

1）因制造商减少宣传费用，经销商可获得较低的进货价格。

2）可以树立自己的信誉，有利于扩大销售。

3）可以不受货源限制，加强对制造商产品价格的控制，因此在国内外市场上，经销商品牌发展迅速。

（3）制造商品牌和经销商品牌混合使用策略。它又有三种形式：

1）为求既扩大销路又保持制造商的品牌影响，制造商在部分产品上使用自己的品牌销售，将另一部分产品出售给经销商，由经销商使用自己的品牌进行销售。

2）为进入新市场，制造商先让经销商以经销商品牌销售产品，待产品打开销路，有了一定的市场地位后，再改用制造商品牌。

3）制造商和经销商品牌同时使用，可以兼收两种品牌单独使用的好处，增加信誉，促进产品销售。这种混合策略有助于产品进入国际市场。

（4）制造商使用其他制造同类产品的企业的品牌。即制造商既不使用本企业品牌，也不使用经销商品牌，而使用生产同类产品，在市场上有一定声誉的制造商的品牌。

三、群体（家族）品牌策略或个别品牌策略

制造商在决定使用本企业的品牌后，尚需进一步确定对企业的产品是使用同一品牌还是使用不同的品牌。可供选择的策略有以下几种：

（1）群体（家族）品牌策略。是指企业的全部产品统一使用同一个牌子。例如“雀巢牌”用于雀巢公司的全部食品。其好处是，建立一个品牌能带动许多产品销售，节省费用，有利于消除顾客对新产品的不信任感。但必须注意的是，这个品牌应在市场上已获得一定的声誉；要确保所有产品的质量，避免因一种产品质量不好而影响其他产品，甚至整个企业的声誉。

（2）个别品牌策略。是指企业对各种产品分别使用不同的品牌。其好处是，每一个品牌和具体产品相关，含义贴切，易被顾客接受；各品牌产品各自发展，彼此互不影响。但是品牌的设计、制作、广告宣传、注册的费用较高。

（3）系列化品牌策略。是指企业把一种知名度较高的产品品牌作为系列产品的品牌，实际上是将个别品牌变成同一类产品的群体品牌。品牌的系列化延伸可以节省品牌制作、广告宣传等费用，系列新产品可凭借原有品牌在市场上的声誉很快打开销路。但如果同一品牌下的某系列产品质量不好，则会影响该品牌下其他系列产品的销售。

四、多品牌策略

多品牌策略指企业对同一种产品使用两三个不同的品牌。具有以下好处：甲品牌产品推销一段时期获得成功后，又推出乙品牌产品，两个品牌互相竞争，但二者的总销量比一个品牌的要多，有利于提高产品的市场占有率，提升企业的知名度；同类产品多种品牌可在零售店占据更多的陈列空间，容易吸引顾客的注意力；可以迎合顾客转换品牌的心理，有助于争取更多的顾客；激发品牌在企业内部相互促进，共同提高，扩大销售。日化行业著名的宝洁公司就是成功采用多品牌策略的典范。

多品牌策略必须有计划、有目标地使用，不可滥用。如果没有显著特点，没有一定的销售目标，或各种品牌只有很小的市场占有率，则品牌不宜过多。例如我国出口的蜂王精和蜂王浆曾出现70多个品牌，不仅顾客无从挑选，经销商也难以宣传推广，还引起国内各厂家相互竞争，最终影响经济效益。

第3节　管理品牌资产

强势品牌意味着更高的品牌资产。品牌资产又称为品牌价值，是赋予产品或服务的附加价值。它反映在消费者对有关产品品牌的想法、感受以及行动的方式上，也反映在品牌所带来的价格、市场份额以及盈利能力上。品牌资产需要良好的管理才能保值与升值。品牌资产的管理共分为四个阶段。

一、第一阶段——描述品牌愿景

描述品牌愿景能实现三个关键目标：第一，促使管理人员对于品牌的长期增长目标达成共识并明确增长的源泉；第二，指导企业的市场研究工作；第三，向所有股东明确揭示公司未来的发展方向和品牌在此过程中发挥的作用。

描述品牌愿景主要包括以下内容：（1）品牌整体目标；（2）识别发展品牌的目标市场；（3）如何区分不同的品牌；（4）与品牌紧密相连的财务目标。

企业在描述品牌愿景时需要思考以下问题：

- 我们要在哪些市场、哪些业务及哪些渠道上竞争？
- 我们的战略目标和财务目标是什么？品牌在其中扮演什么角色？
- 我们的品牌在目前和将来各要代表什么？
- 我们愿意和能够运用哪些资源？
- 已有的品牌能够实现我们的目标吗？是否需要改变？

二、第二阶段——描绘品牌图景

这个阶段包含品牌建立过程中的三个步骤：

1. 描绘企业的品牌形象

品牌形象就是顾客与品牌建立的联想。建立品牌联想要求对自身品牌及竞争对手的品牌进行调研。调研对象应当包括现有的和潜在的顾客，甚至从前的顾客，以及行业专家和分销渠道上的成员。调研的关键在于发现他们对企业的现有品牌有哪些联想。这些联想可以被看成一个金字塔的一部分。塔尖是与信念及价值观相联系的品牌优势，它们最有影响力，但也最难模仿、最难传递。中间是品牌提供给顾客的功能性或情感性利益。底部是必须向顾客展示的特色或过程，它们最容易传递，却很容易被模仿。

2. 制定品牌合约

制定品牌合约指的是企业的品牌向顾客做出的所有承诺。虽然品牌合约在内部制定，但它的定义和有效性是受市场支配的，且随着时间推移会改变。品牌合约有助于定义市场对品牌的感知和期望。制定品牌合约包含以下几个步骤：

（1）询问顾客如何看待你的品牌形象。找出品牌已做出哪些承诺，这些承诺多大程度上能兑现，以及顾客还希望得到哪些承诺。

（2）把品牌合约转化为可行动的标准。

（3）认真履行品牌的美好承诺，否则将遭受毁损品牌的风险。

（4）确保你已经意识到一些不利的品牌承诺（负面联想），并且更改它们。

3. 建立基于品牌的顾客模型

建立基于品牌的顾客模型体现了企业对顾客信念、行为、产品或服务及竞争对手的深刻理解，有助于企业更好地进行定位、品牌延伸以及对顾客的购买决策拥有更大的影响力。建立这个模型需要回答以下三个关键问题：

- 顾客如何在各品牌之间选择？
- 企业的品牌如何组合？
- 品牌增长和扩张的机会有哪些？

三、第三阶段——制定品牌资产管理战略

这个阶段由以下五个步骤构成。

1. 成功定位企业的品牌

简单地说，品牌定位就是将顾客的价值诉求与企业的品牌联系起来的过程。首先要定义企业的目标市场，企业要经营的业务、品牌的关键差异及利益点。比如，

汰渍洗衣粉的定位是："对家庭主妇而言，汰渍能使衣物更白更亮。"随着公司整体发展战略的调整，定位的陈述也要随之调整。

2. 品牌延伸

成功的品牌延伸系于保持现有顾客高兴、发掘新顾客及保持品牌鲜活。但是，品牌延伸必须支持而不是削弱现有品牌。品牌延伸可以有三种方式：扩展现有业务的定义、扩展差异点、扩展在整个市场中的定位。

3. 传播品牌定位

为了保证定位的成功，必须制定和实施长期的传播战略，向企业的目标市场证明企业的品牌价值。传递的信息必须和企业的品牌价值、品牌角色及品牌愿景一致，必须把它整合进广告和公关、事件营销和公司赞助、贸易、销售和消费者促销、直复营销及内部员工沟通等所有活动当中。企业应避免把品牌的所有事情都交给广告公司做。品牌宣传以及支持品牌的广告方案必须由公司内部控制。广告公司的作用是执行企业的品牌愿景而不是创造它。

4. 调控品牌以提高对渠道的影响力

分销渠道正在经历巨大的变革，制造商越来越受大零售商左右。掌控渠道，目标就要让顾客指名购买企业的品牌产品。企业的销售努力越直接，企业对结果就有越多的控制。

5. 为品牌溢价定价

把品牌当作资产来培育，企业就有可能制定高价并获得更高的利润率。不仅如此，新产品的价格能比竞争者更高，研发和新品发布成本能更早收回，获得新顾客的成本降低，对渠道的掌控能力增强，品牌可以运用到其他的目标市场而不被稀释。

四、第四阶段——构建品牌资产管理绩效的衡量指标

没有衡量就等于没有管理。实行品牌资产管理战略的最后一步就是要确保所有的过程都各就其位，并能衡量其回报。衡量指标包括品牌关注、定位与理解，品牌驱动的顾客保留、顾客忠诚度等，使用哪种指标因公司和需要而异。

好的衡量指标有助于企业在以下几个方面从战略上提升品牌形象：

- 揭示企业的品牌在公司内外如何表现。
- 提供关于投资回报率及整体营销和品牌战略回报的信息。
- 有助于坚持集中、一致的传播战略。
- 能够更有效地分配资源。

小　结

品牌是商品的商业名称，包括品牌名称和品牌标记。品牌名称是指品牌中可以

用语言称呼的部分。品牌标记是指品牌中可以识别、认知，但不能用语言称呼的部分。经过商标注册获得专用权，受到法律保护的品牌、品牌的某一部分或其他名称和图案称为商标。商标是企业的无形资产，驰名商标更是企业的巨大财富。企业必须增强商标意识，运用这一有价值的无形资产，更好地为经营服务。

基本概念

1. 品牌——商品的商业名称，是由企业独创的、有显著特性的、未作为商标或已进行商标注册的特定名称。

2. 商标——经过商标注册获得专用权，受到法律保护的品牌、品牌的某一部分或其他名称和图案。

3. 品牌资产——又称为品牌价值，是赋予产品或服务的附加价值。它反映在消费者对有关产品品牌的想法、感受以及行动的方式上，也反映在品牌所带来的价格、市场份额以及盈利能力上。

思考题

1. 如何有效地衡量某一品牌的价值？

2. 如何塑造强势品牌？

3. 如何管理好品牌资产？

案例分析

“一带一路”节点城市品牌营销策略研究

“一带一路”是我国经济社会发展的长期重大任务，根据该倡议，陆上依托国际大通道，以沿线中心城市为支撑，打造新亚欧大陆桥、中蒙俄、中国-中亚-西亚、中国-中南半岛等国际经济合作走廊，海上以重点港口为节点，构建安全畅通的海上运输大通道。沿线节点城市应牢牢抓住有利时机，加强城市品牌营销，抢占政策红利带来的发展先机。

泉州位于福建省东南沿海，是国务院公布的第一批24个历史文化名城之一。泉州是侨乡和台胞主要祖籍地，750万泉州籍华侨遍布世界129个国家和地区，台胞中44.8%的祖籍是泉州。泉州被誉为“品牌之都”，是“中国制造2025”第一个地方试点城市，至2016年11月，全市共有中国驰名商标148件，占福建全省总数的1/3，居全国地级市（含副省级）首位。早在唐朝时期，泉州就已经成为世界四大口岸之一，宋元时期为东方第一大港，被联合国教科文组织认定为海上丝绸之路的起点，是列入“一带一路”倡议的21世纪海上丝绸之路先行区。泉州是福建省三大中心城市之一，2015年实现地区生产总值6 137.74亿元，连续17年位居福建省首位。泉州先后荣获国际花园城市、国家园林城市、迪拜国际改善人居环境最佳范例城市等殊荣，居中国十大最宜居城市之首。

为进一步分析泉州城市品牌建设现状，了解其在“一带一路”倡议下城市品牌营销面临的机会与威胁，有针对性地提出建议，下面对泉州城市品牌营销进行SWOT分析，总结如表9-1所示。

表9-1　泉州城市品牌营销SWOT分析

优势（Strength）	劣势（Weakness）
1. 文化底蕴深厚 2. 经济基础雄厚 3. 产业集群优势 4. 独特的侨胞资源	1. 基础设施较为薄弱 2. 政府城市品牌管理经验不足 3. 缺乏有影响力的地方媒体 4. 城市品牌认可度不高
机会（Opportunity）	**威胁（Threat）**
1. “一带一路”政策效应更加显现 2. 金融综合改革红利逐步收割 3. “泉州制造2025”描绘产业升级蓝图	1. 面临厦门与福州的竞争与挑战 2. 产业转型升级面临挑战 3. 民生保障和生态环保短板制约发展

从表9-1中可以看出，泉州作为海上丝绸之路的起点，城市品牌营销的优势明显。一方面，泉州拥有深厚的文化底蕴和雄厚的经济基础，地区生产总值长期位居福建省首位，属沿海发达城市；另一方面，泉州形成了具有优势的产业集群，拥有纺织服装、鞋业、石化、机械装备、建筑建材5个超千亿元产业集群，食品饮料、工艺制品2个超500亿元产业集群，以及光电信息等一批超百亿元产业集群。此外，750万泉州籍华侨遍布世界各地，其中不乏政界翘楚和商界精英，他们是泉州城市品牌国际化最好的营销者。在“一带一路”倡议下，伴随着泉州金融综合改革深入推进，“中国制造2025”首个试点城市落户泉州，加上泉州独特的地缘优势，泉州城市品牌营销的资源足够丰裕。

在“一带一路”倡议和“泉州制造2025”政策下，泉州城市品牌的营销者要根据自己的战略部署，对目标市场进行评估和选择，找准符合泉州城市品牌营销定位的目标市场，塑造泉州独特的城市品牌形象和个性。同时，要牢牢抓住目前大好的发展机遇期，以数量众多的华人华侨为载体，明确泉州城市品牌国际化的主要目标市场，尤其是以21世纪海上丝绸之路先行区为主要突破口，逐步打开通向东南亚、西欧乃至非洲国家的市场。

在城市品牌营销的过程中，城市品牌经营者必须基于不同媒体（印刷媒体，如报纸、期刊；电子媒体，如电视、广播、户外LED；新媒体，如互联网、手机）的传播特性与城市品牌不同营销阶段的特点，慎重选择适合的媒体类型来推广城市品牌。要充分借助大型赛事、展会大力推广泉州城市品牌。2016年10月举办的海上丝绸之路环泉州湾国际公路自行车赛对于泉州城市品牌形象的提升非常有益，每年举办的石狮国际时装周为泉州（石狮）打造“东方米兰”的城市品牌注入了源源不断的活力。最后，积极利用名企、名品和原产地标识营销城市品牌。泉州在鞋服、生活卫生用品等领域在国内拥有很高的声誉，央视体育频道（CCTV-5）一度被人们戏称为晋江体育频道，安踏、匹克、恒安等品牌早已蜚声中外。泉州在进行城市品牌国际化传播的进程中，可借助这些品牌进行营销。

资料来源：李玉秀．“一带一路”节点城市品牌营销策略研究：以泉州市为例．科技和产业，2017，17（2）．

讨论题

1. 如何明确城市品牌定位和城市品牌目标市场？

2. 如果城市不去建设属于自己的品牌，这也是一个正确的思路吗？请说明理由。

3. 根据案例材料，品牌在从中低端向高端转变的过程中，哪些因素起着显著的促进作用？请对每个因素展开详细论述。

阅读材料

中国顾客满意度指数

中国顾客满意度指数（China Customer Satisfaction Index，C-CSI）是由中国品牌评级与品牌顾问机构Chnbrand实施的中国全品类顾客满意度评价体系，2015年首次推出，并获工业和信息化部品牌政策专项资金扶持。C-CSI是在全国消费者调查的基础上，表征中国消费者对使用或拥有过的产品或服务的整体满意程度。作为一个连续的年度调查项目，C-CSI每年向全社会发布调查结果，为中国消费者做出明智的品牌选择提供指导。2020年7月15日，Chnbrand发布2020年（第六届）C-CSI品牌排名和分析报告。调查结果显示，C-CSI平均得分79.0分，较上年上升5.0分，自2015年首次调查以来，首次超过美国和韩国顾客满意度平均水平。在224个品类顾客最满意品牌中，67%由中国品牌获得。中国品牌正在赢得更多消费者的肯定。

第10章
新产品开发

思政目标

- 明确自主创新对我国国民经济发展的重要性。
- 理解新产品开发工作对建立强势品牌的支撑作用。
- 掌握引导并激励中国消费者参与新产品开发的方法与手段。

引导案例

随着科学技术日新月异，市场竞争不断加剧，产品生命周期日趋缩短，每个企业不可能单纯依靠现有产品来占领市场，只有适应市场潮流的变化，不断推陈出新，开发适销对路的产品，才能继续生存和更好地发展壮大。2020 年 3 月 30 日，小米汽车正式立项，雷军亲自担任小米汽车 CEO，首期投入 100 亿元人民币的研发经费，未来 10 年还将累计投入 100 亿美元的研发经费。就目前的市场环境而言，国内手机品牌华为、OPPO 与海外手机品牌苹果以及谷歌等均已曝光了智能汽车计划，苹果甚至此前已经明确表态“将要自主造车”。小米手机涉足汽车行业也并未出乎人们意料。尽管小米手机此前从未涉足汽车行业，但小米手机的优势在于庞大的 IoT 生态体系，智能手机、智能穿戴、智能家居等产品已经形成一张密网。正是有了不断推陈出新的产品开发能力，小米公司才始终立于不败之地。因此，新产品开发是企业经营的一项重大决策，是重要的产品策略。

第 1 节　新产品开发策略

从市场营销学角度而言，所谓新产品，是指与原有产品相比，具有新的功能、新的特征、新的结构和新的用途，能满足顾客新的需求的产品。按产品创新程度分类，新产品大体上包括以下三类：

(1) 全新产品。是指应用科学技术的新发明研制成功的，具有新的结构、技术、材料等特征，市场上从未有过的新产品。如蒸汽机、电灯、收音机、电视机、计算机、抗生素、塑料、原子能等。一项科技从发明到转化为产品，需要花费很长的时间和巨大的人力、物力、财力，这样的全新产品，绝大多数企业很难开发。

（2）换代产品。是对原有产品采用或部分采用新技术、新材料、新结构而制造出来的新产品。换代产品比原有产品增添了新的功能，给顾客带来了新的利益。如彩色电视机是黑白电视机的换代产品，数控机床是自动机床的换代产品。

（3）改进产品。是对现有产品的结构、造型、质量、性能、特点、款式、规格进行改进的产品；或是由基本型派生出来的产品，如不同型号的电冰箱、二合一洗发水等；或是只对原有产品做很小改进，突出产品的某个特点，使用一种新品牌、新包装的产品。

从管理的角度来分类，新产品包括：

（1）国际性的新产品。又称世界性的新产品，这种产品在世界上是独一无二的。

（2）全国性的新产品。是指在世界上其他国家已经生产并投放市场，在本国是第一次开发生产并投放市场的产品。

（3）地区性的新产品。是指在国内其他省、市、县等地区已生产并投放市场，在本地区是第一次开发生产并投放市场的产品。

（4）本企业的新产品。是指其他地区或本地区其他企业已生产并投放市场，本企业是第一次开发生产并投放市场的产品。

从管理角度划分新产品种类的目的主要是鼓励企业积极主动地开发新产品，提示企业并不是只有世界性的、全国性的新产品才是新产品，只要企业积极努力，在新产品开发方面是可以有所作为的。随着改革不断深入和市场经济进一步发展，市场逐步发育成熟，市场体系逐渐完善，成为全国统一的市场。企业要开发本地区、本企业的新产品应特别慎重，避免一哄而上、重复开发，因为一旦供给大于需求，将导致产品滞销、企业受损。

一、新产品开发的原则

据调查，新产品开发的成功率很低。新产品开发之所以风险较大，失败率较高，其原因有很多。客观原因大致有：

- 国内外竞争对手抢先进入市场，推出新产品，导致市场竞争加剧。
- 银行贷款利率升高，投资风险增大。
- 新产品开发速度赶不上科技发展速度，新产品在开发过程中夭折。
- 市场需求变化加快和市场趋于分散，迫使企业的新产品面向范围更小的目标市场。

主观原因有：

- 对市场调研不细，未掌握顾客的实际需求。
- 对新产品的市场规模估计过高。
- 开发成本过高，超出预算，资金短缺。

- 新产品投放市场后，企业没有运用促销手段进行宣传，定价过高或过低，缺少配件，售后服务跟不上。
- 没有掌握好产品推出的时机等。

以上原因会导致企业开发新产品遭遇一定程度的失败。一种是企业连开发新产品的费用、生产成本、销售费用都无法收回的彻底失败；另一种是能从开发的新产品中获取利润，但不能达到预期的利润目标或市场占有率目标的一定程度的失败。不论在开发新产品时面临何种困难和不利因素，企业都必须不断推出新产品，这是企业生存和发展的唯一途径，是增强企业活力的重要条件。

为使新产品开发减少风险，获得成功，企业应遵循以下几项基本原则：

（1）进行市场调查研究，了解、掌握顾客尚未满足的需求和市场规模，以便有针对性地开发顾客实际需要的产品。顾客的需要是开发新产品的源泉。

（2）新产品开发要符合国家政策，适应国内外目标市场的实际情况、消费习惯、社会心理、价值观等。只有这样，才能加速产品的推广使用，有利于新产品在市场上扩散。

（3）新产品要适应科学技术发展的趋势。新产品的科技水平不能与科技发展水平差距过大，以免新产品投放市场时已成为老产品而很快进入衰退期。当今新产品的发展，在式样方面趋于多样化、系列化、微型化；在质量性能方面趋于多功能、高性能、节能源、省资源、防污染、防噪声、兼容性强；在操作使用方面趋于轻便化、安全化、自动化、易操作、易维修等。

（4）开发新产品应考虑结构相似、工艺相近的原则。开发新产品要求做到“快”。为保证质量，企业可考虑开发与原产品的原理、结构相似，制造工艺相近的新产品。这些新产品不必使用专用设备，零部件与原产品通用，工人熟练程度高，研发费用和生产成本低，可在较短时间内开发新产品并投放市场，进而增强企业竞争力，取得事半功倍的效果。

（5）要有创新精神，走新路子，新产品要有特色。例如，一些日化厂不生产一般的护肤用品，而生产精华霜；一些电信设备厂不生产一般的手机，而开发 5G 手机等。企业要向市场推出质优、独特的产品，引导消费，占领市场。

二、新产品开发的方式

为了成功且较快地开发新产品，企业可根据自己的具体条件，采用不同的开发方式。

（1）独立研制。企业利用自己的技术力量和技术优势，独立进行新产品的开发工作。这种方式适用于技术、经济实力雄厚的大型企业。

（2）联合开发或协作开发。企业与高等院校或科研机构利用各自在经济、技术、设备、人力等方面的优势互相协作，联合开发新产品。这种方式能较快地研发出先进、优质的新产品，使科研成果尽快转化为商品，故实际应用非常广泛。

（3）技术引进。企业通过引进国内外先进技术、技术转让或购买专利等方式开发新产品。这种方式能提高产品的技术水平、质量水平和档次，缩小与国内外先进产品的差距，节约研发费用和时间，有助于新产品进入国内外市场。

以上几种方式可以单独使用，也可根据企业的实际情况结合使用。

三、新产品开发的策略

（1）优质策略。即开发起点高、质量好的优质产品。采用这种策略不能一味地追求技术先进、质量好，必须注意适合国情和顾客需要，挖掘市场潜力。只有这样，才能使新产品迅速占领市场，增强企业的竞争力。

（2）低成本策略。在开发过程中就注意大幅降低成本。主要从研发的技术路线、产品结构、使用材料、工艺改革等方面挖掘潜力，以低廉的成本优势提高市场占有率，迅速实现批量生产，提高利润。

（3）配套策略。根据企业自身的具体情况，主动为支柱产业和大型企业开发生产所需的配套产品。如一些中小型企业为大型汽车厂配套生产电动刮水器、新型车灯等。一般来说，为主导企业提供的配套产品若能达到其要求，新产品的销路不成问题。

（4）拾遗补阙策略。即积极开发国家经济建设急需的或短缺的新产品。这种策略有利于企业填补空白，在市场上抢占优势地位，提高市场占有率，增强竞争力。

第 2 节　新产品开发过程

新产品开发的组织机构确定后，新产品开发工作需要按照一定的程序进行。新产品开发过程一般可分为七个步骤：提出构想→筛选→产品概念的形成与验证→可行性分析→产品研制→市场试销→正式投放市场。

一、提出构想

提出构想是指对拟开发的新产品的构思与设想。任何一种产品的开发工作都是从构想开始的，没有构想也就没有新产品的开发。有了一个好的构想，等于新产品开发成功了一半。

企业在广泛收集构想之前，有关领导应首先确定新产品开发的目标和要求，如准备开发什么新产品，准备打入哪些市场，期望达到什么目标等。只有这样，工作人员才能有的放矢地收集构想。新产品构想的来源有：

（1）企业内部。包括设计开发人员、销售人员、生产人员及其他部门的员工。国外的一项调查表明，在新产品的构想中，有 55%来自企业内部。来自内部的构想的特点是基于企业的实际情况和能力，与企业实际情况不会严重脱节。

（2）顾客。顾客是新产品开发的源泉和动力，是新产品构想的主要来源。据国外的一项不完全统计，消费者提出的产品构想被企业采纳的占28%。

（3）竞争者。企业在开发新产品时，应密切关注竞争者的动向。据统计，企业有27%的产品构想是在对竞争对手的产品加以分析后萌发的。方法是：收集竞争者的产品目录、使用说明书、广告宣传品；购买竞争者的产品，剖析其性能及优缺点；向购买竞争者产品的用户和销售竞争者产品的经销商收集其对产品的意见和看法等，以便改进本企业新产品的构想。

（4）经销商。向经销商了解它们对现有产品的意见和想法以及对未来产品的要求等。

（5）其他。包括政府机关、大专院校、科研机构、市场调研机构、广告公司、学术会议、技术鉴定会议、展销会、报纸杂志、文献资料、专利及国外的样品等。

此外，还可从现有产品所存在的问题中得到构想，如对现有产品结构做进一步分析，看结构是否可以改变，大的能否变成小的，重量能否减轻，上下左右能否颠倒，两个部件能否分开或组合在一起，等等。

二、筛选

这一步骤主要是对从各个渠道收集来的构想进行筛选，对哪些构想应保留、哪些应该剔除做出认真的决策，从中选出具有开发价值的构想。在筛选过程中要注意避免两种失误：一种是误舍，将一些具有开发前景的产品构想筛选掉；另一种是误用，将一个没有发展前景的产品构想付诸实施，导致投入市场后遭遇失败，造成人力、物力、财力和时间的损失。为避免出现以上失误，要求企业领导干部和有经验的专家对每一个构想的新产品的性能、质量、技术先进程度、市场需求、市场竞争力、原材料供应、设备和劳动力利用、开发周期、开发费用、制造成本以及经济效益等因素进行评定审核，做出最终抉择。

为提高评估的科学性，可运用多因素综合评价方法，对各因素进行评分，然后记入新产品构想评价表，再根据预先确定的评价标准确定优劣。

三、产品概念的形成与验证

经过筛选的产品设想需要进一步形成完整的产品概念。例如，某葡萄酒厂提出拟利用葡萄为原料开发葡萄饮料的新产品构想，这种构想可衍生出许多具体的产品概念，如葡萄汁汽酒、葡萄可乐等。因为顾客购买的不是产品构想（葡萄饮料），而是葡萄汁汽酒等产品，企业开发的也是具体的产品，所以要把产品构想转化为产品概念。企业对几种产品概念从销售量、生产条件、产品质量、产品价格、销售对象、市场地位、收益率等方面加以评估比较，再把选定的可行产品概念提交给一组消费者，听取和收集他们的意见。方法是利用文字描述或制作实体模型，说明产品的特性、用途、外观、包装、价格等，请消费者针对此产品概念回答有关问题。如与同类产品相比，该产品有何特点，能否满足其需求，对产品的外观、品质、性能、价格、包装等方面有何改进的建议，哪些顾客会购买该产品，等等。产品概念的验证，有助于企业完善产品概念，选出最佳产品概念作为新产品开发目标。

四、可行性分析

可行性分析即对已拟定的新产品开发方案进行生产、技术、财务、安全、环保、市场环境、顾客需求等方面的可行性分析，经过比较分析，评价是否应该开发这一新产品，并从多个开发方案中选择一个最佳方案。

五、产品研制

产品研制即由产品研制部门将抽象的产品概念转变成实体产品。实体产品研制出来后，才能正式评价产品在技术上、经济上是否真正可行。若通过鉴定发现产品在结构性能上有缺陷，必须立即加以改进，完善产品性能和质量。如果被否定，整个过程应立即中止。

六、市场试销

产品试生产出来后，为检验产品是否真正受到消费者的欢迎，企业可进行市场试销，目的是了解消费者对产品的意见和建议，了解市场的需求情况，收集资料为选择有效的市场营销策略提供依据，发现产品缺陷并及时改进产品。

七、正式投放市场

试销成功后，即可将新产品正式投放市场。为此，企业应采取有效的市场营销策略，使新产品顺利地进入市场，并尽可能缩短引入期，使产品早日进入快速成长期。

第 3 节　新产品开发管理

为使新产品在开发过程中减少风险，获得成功，必须有一个能力很强的新产品开发组织，对新产品开发的各个环节进行管理。现介绍以下三种组织形式。

一、新产品开发委员会

新产品开发委员会由技术、质量、生产、销售、财务、供应等部门的负责人或代表组成，他们共同承担新产品开发工作。该委员会对新产品开发负有领导责任，不直接从事新产品的设计、生产、销售等工作，主要是讨论确定新产品开发方案和计划，组织新产品开发小组，审查新产品开发预算，组织鉴定、验收等。有了这样一个委员会，就可以协调各部门意见，使各部门的构想和经验融为一体，但有时由于各自职责不清等问题会产生一些不利因素。

二、新产品开发部

由厂长或总经理亲自领导组织职能部门的有关人员成立新产品开发部，专门负责新产品的设计、生产、调研、销售、鉴定、验收等工作。一旦新产品开发成功，转为正常生产，这项新产品开发工作即告结束，新产品开发部再进行其他新产品开发工作。

三、新产品开发小组

由有关技术人员组织成立新产品开发小组，他们不受生产、销售和其他部门日常工作的影响，专心致志地开展新产品设计、开发工作，但在开发过程中要得到其他职能部门的配合，如生产部门要配合制造出样品，财务部门要配合制定预算，销售部门要配合做好调研和试销工作，供应部门要配合做好新产品的物资供应等。一旦新产品试制成功，转入正常生产，新产品开发小组即行解散。

第 4 节　顾客参与新产品开发

据哈佛大学商学院的调查，有 57%的上市新产品是直接由顾客共同创造的。麻省理工学院斯隆管理学院调查结果也表明：成功的民用新产品中，有 60%～80%来自顾客的建议，或采用了顾客使用过程中的改进意见。为了及时满足顾客需求，充分发挥顾客作为共同价值创造者的作用，越来越多的企业将顾客参与作为竞争优势的重要来源。Chaparral 钢铁公司、戴尔（Dell）和通用电气（GE）等国际知名企业的经验表明，通过顾客参与，企业能够在产品质量、成本和顾客服务等方面获得竞争优势。

一、顾客参与新产品开发的概念界定

顾客参与新产品开发是指企业为了提升新产品开发绩效，让顾客参与新产品开发或改善的全过程，通过对顾客投入（能力、投资、信息、知识和创意等）的充分整合和利用，实现新产品开发绩效的提升。

根据顾客在新产品开发过程中参与程度的不同，顾客参与新产品开发可以被划分为信息来源型顾客参与（customer participation as an information source，CPS）、联合开发型顾客参与（customer participation as co-developers，CPC）及独立研发型顾客参与（customer participation as innovators，CPI）。其中，信息来源型顾客参与是指企业新产品开发人员从用户那里收集信息，并用这些信息来开发新产品，从而满足顾客的需求；联合开发型顾客参与是指顾客和企业新产品开发人员共同开发新产品；独立研发型顾客参与是指顾客自己设计研发的新产品被企业采用并推向市场。

二、顾客参与新产品开发的意义与价值

资源理论强调资源和能力对于企业竞争优势的重要性，顾客作为企业重要的外部资源，理应成为企业的重要竞争优势来源。同时，基于知识的观点认为，企业所需的知识并不能全部从内部获得，应充分整合和利用顾客所拥有的技能和知识。因为企业进行产品创新的目的是更好地满足顾客需求，所以只有充分了解顾客的需求和偏好，才能有针对性地进行产品开发，提高供应与需求的匹配性。根据资源依赖理论，为了获取和保持竞争优势，企业需要让顾客参与价值的共同创造，以获取更多的顾客需求和偏好信息。

加入新产品开发团队的顾客给企业带来的异质信息有助于企业更明确地预测市场趋势，发现更多的市场机会，为新产品开发注入新鲜血液。积极引导顾客参与新产品开发，企业不仅能够与顾客进行有效的信息交流，使双方统一决策，缓和目标冲突和矛盾，而且能增强双方之间的相互信任和亲密程度，促进共同价值观和规范的形成。

三、顾客参与新产品开发的影响因素

国内外许多学者对顾客参与新产品开发的驱动因素进行了相关研究。国外学者以美国和中国的制造企业为研究对象，深入探讨了产业因素、环境因素、组织因素影响顾客参与新产品开发的问题，指出技术不确定性、技术新颖性及技术动荡性是影响顾客参与新产品开发的重要因素。国内学者进行了顾客参与通过组织学习的中介效应驱动企业研发绩效的研究，并以制造企业为取样对象证实，探索式学习、利用式学习对于顾客参与新产品开发有重要的影响作用，顾客参与新产品开发还会提升未参与创新过程的消费者的身份认同。

小　结

从市场营销学角度而言，所谓新产品，是指与原有产品相比，具有新的功能、新的特征、新的结构和新的用途，能满足顾客新的需求的产品。

按产品创新程度分类，新产品大体上包括以下三类：(1) 全新产品；(2) 换代产品；(3) 改进产品。新产品开发过程包括七个步骤：(1) 提出构想；(2) 筛选；(3) 产品概念的形成与验证；(4) 可行性分析；(5) 产品研制；(6) 市场试销；(7) 正式投放市场。

顾客参与新产品开发是增强企业竞争优势的一种重要手段，包括信息来源型顾客参与、联合开发型顾客参与和独立研发型顾客参与三种类型。

基本概念

1. 新产品——与原有产品相比，具有新的功能、新的特征、新的结构和新的用途，能满足顾客新的需求的产品。

2. 新产品开发过程——提出构想→筛选→产品概念的形成与验证→可行性分析→产品研制→市场试销→正式投放市场。

3. 信息来源型顾客参与——企业新产品开发人员从用户那里收集信息，并用这些信息来开发新产品，从而满足顾客的需求。

4. 联合开发型顾客参与——顾客和企业新产品开发人员共同开发新产品。

5. 独立研发型顾客参与——顾客自己设计研发的新产品被企业采用并推向市场。

思考题

1. 宝洁公司要开发一种营养速食汤料，这是一种含有蔬菜、蛋白质和纤维的快餐食品。你如何看待这一新产品构想？

2. 一家公司的总裁问新产品开发经理："如果推出这种新产品，能赚多少钱？"回答是："5年能赚300万元净利润。"总裁又问："如果产品开发失败会损失多少？"回答是："100万元。"总裁说："那我们放弃这个计划吧。"你同意总裁的观点吗？

3. 一种新产品成功开发的关键条件是什么？

案例分析

比亚迪与新能源汽车

"比亚迪将凭借以双擎双模动力车为主、以纯电动车为辅的产品战略快速打开新能源私家车市场。"比亚迪董事长王传福在2014年3月初如是说。

王传福说这番话是基于这样一个背景，随着雾霾加重，中国政府对新能源汽车的扶持力度在加大，未来中国成为新能源汽车最大的市场已经无可置疑。王传福认为，"未来我们的私家车将以双模混合动力车为主，以纯电动车为辅，这样可以适应目前国内充电桩等基础设施建设不足的情况”。针对外界提出这一方案是不是比亚迪基于中国现状而采取的折中策略时，王传福回应称，主推双模混合动力车是现阶段比亚迪进入中国家庭最好的方式。这项技术将发动机和电机两种力量相结合进行控制，具有卓越的动力和更低的油耗，兼具实用性和便利性。目前这项技术已经搭载在“秦”上，根据测试，“秦”的总功率和总扭矩达到217kW和479N·m，百公里加速时间为5.9秒。

前不久，一场挑战赛风风火火地展开，接到比亚迪的战书，来自四面八方的车主纷纷向比亚迪“秦”宣战。超过30场对战，“秦”最终以19胜15负的战果交出答卷。这些热闹的活动正是比亚迪为自己的新车“秦”量身定制的独家秀场，这场秀也让“秦”尚未问世就成为焦点。

从E6到“秦”，比亚迪此次经历的不仅是产品名称的变更，更是新能源汽车模式上的变化。由于国内纯电动车市场不成熟，比亚迪对纯电动车的坚持变得异常艰难。眼看其他企业纷纷大力发展混合动力车，比亚迪也开始了对自己的发展策略的思考。向来是纯电动车支持者的比亚迪改变了一贯的做法，首次重磅推出双模混合动力车。从纯电动到双模混合动力，比亚迪经历了革命性的变革。这项战略表明在新能源车领域，比亚迪在个人市场推广双擎双模汽车，在公交车市场推广纯电动车。从自然吸气发动机，到TID动力总成、绿混技术，再到双擎双模动力以及纯电动车，比亚迪完成了从单驱到双驱的战略布局。3月10日，比亚迪“秦”在上海正式上市，这款产品的推出有望引爆上海的新能源汽车消费市场。目前“秦”的订单很多，产品供不应求。

值得注意的是，“秦”并不是比亚迪混合动力的收官之作。按照王传福的预测，眼下距离新能源汽车产业实现完全电动化约有20年的过渡期，而纯电动和双模混合动力技术将是此期间的主力。因此，继双模混合动力车“秦”之后，在未来的两年时间里，比亚迪还将陆续推出搭载其新能源最新技术成果的三模混合动力车“唐”和“汉”。比亚迪在混合动力的道路上虽然只迈出了第一步，却对未来表现得很有野心。

其实比亚迪加快新能源汽车市场的战略布局仅是国内新能源汽车产业发展中的一个缩影而已，觉醒者远不止比亚迪一家。2014年东风汽车公司新能源乘用车工厂计划投产E30和E30L两款纯电动车；长城汽车也计划于2014年底正式推出哈弗H7混合动力量产版车型；2015年长安汽车将在全部乘用车上普及弱混，并逐步加强对中混和强混的研发和生产。随着国内新能源汽车发展政策越来越明朗，越来越多的自主车企开始将战略布局集中在新能源汽车上。面对这样的转型，中国自主品牌车企应进行哪些战略调整?

比亚迪做得最好的就是“逆向研发”：当大家都在研发传统动力汽车时，利用自己在电子产品上的优势抢占先机，逆向研发电动车；当大家一股脑儿涌向电动车时，又另辟蹊径研发混合动力、双擎双模车。把好质量关、像日本人那样把事情做到极致、深入研究、不断前进、形成自己独特的设计风格，这样，一个世界级汽车品牌的轮廓就依稀可见了。

今天的中国车市，竞争何等激烈。汽车企业，特别是自主品牌车企要在“后发”

地位上战胜“先发”的强大对手，必须深刻研究市场、理解市场，准确把握市场的需要和竞争的变化趋势，要在竞争变化趋势上先行一步，在竞争套路上有所创新。商场如战场，要取胜，一是让自己强大到无懈可击；二是寻找对手的弱点加以进攻；三是将重心由产能转移到品质。为了提升品质，比亚迪收购了日本荻原模具的馆林工厂。收购的目的很简单，不看重设备和产能，而是看重日本的技术和工程师，通过这种给国内工人请老师的方式，学习日本的精益生产，快速提高产品品质。另外，在地方保护主义难以突破以及新能源汽车核心技术难以提升的当下，无论是比亚迪还是其他新能源汽车企业，要想在全国范围内实现新能源汽车的普及推广，在未来相当长的一段时期内，依旧需要把核心技术的突破作为主要的战略任务。

资料来源：李永钧．比亚迪战略之变．汽车与配件，2014（14）．

▶ 讨论题

1. 比亚迪为什么要推出双擎双模动力新能源汽车？
2. “秦”这款新能源汽车的优势是什么？
3. 比亚迪的逆向研发对其他企业是否有借鉴意义？为什么？

阅读材料

可持续发展战略：海尔的绿色营销

海尔在产品设计中遵循既考虑人的需求，又考虑生态系统、安全、绿色设计的原则。在绿色产品科技战略和“开放、创新、全球协作”的研发体系支持下，充分考虑产品在生产、使用、废弃时对环境的影响，减少对环境的污染，为社会和用户提供最佳的绿色生活解决方案。绿色产品成为绿色营销的载体，海尔主动引导消费者的绿色消费理念，引入绿色标识和能效标识。推出节能环保的冰箱、洗衣机、空调、冷柜、抽油烟机等多个产品，成为国内通过节能认证产品系列最多、规格最全的企业。海尔实施绿色营销过程中建立短而宽的渠道，以减少渠道资源消耗，降低渠道费用。启发和引导中间商的绿色意识，建立与中间商恰当的利益关系，不断发现和选择热心的营销伙伴，逐步建立稳定的营销网络。在渠道方面，加强海尔经销商的绿色营销创新能力。为了让渠道商对海尔充满信心，海尔推出的产品在绿色环保方面注重差异化优势，为绿色营销增添卖点。海尔通过广告对产品的绿色功能进行定位，引导消费者理解并接受广告诉求。在绿色产品的市场通过量大、面广的绿色广告，营造市场营销的绿色氛围，激发消费者的购买欲望。海尔通过专业人员广泛地向消费者宣传、推广产品绿色信息，讲解、示范产品的绿色功能，回答消费者绿色咨询，宣讲绿色营销的各种环境现状和发展趋势，激励消费者的消费欲望，同时，通过试用、馈赠、竞赛、优惠等策略，引导消费兴趣，促成购买行为。

第11章

定价策略——事关企业的收入与利润

思政目标

● 明确我国提出《关于“十四五”时期深化价格机制改革行动方案的通知》的时代背景。

● 理解恶性价格竞争对国家高质量发展战略的伤害。

● 理解定价的目的不只是收回成本，更重要的是向顾客传递价值，获得顾客观念上的认同。

引导案例

2021 年 3 月小米的春季新品发布会后，小米造车正式提上了日程。但小米将如何造车？其第一辆车又会是怎样的车呢？4 月 6 日晚，小米集团董事长兼首席执行官雷军在直播间揭晓了小米汽车的一些“内幕消息”。雷军表示，有关小米第一台车的形态选择，高管们本来在开启调研后的第一个月就有答案，却在 75 天调研结束后又回到原点，目前仍悬而未决。不过，根据用户反馈，有 45%的用户希望是轿车，40%指向 SUV，7%～8%想要跑车，另有 5%～6%的人想要房车。价格永远是消费者最关心的问题之一，这方面，雷军同样会听用户的声音。其微博投票结果显示，2/3 的用户希望小米定价在 10 万元以上，其中有 8%的用户将价格提到 30 万元。“大家还是希望我们做中高端的车。”雷军称，因此，第一款小米汽车价格区间为 10 万～30 万元。小米汽车沿用手机业务线针对的客户群体来定价，其定价策略值得我们去研究总结。

第 1 节　对产品定价的不同认知

在营销组合中，产品定价是唯一能产生收入的要素，而其他要素均表现为成本。因此，合理的定价不仅可使企业顺利收回投资，达到盈利目标，而且能为企业的其他活动提供必要的资金支持。然而，企业给产品定价受许多因素制约，不可随意而为，随着市场环境的不断变化，企业还须适时调整价格，以保持竞争优势和市场份额。

从理论上说，价格是产品价值的货币表现，以货币表示的产品或服务的价值就称为该产品或服务的价格。微观经济学有许多关于价格的理论，但它们对企业实际定价策略的指导作用十分有限，而价格高低又直接影响市场需求，影响产品在市场上的竞争地位和市场占有率，进而影响企业的销售收入和利润。价格是企业其他营销策略的函数，也是营销组合中最灵活的因素，要与营销组合的其他策略相辅相成地发挥作用。事实上，很多时候买卖双方的交易是否成功，最终取决于对产品价格的认知能否达成一致。可见，价格是影响交易完成的主要因素。

在任何交易中，产品的提供者当然希望以他认为合适的价格卖出产品，而买方希望支付他认为合理的价格。不过，双方对同一产品的价格的认知未必一致，由此导致成交失败的情况屡见不鲜。

卖方在制定产品价格时最关心的是在补偿产品成本后仍有利可图。一般来说，产品价格由生产该产品所消耗的正常成本、缴纳的税金和合理的利润构成；进入流通领域后，还要包括流通费用及流通环节所缴纳的税金和利润。因此，产品价格由生产成本、流通费用、企业利润和税金四个要素组成。其中，生产成本加流通费用所得的产品成本是产品价格的下限，产品价格只有在产品成本之上，企业才能获利；若产品价格低于产品成本，企业就会发生亏损。

传统上，许多企业采用成本加成定价方法，即在产品成本之上加一定的利润。人们认为，通过定价收回产品的成本是天经地义的，因此，成本通常被看作产品价格的下限。一般来说，企业生产成本是相对稳定并且可以预测的。我们知道有若干不同的成本计算方法，如总成本、平均成本、边际成本、变动成本、固定成本等，用不同的成本定价，产品的价格也就不同。

从政治经济学有关商品价值形成的理论中我们还得知，单个企业的生产成本不等于社会平均成本，如果企业定价的基础只是本企业的成本，而未考虑同行业其他企业的经营成本或社会平均成本，就会产生产品定价过高或过低的现象，从而对企业经营造成不利影响。买方并不了解产品的成本，他们通常根据自己对某产品的需求程度或将该产品与使用价值相同的其他产品做对比来评估该产品的价值，从而形成自己愿意支付的价格。例如，一位面临毕业找工作的研究生迫切需要一套像样的服装，他很可能乐意出较高价格买一套名牌西装。他的父亲会觉得这套西装不值这个价钱，如果售货员向这位父亲以同样价格推销这套西装，结果很可能是“不成交”。再如，从北京到天津的一趟列车票价是 54.5 元，这个价格必然影响人们对从北京到天津的汽车票价的认知。如果汽车票价高于 54.5 元，人们就可能放弃汽车改乘火车。

由此可见，消费者对产品价格的认知还具有以下两个特点：

（1）不同消费者对同一产品可能有不同的认知价格。

（2）既定的消费者对某产品价格的认知随着竞争产品价格的不同而不同。

因此，从总体来看，产品定价具有买卖双方双向决策的特征，销售方切不可仅凭自己的意思，主观地根据本企业产品成本制定价格。

第 2 节　影响产品定价的其他因素

成本和消费者的需求只是影响产品定价的两个最基本的因素，除此之外，还有许多因素影响企业的产品定价。从外部环境看，有市场竞争结构、竞争程度与政府政策等；从企业内部看，除去成本因素，最主要的就是企业定价目标和营销组合中的其他要素。

一、市场竞争结构

市场竞争结构影响企业定价的自由度。按经济学的分析，市场竞争结构可分为四种类型：

（1）完全竞争市场。这种市场上的产品价格是在竞争中由整个行业的供求关系决定的，无论买主还是卖主，都是价格的接受者，而不是价格的制定者。

（2）完全垄断市场。这种市场为一个卖主所独占，垄断者可根据自己的经营目标在法律允许的范围内为商品定价。

（3）垄断竞争市场。它是介于完全竞争市场和完全垄断市场之间的一种市场。在这种市场上，各企业对自己的产品有垄断权，但由于其他企业可能提供类似的产品，因此企业之间存在或多或少的竞争。在这种条件下，企业可以利用产品的独特性制定和控制价格。

（4）寡头垄断市场。在这种市场上，同行企业的数目不多，其中少数大企业生产和销售的产品在该行业中占有较大的比重。各企业相互依存、相互制约，产品的价格不是由市场供求决定的，而是通过各企业之间的妥协来决定的。

二、竞争程度

竞争程度对定价的影响主要表现为竞争价格对产品价格水平的约束。同类产品竞争的最直接表现是价格竞争。企业试图通过适当的价格和及时的价格调整来争取更多顾客，这就意味着其他同类企业将失去部分市场，或要为维持原市场份额付出更多的营销努力。在竞争激烈的市场上，企业都会认真分析竞争对手的价格策略，密切关注其价格动向并及时做出反应。

随着市场竞争日趋激烈，以营销组合为核心的全面竞争日益成为发展的趋势，这种竞争包含产品、渠道及促销等各个方面。因此，企业定价时不仅要关注竞争者的价格策略，其产品策略、渠道策略及促销策略也不可忽视。

三、政府政策

现代市场经济是受到政府调节和干预的经济。政府可以通过行政的、法律的、经济的手段对企业定价及社会整体物价水平进行调节和控制，因此政府政策也是企业定价时必须考虑的因素。

行政手段主要是在某些特殊时期，对某些特殊产品采取限价措施，包括最高限价和最低限价。限价措施在一定时期内对于保护消费者和生产者利益具有积极的作用，但长期采用不利于供求规律发挥作用。采用法律手段管理价格主要是为了保护竞争，限制垄断，防止各种不合理的价格歧视。经济手段是政府反通货膨胀的重要措施，它通过财政政策和货币政策的各种措施（如增加或减少税收等）影响企业的成本和利润。

企业在定价时还要考虑其他环境因素，如国内或国际的经济状况、是否存在通货膨胀、利息率的高低、汇率的变动等，这些因素都会影响价格。例如，汇率的变动将影响进口产品现在和未来的价格。汇率上升，则进口产品现价下降，未来价格上升；汇率下降，则进口产品现价上升，未来价格下降。

四、企业定价目标

除了成本因素，企业定价目标是影响商品定价的重要内部因素。一般认为，企业定价目标似乎都是获取尽可能高的销售额和利润额，但这只是企业长远的整体目标，具体到某一时期为某一产品定价时，企业的目标是有差异的。例如，某电器公司的目标可能是使产品以合理的价格获取更大的市场份额，这与目标为获取最大利润的企业的产品定价策略有很大不同。显然，前者定价偏低，而后者定价偏高。

归纳起来，有以下定价目标可供企业选择：

（1）最大利润目标。企业以获取最大限度的利润作为定价目标。为了达到这个目标，企业将采取高价政策。

最大利润目标有单个产品和全部产品、短期和长期之分。如果目标是单个产品的短期利润最大化，企业势必采取高价政策，以获取短期超额利润，这种目标主要适用于新产品推出时期。如果目标是单个产品的长期利润最大化，则不同时期的价格可能有高有低。

最大利润目标适用于企业的产品在市场上处于绝对有利的地位时，可实行高价、高利政策。但是这种目标不可能长期维持，否则必然遭到多方抵制、竞争、对抗，甚至导致政府干预。

（2）投资收益率目标。企业以其投入资金的预期收益作为定价目标。它反映了企业的投资收益水平。投资收益率的公式为：

$$投资收益率=\frac{投资总回报}{总投资额}$$

为达到这一目标，产品定价时，需在产品成本的基础上加上预期收益。预期的投资收益率一般应高于银行存款利率，与业内平均利润水平相近。

一般在行业中处于主导地位，或产品具有独特性的实力雄厚的企业，可采用投资收益率目标。

（3）销售增长率目标。企业以销售收入增长率或销售量增长率作为定价目标。以销售收入增长率为定价目标，商品定价通常较高；以销售量增长率为定价目标，商品定价通常偏低。

（4）提高市场占有率目标。企业以产品的市场占有率或若干细分市场的渗透率作为定价目标。这时企业宜采取降低价格的策略，以求提高销量，从而提高市场占有率。

（5）以保持现状为定价目标。所谓保持现状，是指保持企业现有的经营地位、销量、市场占有率和利润水平等。企业为保持现状，一般采取稳定价格策略，或采用非价格竞争手段。该定价目标一般适合有实力的大企业，它们已占据了相当的市场份额，有可观的利润，为了保持现状，阻止有风险的价格竞争，采用稳定价格策略。

（6）以适应竞争为定价目标。企业为避免在激烈的市场竞争中打价格战，两败俱伤，以适应竞争作为定价目标，以低于、高于或等于竞争者的价格出售商品。该目标主要适合中小企业，或在竞争中作为追随者的企业。

五、营销组合中的其他要素

营销组合中的其他要素也会影响商品定价。例如，某计算机公司向大客户提供一揽子服务，包括现场技术指导，为公司高级管理人员举办讲座，制定系统解决方案。通过向用户提供高附加值的服务，企业可以为所售计算机制定较高的价格。通过网络销售兼容机的生产商只为用户提供有限的维修、担保服务，商品售价必然低。又如，企业推出时尚款式的服装，通过名牌专卖店销售，商品定价就高；推出普通的大众化服装，通过折扣商店销售，定价就低。

图 11－1 归纳了上述各种因素对企业产品定价的影响，图 11－2 则表明了消费者的认知价值与其他因素的关系。

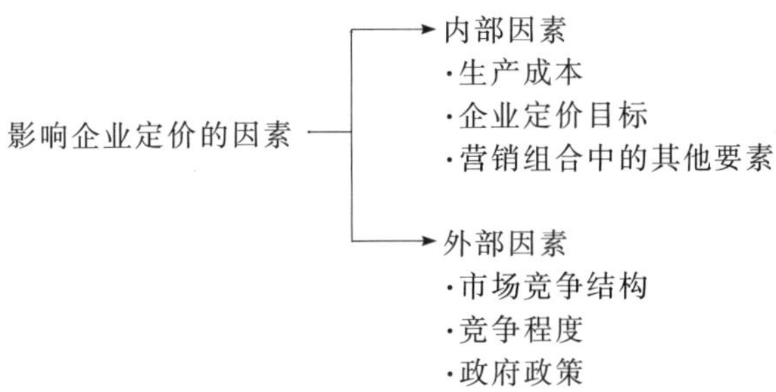

图 11－1　影响产品定价的因素

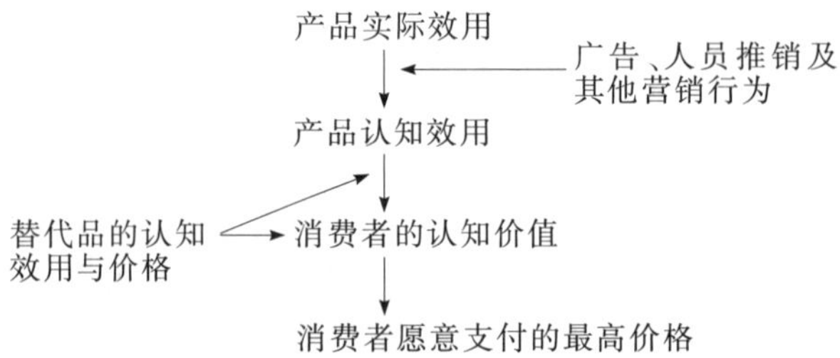

图 11－2　消费者的认知价值与其他因素的关系

如图 11－2 所示，产品实际效用借助广告、人员推销及其他营销行为的作用转化为产品认知效用。消费者对产品的认知价值，又是在需求既定的情况下，参照替代品的认知效用与价格确定的。在这一基础上，最终形成了消费者愿意为该产品支付的最高价格。因此可以说，消费需求决定了产品价格的上限。当然，这里说的消费需求，不仅是对产品使用价值的需求，也不只建立在对产品实际效用的认知基础之上，还包含心理因素，以及企业整体营销策略带来的产品价值的提升。

我们的分析涉及竞争对定价的影响，这其实是一种生活常识，即相同或具有替代关系的产品的价格互为参考。近年来，我国彩电、冰箱、空调等众多家用电器企业大打价格战就是实例。行业内这种近乎“残酷”的价格竞争压力迫使企业不得不走产品差异化的经营之路。是什么因素造成某些行业的价格竞争程度较其他行业更高呢？首先，产品的差异化程度是一个重要因素；其次，在一些行业，消费者对产品或服务的差别不在意，或认为这些差别意义不大；最后，在那些固定成本很高，变动成本很低，从而销售量对利润影响极大的行业，价格竞争更为激烈，航空业、酒店业即是典型。

第 3 节　基本定价方法

企业定价方法从原理上看主要分为三种：成本导向定价法、需求导向定价法和竞争导向定价法。

一、成本导向定价法

成本导向定价法是以成本为中心的定价方法，简便易用。以产品成本为基础，加上预期的利润，即为产品的基本价格。生产企业以生产成本为基础，商业企业以进货成本为基础。采用的成本项目和所追求的利润指标不同，计算单位产品价格的成本导向方法也不同。它一般包括以下几种具体方法。

1. 成本加成定价法

成本加成定价法即单位成本加上一定百分比的利润得出产品价格。计算公式为：

单位产品价格＝单位产品总成本×(1＋成本利润率)

式中，单位产品总成本是单位产品的固定成本与变动成本之和。固定成本是不随产量的变化而变化的成本，变动成本是随产品产量的变化而变化的成本。

在上述定价方法中，成本利润率的确定是定价的关键，现实中，不仅各种产品的利润率相差较大，不同企业中同一种产品的成本利润率也不是固定的，须视具体情况而定。

成本加成定价法之所以普遍使用，主要是因为：第一，成本的不确定性一般比需求少；第二，只要同一行业的所有企业都采用这种定价方法，它们的价格就会趋同，价格竞争的变数会减少；第三，许多人感到成本加成定价法对买卖双方都较公平，尤其在买方需求强烈时，卖方不会利用这一有利条件谋求额外利益。

但成本加成定价法的缺点也很明显。它忽视了市场竞争和供求状况的影响，缺乏灵活性，难以适应市场的变化。如果仅从企业角度确定利润率，则很难准确得知可实现的销售量。

2. 目标利润定价法

目标利润定价法即根据估计的总销售收入和估计的销售量制定价格的方法。这种定价方法需要运用收支平衡图，在图中反映了不同销售水平上的预期总成本和总收入情况。图 11－3 是一张收支平衡图，其中，E 为收支平衡点。在该图中，固定成本不随产量而变化，是一条直线，而变动成本与产量成正比例变化，总成本则是变动成本与固定成本之和，因此，总成本在固定成本线上随产量增加而逐渐上升。总收入线以原点为起点，随着销售量增加而逐渐上升，其斜率的大小相当于产品价格。

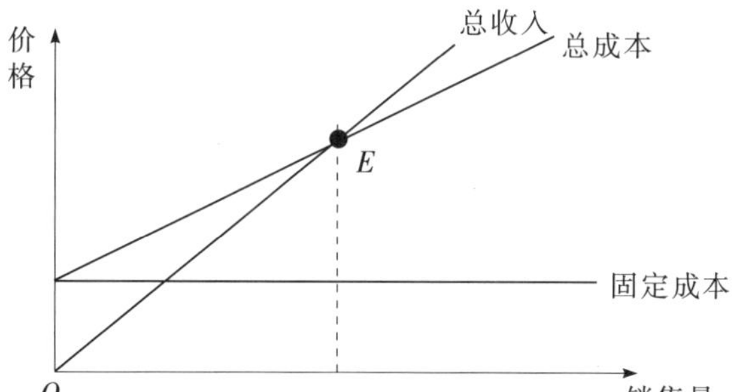

图 11－3　收支平衡图

例：某企业生产一种产品，投资额为 300 万元，预期投资收益率为 12%，预计产量为 15 万件，假定企业年固定成本为 60 万元，单位变动成本为 6 元。单位产品售价达到多少才能实现预期投资收益？

总成本＝固定成本＋总变动成本

＝600 000＋6×150 000＝1 500 000（元）

目标利润＝投资额×投资收益率

＝3 000 000×12%＝360 000（元）

价格＝（总成本＋目标利润）/总销量

＝（1 500 000＋360 000）/150 000＝12.4（元）

目标利润定价法的价格是按预期销售量确定的，只要预期销售量比较准确，价格就比较准确，进而能保证企业目标利润的实现。但这种方法有一个重大的缺陷，即企业以估计的销售量计算出价格，殊不知价格恰恰是影响销售量的重要因素。因此，为了确保实现预期销售量，企业应将价格、销售量与需求因素结合起来。

3. 盈亏平衡定价法

盈亏平衡定价法以总成本和总销售收入保持平衡为定价原则。当总销售收入等于总成本时，利润为0，企业不盈不亏，收支平衡。其计算公式为：

$$P=FC/Q+VC$$

式中，P——单位产品售价；

Q——预计销售量；

FC——产品的固定成本；

VC——产品的单位变动成本。

例：某产品的固定成本为80万元，单位变动成本为12元/件，预计销售量为5万件，该产品的售价是：

P＝80/5＋12＝28（元/件）

也就是说，该产品在收支平衡时的定价为28元。这种方法的优点是计算简便，可使企业明确在盈亏平衡时的产品价格和最低销售量。缺点是要先预测产品销售量，若销售预测不准，成本计算不准，价格就定不准，而且企业是根据销售量倒推出价格的，实际上价格的高低对销售量有很大影响。

4. 变动成本定价法

变动成本定价法又称边际贡献定价法。这种方法在定价时，不考虑价格对总成本的补偿，只考虑价格对变动成本的补偿，并争取更多的边际贡献来补偿固定成本。

所谓边际贡献，就是只计算变动成本而不计算固定成本时的收益，计算公式为：

边际贡献＝销售收入－变动成本

若边际贡献＞变动成本，其超出部分的收益即可用以补偿部分固定成本，这时企业可能有一定的亏损；若边际贡献能全部补偿固定成本，则企业不盈不亏；若边际贡献＞总成本，企业就盈利。

例：某企业生产某产品需要固定成本90万元，单位变动成本10元/件，产品年产量10万件，每件售价20元，目前订货量为8万件，企业生产能力有富余。现有客户出价16元再订购1.5万件，则

边际贡献＝20×8－10×8＝80（万元）

新增订单的边际贡献＝16×1.5－10×1.5＝9（万元）

显然，在这个例子中，企业接受该笔订单比不接受更好，因为能使企业增加收入，边际贡献从 80 万元增至 89 万元，减少了损失。

这种方法适用于市场供过于求，企业生产任务不足的情况。企业承接临时生产任务时，可暂时不考虑根据总成本定价，而采用变动成本定价法，以期维持生产、保住市场。因此，它是适合企业在短期内采用的一种灵活定价方法。

二、需求导向定价法

需求导向定价法是指按照顾客对商品的认知和需求程度制定价格，而不是根据卖方的成本定价。这类定价方法的出发点是顾客需求，认为企业生产产品是为了满足顾客的需要，产品的价格应以顾客对产品价值的理解为依据来制定。主要方法有理解价值定价法和需求差异定价法。

1. 理解价值定价法

这种方法以消费者对产品价值的认知和理解程度作为定价的依据。消费者对产品价值的认知和理解程度不同，会形成不同的定价上限，如果价格刚好定在这一限度内，既能让消费者顺利购买，又能使企业有利可图。

实施这一方法的要点在于提高消费者对产品的效用和价值的认知。企业可以通过产品差异化和适当的市场定位，突出产品特色，再辅之以营销组合策略，塑造企业和产品的形象，使消费者感到购买这些产品能获取更多的利益，从而提高他们可接受的产品价格上限。

2. 需求差异定价法

这种方法是指根据因销售对象、销售地点、销售时间的不同而产生的需求差异对商品进行定价。例如，在餐厅中对饮料的需求强度比在超市中对饮料的需求强度要高，因此在前种情况下可制定较高的价格。又如，旅游旺季对车船票和酒店的需求强度大大高于旅游淡季，因此旅游旺季时可将价格调高些。

要顺利实行需求差异定价，必须满足以下条件：第一，市场必须能细分，且不同的细分市场显示出不同的需求强度；第二，该细分市场的竞争者不会以较低价格进行竞销；第三，防止低价细分市场的买主向高价细分市场转售产品；第四，该价差不会引起顾客的反感；第五，不违反有关法律。

三、竞争导向定价法

竞争导向定价法是以市场上竞争对手的同类产品价格为主要依据的定价方法。一些市场竞争十分激烈的产品的价格制定不能依据成本和需求，只能以竞争对手的价格水平为基础。这种方法的特点是只要竞争对手的价格不发生变化，即使成本或需求有所变化，产品价格也不变；一旦竞争对手的价格有了变动，即使成本或需求不变，价格也要及时调整。竞争导向定价法主要有以下三种方法：

1. 随行就市定价法

随行就市定价法是根据同行业平均价格或者同行业中实力最强的竞争者的产品价格制定本企业产品价格的定价方法。在测算成本有困难、竞争者不确定或难以估计采取进攻性定价会引起对手什么反应时，这种方法提供了一个有效的解决方案，可为企业节省时间，减少风险，规避竞争，有利于同行间和平共处。这种定价方法被小型企业广泛采用。

2. 密封投标定价法

密封投标定价法是买方引导卖方通过竞争成交的一种方法，常用于批量采购大型机械设备或建筑工程项目投资等。我国规定政府采购要尽可能采用公开招标。在做法上，一般由买方公开招标，卖方竞争投标，密封递价，买方按质优价廉的原则到期公布中标者名单，然后中标企业与买方签约成交。

投标价格是投标企业根据对竞争者报价的估计确定的。企业参加投标是为了中标，因此它的报价应低于竞争者的报价。一般来说，报价高，利润大，但中标机会小；反之，报价低，虽然中标机会大，但利润低，不能保证适当收益。因此，企业需要同时考虑目标利润和中标概率，以确定投标的最佳报价。

3. 主动竞争定价法

企业不是追随竞争者的价格，而是根据本企业产品的实际情况及其与竞争对手产品的差异状况来确定价格。这种方法一般为实力雄厚或产品独具特色的企业所采用。

第4节　价格组合与定价技巧

除了基本定价，企业还需要考虑价格的组合与配套，这其中有许多定价技巧可供企业采用。

一、产品组合定价

当企业同时经营多种产品时，定价要着眼于整个产品组合，而不是单个产品的利润最大化。加之各种产品之间存在需求和成本上的联系，有时还存在替代或竞争关系，因此，实际定价的难度相当大。具体做法有以下几种：

（1）产品分组定价。即将同类产品分为价格不同的几组，每组产品制定一个统一的价格。例如，将功能不同的各种手机的价格定为2 000元、1 500元、1 000元三种。这样，同类产品的品种、规格、花色虽多，但只有几种价格，便于卖方结算货款，也有助于消费者迅速做出购买决定。这些产品虽然成本有差异，但成本差与价差并不一致。如对功能复杂的型号可采取高价策略，企业赚取高利润；对功能简单的产品采取低价策略，以吸引更多顾客购买，增加企业销售额。

（2）系列产品定价。有时企业向顾客提供一系列相关的产品和服务，如一家酒店既为顾客提供住宿、餐饮服务，也提供娱乐、健身服务，那么可以考虑住宿、餐饮定价较低，以吸引顾客，而娱乐、健身服务定价较高，以获取利润。

（3）互补产品定价。互补产品是指必须与主要产品一起使用的产品，例如手电筒和电池、照相机和胶卷、喷墨打印机和墨盒。一些既生产主要产品又生产互补产品的企业，有时将主要产品的价格降低，而将互补产品的价格提高，靠后者赚钱。如有的公司实行买三个墨盒赠送一台打印机，实际上就是压低了打印机价格，提高了墨盒价格。

二、折扣定价

为鼓励顾客大量购买或在淡季购买，以减少存货或增加销售额，企业通常可以酌情降低商品价格，这种价格调整称为价格折扣，可以分为以下几类：

（1）数量折扣。即根据购买数量决定价格折扣水平，购买数量越多，折扣越大。这是鼓励和吸引顾客长期大量购买的一种定价策略。其可行性在于：大量购买能使企业降低生产、销售、储存、运输等环节的费用。

（2）现金折扣。即根据购销合同，给提前付款的顾客以价格折扣。例如，合同规定顾客须在 30 天内付清款项，若 10 天内就付清，则给 2%的折扣。采用现金折扣可以减少企业的应收账款，鼓励消费者及时付款，加速资金周转，避免坏账、呆账。这种方式适用于零售商向批发商购货或批发商向生产商购货。

（3）交易折扣。又称功能折扣，即厂商根据中间商承担的销售、储存等职能，给予不同的折扣，这实际上是生产企业对中间商销售其产品所支付的劳务报酬，目的在于利用价格折扣刺激各类中间商更充分地发挥其营销能力。

（4）季节折扣。某些商品的消费具有较强的季节性，为促进销售，企业对在消费淡季购买产品的客户提供价格优惠。这种策略可以鼓励批发商和零售商在淡季购买，使季节性产品的生产少受或不受影响，促进产品生产均衡化，加快企业的资金周转，节省费用。

（5）折让。这是另一种类型的对基本价格的扣减，包括以旧换新折让、促销折让等。以旧换新折让是对顾客在购买新产品的同时交回旧产品的一种减价；促销折让是制造商向同意参加其促销活动的经销商提供的付款减价。

灵活运用折扣定价策略，是企业争取顾客、扩大销售的行之有效的重要方法，近年来有使用范围明显扩大的趋势。它既是定价策略的一部分，又是促销策略的一部分。

三、心理定价

消费者的购买行为受其消费心理支配，而消费心理是非常复杂的，它受到社会地位、收入水平、兴趣爱好等诸多因素的影响和制约。企业若能在产品定价时对此予以充分考虑，就能制定出较有吸引力的价格。常用的消费者心理定价策略有以下几种：

（1）整数定价。这种策略是把商品的价格定为整数，不带零头，一般适用于比较贵重的商品。消费者购买这类商品时，常把价格看作质量的标志，因此企业把基础价格定为整数，不仅能在消费者心目中树立高价高质的形象，而且能使消费者产生高档消费的满足感。

（2）尾数定价。这一策略与整数定价策略相反，采用零头标价，顺应了消费者的求廉心理。例如本应定价200元的商品，现定价198元，虽只低2元，感觉上却便宜了许多。不仅如此，尾数定价还会给人定价精确的感觉，使消费者产生信赖感，激起购买欲望。对于需求价格弹性大的商品，尾数定价可以促进需求量大幅增加。

（3）声望定价。即根据企业或品牌在消费者心目中所享有的声誉和威望，制定高于其他同类产品的价格。消费者购买名牌产品不仅是为了消费，还要显示他们的身份和地位，因此，名牌产品如果价格定得过低，反而不能满足消费者的心理需要。当然，这种高价格必须以高质量的产品或者周到的服务为基础。

（4）参照定价。即按照消费者习惯的价格定价。经常性重复购买的商品，尤其是日用消费品的价格，在消费者心目中往往容易形成一种习惯性标准。企业对这类产品定价时，要充分考虑消费者的这种倾向，不可随意变动价格。如果必须调价，最好同时采取改变包装、规格、成分甚至品牌等措施，引导消费者逐步适应新的价格，避免新价格与习惯的价格明显不一致造成消费者的抵触心理。

（5）促销定价。这种策略指企业为了招徕顾客，将几种商品以非常低的价格出售，或者在节假日和换季期间对部分商品实行折价让利销售，以此吸引顾客，带动其他商品的销售。

四、需求差别定价

需求差别定价，也称歧视定价，是指企业按照两种或两种以上不反映成本费用差异的价格销售某种产品或服务。需求差别定价有以下四种形式：

（1）对不同顾客制定不同的价格。同一种商品，对某些顾客制定较高的价格，对另一些顾客则给予优惠。根据具体情况灵活掌握价格，给予差别对待。例如，许多博物馆和展览馆对学生给予价格优惠；公园对晨练的人给予价格优惠。

（2）对不同式样的产品制定不同的价格。不过，不同式样产品价格之间的差额与成本费用之间的差额并不成比例。

（3）对不同的位置制定不同的价格。某些产品的不同位置有不同的效果，如体育馆的座位，虽然前后排的成本都一样，但由于观赏效果有所不同，因而制定不同的价格。

（4）对不同的时间制定不同的价格。在这种情况下，产品或服务在不同季节、不同时期甚至不同时段都有不同的价格。例如，旅游服务企业在淡季和旺季的收费不同，长途电话在不同的时间收费不同，电影院晚场和白天场次定价不同。

五、地理区域定价

一般来说，企业的产品不仅在本地销售，还要向其他地区销售。产品从产地到销售所在地，需要一定的运输费用。因此，企业还要考虑对位于不同地理区域的顾客制定不同的价格。

地理区域定价的方法有五种：

（1）产地定价。即卖方负责在产地约定的地点将货物运到买方指定的运输工具上交货，并承担此前的一切风险和费用。交货后的一切风险和费用包括运费则由买方承担。按照这一方法，每个顾客各自负担商品从产地到目的地的运费。这种做法看上去非常合理，但对企业有不利之处，即距离远的顾客由于要承担相对较高的运输费用，倾向于购买附近企业的产品。

（2）统一交货价。这种定价法与产地定价相反，完全没有地区差价。企业对不同地区顾客实行统一价格，按相同的出厂价加上相同的运费即平均运费计算，实际上是让近处的顾客承担了部分远方买主的运费，对近处的顾客不利，但很受远方买主的欢迎，并且便于计算。

（3）区域定价。介于上述两种定价方法之间，将产品的销售市场划分为两个或两个以上的区域，在每个区域内制定同一价格，一般对较远区域的定价会高些。采用这种方法要注意各区域定价之间的协调配合。

（4）基点定价。即企业选定某些城市作为定价基点，然后按一定的出厂价加上从基点城市到顾客所在地的运费来定价。有些企业为了提高灵活性，选定多个基点城市，按照最近的基点计算运费，这样有利于企业扩大市场。

（5）免收运费定价。有些企业因为急于进入某些地区市场，愿意负担部分或全部商品运费。虽然这种定价方法减少了销售净收入，但从长远来看，对提高市场占有率和战胜竞争对手有较大的作用。如果销售量大，平均成本会降低，甚至足以抵消运费开支。

第 5 节 新产品定价与适时调整价格

新产品的定价需要特别讨论，因为可能涉及企业对产品的定位和整体竞争策略。在新产品推出前，企业很难确定消费者对产品的认知价值，又无竞争者的相似产品的价格做参考，尤其是全新产品和革新型产品。

在新产品定价方面，通常有三种基本定价策略可供采用。

一、撇脂定价策略

撇脂定价又称“撇奶油”定价，即在新产品刚进入市场的阶段（产品生命周期的引入期）采取高价政策，以求在短期内赚取最大利润。就好像先撇取牛奶表面的奶油一样，尽快从产品中撇取利益。采取这种策略的理由有二：一是认为新产品刚投放市场，需求强烈，需求的价格弹性不充分，以高价刺激用户，再配合产品本身的优势，有助于提高产品地位，刺激需求，尽快获取利润。二是一旦发现高价使产品难以售出或竞争对手出现，很容易降低价格，迎合消费者。如果一开始就实行低价，以后降价的空间就非常小。

撇脂定价的缺点是：首先，新产品刚投放市场，产品声誉尚未建立，这时采取高价政策不利于市场开拓，会影响销售量，甚至由于价格太高不能被顾客接受而导致新产品夭折；其次，由于价格高，销售量可能很小，反而使利润额减少；最后，高价带来高额利润，会吸引竞争者迅速进入市场，导致价格大幅下跌。因此，撇脂定价通常是新产品推出时采取的一种短期定价策略。

二、渗透定价策略

渗透定价策略指以低价将新产品投放市场的策略。这种策略的优点是：产品能很快被市场接受，有利于打开新产品的销路；由于价低利薄，能有效地排斥竞争者进入市场，使企业在较长时间内占领市场。

渗透定价策略的缺点是：利润低，投资回收期长；当新产品大量上市时，不宜再降价与竞争者竞争；若成本上升，需要调高价格，这会引起顾客不满，影响销售量；低价出售新产品会使顾客误认为产品质量不高，从而影响购买，也影响产品的形象。

渗透定价策略是一种长远的价格策略，适用于需求弹性较大、竞争对手较多、竞争者易进入市场和企业在成本方面有一定优势的产品。

一般来说，撇脂定价策略适用于对价格相对不敏感，但对产品的认知价值高的市场；当生产的规模经济性明显或存在竞争者进入的威胁时，采用以牺牲短期利润换取销售规模的渗透定价策略更为合适。

三、满意定价策略

这是介于以上两种策略之间的定价策略。企业不采取撇脂定价策略或渗透定价策略时，可采用满意定价策略，使产品价格既能被顾客接受，又让企业有利润可赚。

与营销组合的其他策略一样，产品定价策略也不能恒久不变。首先，随着产品生命周期进入不同阶段，企业需要相应地调整定价策略；其次，宏观经济环境和竞争形势的变化，也要求企业调整定价策略；最后，如果企业自身条件发生变化，或者营销组合的其他策略有所调整，定价策略自然也要随之改变。

一般来说，在以下几种情况下，企业可能调低商品价格：

（1）生产能力增加，或成本降低。如企业增加了新的生产线，生产能力大大提高，但市场没有相应扩大，此时，为挤占竞争对手的市场份额，企业往往会主动调低商品价格。近年来一些汽车制造企业在生产能力扩大后即挑起价格战就是出于这一原因。

（2）企业现有市场占有率下降。这通常发生在新进入的或已有的竞争对手采取了更具进攻性的营销策略，以挤占本企业的市场份额时。企业为防止市场份额继续丧失，不得不采取削价竞争的方式。这是一种被动降价，但如果运用得当，会对竞争对手构成巨大的压力。

（3）经济不景气，消费者的实际收入和预期收入均下降，导致购买意愿下降。这在一些选择性商品上更为突出。消费者对一些可买可不买的商品会推迟购买，或选择价格较低的商品作为替代，这迫使企业不得不降低商品售价，维持市场。

企业有时也会调高商品价格。虽然提高商品价格会令顾客或企业促销人员感到不满，但成功的提价能使企业的利润大幅增加，至少减少亏损。促使企业提价的原因主要有以下几点：

（1）由于通货膨胀，物价上涨，经营费用上升，企业不得不提价以确保获取目标利润。这时企业必须预估提价会对顾客需求产生多大影响，竞争对手会有什么反应；要避免因提价过高导致顾客需求下降过猛，以致企业不仅无法实现利润目标，甚至丢失市场份额。

当然，企业也可以不采取直接提价的办法，而通过减少包装量、用较便宜的配料或零件代替、换用较便宜的包装材料、减少某些不太重要的服务等办法来降低成本，但前提是不能降低产品质量，否则将影响企业与产品的声誉，甚至失去市场。

（2）企业产品供不应求，不能满足所有顾客的需要，在这种情况下，企业可以适度提价。

应特别指出的是，企业提价的方式除了提高商品价格，还可以采取减少价格折扣、减少某些服务或由免费改为收费、在产品大类中增加高价项目或减少低价项目等措施。

第 6 节　制定价格策略的程序

企业在推出新产品时会遇到如何制定适当的价格策略的问题。因为影响企业定价的因素众多，而适当的产品定价又事关重大，所以遵循科学的定价程序十分重要。

（1）确定企业定价目标。不同定价目标下的产品价位和定价方法会有所不同。

（2）估算成本。不仅要考虑静态成本，还要考虑与不同产量相对应的成本。大多数情况下，随着产量的上升，产品平均成本会相应下降，尤其是在固定成本所占比重较大的情况下。如果新产品的目标是替代市场上现有的某种产品，企业还须确定产品的目标成本，以使新产品符合目标价格的要求。

（3）分析市场需求。绘制产品的需求表（用图形表示就是需求曲线）。产品需求曲线表明产品价格与需求之间的大致对应关系，即在什么价位可能会有多大的市场需求。图 11－4 是一个需求表与相应的需求曲线的例子。

价格(元)	需求(单位)
10	10 000
12	9 600
14	9 000
16	8 000

需求表

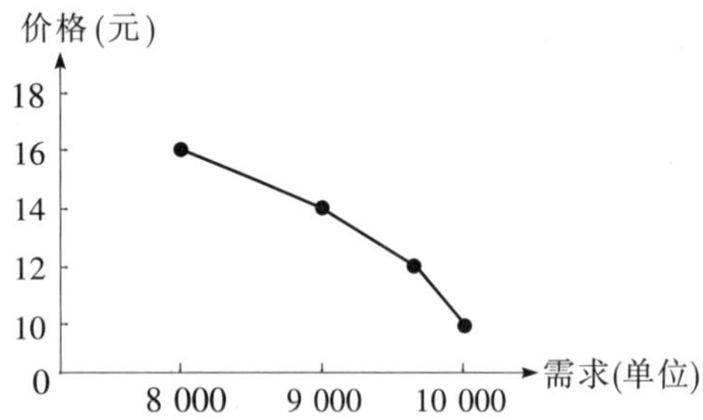

需求曲线

图 11－4　需求表与需求曲线

（4）分析竞争对手的产品、成本和定价策略。如果说产品成本为企业定价确定了下限，市场需求为产品定价确定了上限，那么竞争对手的定价策略就成为企业参考的标准，尤其是在为新产品制定价格时。

（5）选择基本定价方法。成本导向定价法、需求导向定价法和竞争导向定价法是制定商品价格的方法，它们各有合理性和便利性，也各有适合的条件，现实中，三方面因素都要考虑，但具体操作时只能用一种方法。

（6）运用定价技巧，确定最终价格，包括心理定价、组合定价等。

（7）随着外部环境因素和企业内部条件、战略和目标的变化以及产品生命周期的演变，适时调整产品价格。

小　结

在营销组合中，产品定价是唯一能产生收入的要素，合理的定价不仅可使企业顺利收回投资，达到盈利目标，而且能为企业的其他活动提供必要的资金支持。随着市场环境的不断变化，企业还要适时调整价格，以保持竞争优势和市场份额。

影响产品定价最基本的因素是成本和消费者的需求。此外，还有许多因素影响企业的产品定价。从外部环境看，有市场竞争结构、竞争程度与政府政策等；从企业内部看，除去成本因素，最主要的就是企业定价目标和营销组合中的其他要素。

企业定价方法主要分为三种：成本导向定价法、需求导向定价法和竞争导向定价法。

定价技巧有：(1) 产品组合定价；(2) 折扣定价；(3) 心理定价；(4) 需求差别定价；(5) 地理区域定价。

初入市场的新产品可以依据需求、竞争、生产等不同情况采用撇脂定价策略、渗透定价策略、满意定价策略。

与营销组合的其他策略一样，产品定价策略也不是恒久不变的。首先，随着产品生命周期进入不同阶段，企业需要相应地调整定价策略；其次，宏观经济环境和竞争形势的变化，也要求企业调整定价策略；最后，如果企业自身条件发生变化，或者营销组合的其他策略有所调整，定价策略自然也要随之改变。

制定价格策略的程序为：(1) 确定企业定价目标；(2) 估算成本；(3) 分析市场需求；(4) 分析竞争对手的产品、成本和定价策略；(5) 选择基本定价方法；(6) 运用定价技巧；(7) 适时调整产品价格。

基本概念

1. 成本导向定价法——以成本为中心的定价方法，简便易用。以产品成本为基础，加上预期的利润，即为产品的基本价格。

2. 需求导向定价法——按照顾客对商品的认知和需求程度制定价格。这类定价方法的出发点是顾客需求，认为企业生产产品是为了满足顾客的需要，所以产品的价格应以顾客对产品价值的理解为依据来制定。

3. 竞争导向定价法——以市场上竞争对手的同类产品价格为主要依据的定价方法。一些市场竞争十分激烈的产品的价格制定不能依据成本和需求，只能以竞争对手的价格水平为基础。

4. 成本加成定价法——单位成本加上一定百分比的利润得出产品价格。

5. 盈亏平衡定价法——以总成本和总销售收入保持平衡为定价原则。当总销售收入等于总成本时，利润为 0，企业不盈不亏，收支平衡。

6. 变动成本定价法——又称边际贡献定价法。这种方法在定价时，不考虑价格对总成本的补偿，只考虑价格对变动成本的补偿，并争取更多的边际贡献来补偿固定成本。

7. 理解价值定价法——以消费者对产品价值的认知和理解程度作为定价的依据。消费者对产品价值的认知和理解程度不同，会形成不同的定价上限。

8. 需求差异定价法——根据因销售对象、销售地点、销售时间的不同而产生的需求差异对商品进行定价。

9. 密封投标定价法——常用于批量采购大型机械设备或建筑工程项目投资等。在做法上，一般由买方公开招标，卖方竞争投标，密封递价，买方按质优价廉的原则到期公布中标者名单，然后中标企业与买方签约成交。

思考题

1. 举例说明哪些行业的市场结构分别属于完全竞争、垄断竞争、寡头垄断和完全垄断。

2. 分析影响一家旅行社制定价格决策的主要因素。

3. 在上述例子中，如果该旅行社分别采用成本导向定价法、需求导向定价法或竞争导向定价法，在具体方法上有何不同？你认为哪种方法更适合？

4. 简述主要的定价技巧。

5. 你认为超市和百货商店应用价格折扣策略时，在做法上会有差异吗？

6. 乘飞机和在餐馆就餐，哪种服务价格下调的余地大？为什么？

7. 简述制定价格决策的主要程序。

案例分析

华为手机“诡异”的定价策略

2014 年 5 月 7 日，华为在巴黎发布了年度旗舰产品 Ascend P7，该款手机欧洲售价为 499 欧元（约合人民币 4 280 元），国内售价为 2 888 元。

“诡异”的差异定价策略与华为的海外营收占销售额近八成有着不可分割的联系，同样反衬了国内市场在价格领域的惨烈搏杀。

华为消费者业务总裁余承东在接受采访时解释，海外消费者对价格的敏感度低，他们更看重手机本身的品质和品牌，而国内消费者更看重价格。

“低价必然会导致产品质量下降，玩价格战最终会玩死自己，只赚 30 元钱的廉价手机我们不做。”余承东坦言。

这一说法似乎是对华为 CEO 任正非此前对终端业务警示的回应——华为开始向中高端的精品战略迈进，未来会停掉一些低端产品线。同时，华为 2014 年在终端业务的专利和技术研发上将投入超过 10 亿美元。

“其实从去年我们就开始和苹果公司互换专利，在有些项目上，苹果是付费给我们的。”华为公司一位内部人士向记者透露。

不过，前有苹果与三星两大巨头，华为终端的“加减法”能否助其弯道超车、冲刺全球第二的市场份额依然待解。

摆脱低端追求高利润

对于 P7 的市场预期，余承东表示销售目标至少是 1 000 万部。

2013 年 P6 发布时，余承东也提出了同样的业绩目标，不过这一目标并未实现。截至目前，P6 共销售 400 多万部，中国市场贡献了 60%以上的销售额。

余承东表示，P6 的 1 000 万部目标没有实现，主要是受到 4G 市场的影响。“P6 作为一款 3G 手机，上市时受到 4G 概念的影响。我们以为 3G 手机销量会下降，所以减少了备货，但是没有想到，后续需求量持续增加，由于缺货延误了销售。”

目前运营商正在不断降低对苹果和三星等高价机型的补贴。余承东表示：“对我们来说，这是一个很好的机会，没有了补贴，苹果的售价会提升，消费者可能会选择一些具备性价比的中端机型。”

此外，除了在价格、硬件上与苹果、三星全面碰撞，华为每年的研发投入中超过 60%的预算被投到软件和系统中。

由此看出，华为正在借助 P7 全力使自己从低端的品牌队列中脱离出来，投入到高端产品和生态链的竞争中去。不过，提高品牌溢价与品牌影响力依然是横亘在诸多国产品牌面前的最大难题。

资深通信行业人士曾韬在接受采访时认为，未能重视品牌建设，并过度依赖运营商渠道将是华为提高盈利亟须突破的瓶颈，也是国内品牌利润率过低的重要原因。

“华为终端真正独立出来也就是 2011 年，以前我们都是做白牌机，帮运营商做两三百块的便宜手机，还不能印上华为的 Logo，完全没有任何知名度。”说到这一历史，余承东颇为不平。

不过，华为很快放弃了 ODM 策略（俗称“贴牌”）。在一些早期放弃 ODM 策略的地区，目前华为的市场份额已占到 25%以上。

“华为在手机研发上每年投入超过 10 亿美元，持续的高投入必须要有良好的利润作为支撑，而华为终端每年只有几亿美元的利润。”余承东向记者透露，这也是华为终端策略发生改变的根本原因。

“要利润，不要销量。”这成为华为终端上下贯彻的一个终极思路。

品牌建设生死攸关

对于目前流行的互联网手机品牌营销模式，余承东表示：“华为在去年独立了荣耀品牌，进行互联网营销。总的来说，基本是线上猛炒作，线下加价卖。”

记者了解到，经历几轮低价产品的销售后，荣耀获利并不多，有的机型一台甚至只赚 30 元。终端这几年能够持续高投入研发主要归功于华为传统运营商业务的补贴，这样的模式随着时间的推移势必遭到摒弃。

华为的财报显示，华为消费者业务 2013 年营收首次突破 90 亿美元，盈利能力达到历史最好时期。不过，余承东透露，终端的净利润尚不足 10 亿美元。

对于华为消费者业务未来的战略，华为轮值 CEO 徐直军此前表示，华为终端不做大规模宣传，通过口碑进行传播，核心是质量、体验、服务。

曾韬认为，华为 2013 年独立荣耀电商品牌，很大程度上是受到了小米的冲击。“小米的技术特长和技术核心与华为不同，二者的盈利模式也不同。小米的模式更偏向互联网，而华为模式的优势在于全球化的渠道和技术储备，后者可能走得更远。”但是，他认为，在全球智能手机市场进入增长放缓这一时期，国产品牌手机会面临更大的挑战。

市场调查机构 IDC 的数据显示，2014 年第一季度全球共售出约 2.82 亿部智能手机，比2013年第四季度的2.9亿部有所下降。包括功能机在内，第一季度全球共售出4.49亿部手机，这个数字也比上年第四季度的4.93亿部有所下降。2014年第一季度，三星仍然毫无压力坐稳全球智能手机市场老大的位置，不过30.2%的占有率略低于去年同期的31.9%。第二位仍然是苹果公司，iPhone拥有15.5%的市场份额，同比下降1.6个百分点。华为以1 370万部智能手机发货量占据4.9%的全球市场份额，排名第三，同比增长47.3%。

“这两年对华为终端来说可谓生死攸关，未来只有两条路，要么快速成长，要么死亡。要快速成长，需要加快品牌度建设，今年华为全球品牌度目标是60%，明年是80%，只有这样才不会死亡。”余承东给华为终端定下了这样的指标。他透露，今年华为终端出货量做到8 000万部没问题。

资料来源：揭秘华为“诡异”定价策略：玩价格战是作死?. OFweek电子工程网. http://ee.ofweek.com/2014-05/ART-8600-2817-28807203.html.

▶ 讨论题

1. 哪些因素会影响华为Ascend P7的定价？
2. 华为Ascend P7运用了怎样的定价方法？
3. 你觉得Ascend P7的定价是否“诡异”？请详细阐述理由。

阅读材料

稳定物价稳民心

物价稳，民心才能稳。2020年，受新冠肺炎疫情影响，我国当年2月的CPI涨幅为5.2%。随着复工复产全面推进，主要消费品的供给增加较快，4月，居民消费价格同比上涨3.3%，涨幅比上月回落1个百分点，其中食品价格涨幅比上月回落3.5个百分点。数据表明，疫情对我国主要农副产品和其他消费品的影响大大缓解，物价保持平稳回落的态势。“完备产业体系和强大供给能力，是我们稳物价的最大底气。”山东社科院研究员张卫国代表说，全国粮食生产实现“十六连丰”，总产连续5年达到1.3万亿斤。山东作为农业大省，稳面积、稳政策、稳产能，大力稳定生猪生产，保障了粮食等重要农产品供给，物价水平一直保持在合理区间，稳定了市场预期。“政策给力，企业努力，社会各界齐心稳物价。”南开大学金融学院常务副院长范小云委员说，在疫情防控中，线上线下齐发力，畅通产销梗阻；各种扶持政策密集出台，加快推进复工复产、复商复市；各生活物资生产重点地区和单位全力以赴保供给，为保持物价稳定做出了贡献。“我们有强大的组织动员能力、生产配送能力，实现CPI预期目标有信心。”中国农业生产资料流通协会会长杨建平委员说，在疫情防控中，全国供销合作社系统通过线上订购、线下配送等多种新模式，将农资商品送到农户手中，同时把生鲜农产品销售到城市，保障了居民生活供给；在春耕备耕期间，全系统采购储备供应农资4 400多万吨，发挥了为农服务国家队作用。

第12章

分销渠道选择——竞争新热点

思政目标

- 明确我国深化流通体制改革工作的时代背景与工作要点。
- 理解共赢理念在渠道建设中的重要性。
- 理解传销活动的实质以及对社会经济发展的危害性。

引导案例

20世纪80年代，家乐福、麦德龙等一批外资大卖场进入中国，以其“实惠”的形象与动作迅速打动了中国消费者的心。90年代，国美电器、永乐电器等一批家电卖场出现了，其发展之迅猛令人瞠目结舌。于是消费者逐渐改变了原先在百货店购买电器的习惯，“逛逛家电卖场”成了他们的第一选择。随后，以连锁形式发展的渠道遍地开花，从超市、便利店、家电专卖店、药店、书店等品类店到洗衣店、服装专卖店、汽车4S店等产品或服务专营店，都有连锁的影子。进入21世纪，蓬勃发展的互联网对传统的分销渠道产生了巨大的冲击。新的分销模式不断兴起，网上零售、网上采购、在线拍卖、物流公司等如雨后春笋般涌现出来。分销渠道的不断发展给我国经济带来深刻的影响，改变着我国不同行业的游戏规则。但归根结底，消费者力量的不断增强，才是引导分销渠道变革的根本原因。只有拥有能够充分代表消费者利益的分销渠道，才能在日趋激烈的市场竞争中脱颖而出。

第1节　分销渠道的作用与构成

一、分销渠道的作用

商品经济条件下，生产和消费在时间、空间上相分离，商品必须通过交换，完成所有权和实体的转移，才能从生产者抵达消费者。我们把承担这一任务，将产品或服务送达目标顾客的一系列机构组成的通道称为分销渠道。分销渠道决策的内容就是对这些中介机构的选择和管理。

分销渠道由一系列市场中介机构或个人组成。渠道的起点是生产者，终点是消费者或用户，中间环节有各类批发商、零售商、代理商和经纪人。

在现代商品经济条件下，大部分生产企业并不直接把产品销售给最终用户或消费者，而要借助一系列中间商的转卖活动。因为商品本身兼具价值和使用价值的双重属性，所以商品在流通领域的转移，实际上包括由商品交易活动完成的商品所有权转移和由商品储存、运输等完成的商品实体转移两个方面。相应地，在定义分销渠道时也有广义与狭义之分。广义的分销渠道包括提供商品储存、运输等物流服务的辅助企业，而狭义的分销渠道一般仅指由参与商品所有权转移或商品交易活动的中间商（它们中的大多数同时承担商品储存、运输等实体转移活动）组成的商品流通渠道。这里关于分销渠道的含义是狭义的。虽然从性质上看，代理商和经纪人并不对商品拥有所有权，但它们帮助完成了商品的买卖交易活动，因此也应算作分销渠道的一员。

为什么大多数生产者选择通过分销渠道而不是自己直接将商品出售给消费者？原因主要有以下两点：

（1）大多数生产者缺乏将商品直接销售给最终顾客所必需的资源与能力，这些正是中间商与中介机构所擅长的。作为社会分工的产物，中间商由从事市场营销职能的专业人员组成，他们更了解市场，更熟悉消费者，各种营销技巧掌握得更熟练，营销实践经验更丰富，并握有更多的营销信息和交易关系。因此，由他们承担营销职能，工作将更有成效，营销费用相对较低。中间商有自己独立的投资。如果生产企业自己承担营销职能，它必须为此投入资金、人力和设备；如果将营销职能转给中间商，不仅可利用专业人员的工作效率，还能相应地节省资金投入，或将这笔资金用于技术开发和扩大生产规模。这与企业在其他方面购买专业服务，如金融服务、医疗服务、清洁服务、安全保卫服务等十分相似。

（2）中间商的介入起到了经济节约的作用。如图 12－1 所示，（a）部分表示 3 个生产者分别对 3 个顾客直接销售，整个过程需要进行 9 次交易；（b）部分表示 3 个生产者通过一个中间商完成交易，交易次数减至 6 次，中间商的介入帮助减少了工作量。依此类推，卖者和买者数量越多，中间商介入所减少的交易次数及节约的社会总劳动就越多，这是中间商最重要的贡献。

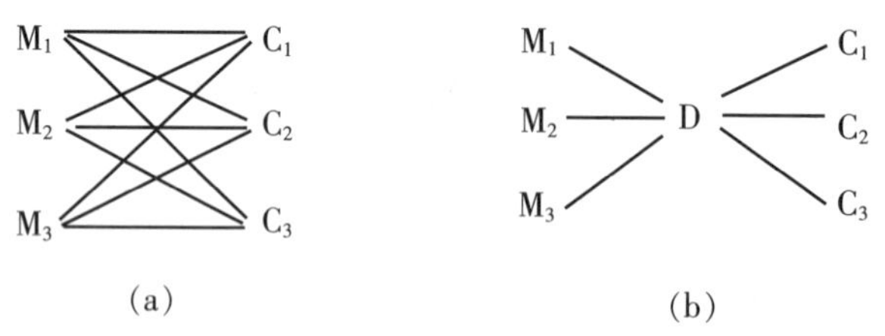

（a）　　　　（b）

$$\frac{\text{交易次数}}{M\times C=3\times 3=9} \qquad \frac{\text{交易次数}}{M+C=3+3=6}$$

M——生产商　C——顾客　D——中间商

图 12－1　中间商节约社会总劳动示意图

从完成的职能看，一方面，中间商分担了生产企业的市场营销职能。一般来说，中间商更了解市场需要，有更广泛的市场业务联系面，尤其在企业打算进入某个陌生的地区市场时，中间商的帮助更为重要，这就是中间商的所谓“眼长、手长、腿长”。现代商品社会，生产规模日益集中，这决定了企业市场的辐射面扩大，即潜在顾客分布在更广的地理区域内。这样大范围的营销活动，一般规模的生产企业很难顾及，因此需要大批当地的中间商帮助宣传商品、开拓市场、组织销售。另一方面，对消费者或用户而言，中间商又充当了采购代理，将大批量购进的产品分解成适合消费者购买的多品种、小批量产品，送达便于消费者购买的地点，为他们提供各种服务，并在生产者和消费者之间调和矛盾。

当然，并不是所有分销系统都需要中间商介入。面对产业市场的制造商，尤其是当产品专业性强、用户面窄或用户采购批量很大时，通常可建立直接渠道。在消费者市场上，一些财力雄厚、品牌知名度极高的大公司也可能自己组建高度垂直一体化的销售公司或专卖店。但对大多数规模不太大、市场又分散的企业来说，利用中间商组建分销渠道必不可少，经济上也更为合理。

二、分销渠道的构成

一般而言，消费者市场和产业市场分销渠道的构成不同，如图 12－2 所示。

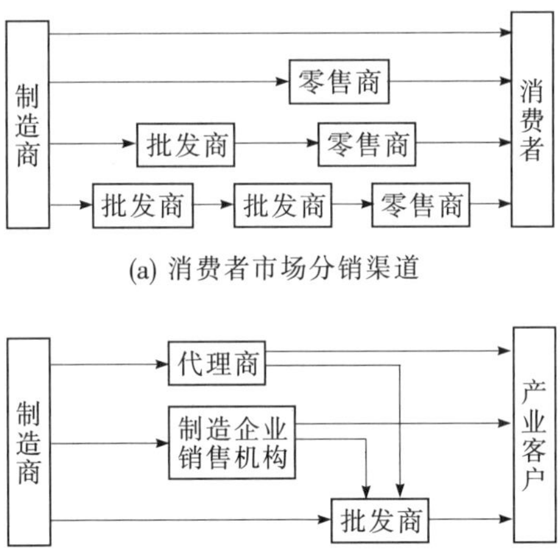

(a) 消费者市场分销渠道

(b) 产业市场分销渠道

图 12－2　消费者市场与产业市场分销渠道对比

总的来说，消费者市场分销渠道所含中间商的数目比产业市场多；消费者市场分销渠道的出口是零售商，而产业市场分销渠道的成员中没有零售商。

我们通常从有无中介环节、环节的多少及每一环节含中间商数量的多少几方面对分销渠道进行划分。

（1）直接渠道与间接渠道。根据商品从生产到消费的流通过程中是否经过中间商转卖，一般将分销渠道分为直接渠道和间接渠道。生产企业直接将产品卖给用户，没有中间商介入的情况，称为直接渠道。在产业市场上，许多生产设备和原材料都采用直接销售的方式。过去消费者市场上直接销售很少见，因为个人消费者过于分散，销售成本高昂。现在，随着电视直销、网上销售的发展，直接销售在消费者市场上也有了很大的发展。间接渠道指含有一层或多层中介机构的分销渠道，是消费者市场上占主导地位的渠道类型。

（2）长渠道与短渠道。根据商品在流通过程中所经中间环节的多少，将分销渠道分为长渠道和短渠道。显然，没有中间环节的直接渠道最短；中间层次或环节越多，渠道越长。一般来说，在同样情况下，短渠道比长渠道节省周转时间和费用。但同种产品，由于地理位置不同，将产品送达远处的市场需要长渠道，近处的可用短渠道；在市场远近相似的情况下，中间商规模不同也会影响渠道长短，如一种产品通过大型零售店销售，渠道相对较短，通过小型零售店销售，渠道可能较长。因此，长短渠道孰优孰劣不能一概而论。实际上，企业往往采取多种分销渠道销售产品。

（3）宽渠道与窄渠道。渠道的宽与窄取决于商品流通过程中每一层次选用中间商数目的多少。如生产洗发水的企业通常选择由许多批发商和零售商组成的分销渠道，以便分散的顾客都能方便地买到商品；反之，经营钢琴的企业在一个城市也许仅选择一家特约店，因为其目标顾客不在乎购买是否方便。前者称为宽渠道，因为每一层次有众多的同类中间商；后者称为窄渠道，因为每一层次中间商的数目少到极限。当然，除了独家经销的情况，宽窄都是相对而言的。

在传统分销渠道中，渠道的每一个成员，如生产者、批发商、零售商等，都作为一个独立的单位参与到渠道整体中，但每个成员均有自己的经营目标和利益，任何一个层次的成员都无法对其他成员进行实质性的控制。渠道之所以存在，主要是基于成员间的互利关系，当任何一方都无法从中获利时，这种渠道就会消失。各层次的渠道成员之间的关系没有正式规定，各成员之间基于对自身利益的考虑建立这种关系。

现代企业倾向于建立一种垂直分销系统。在这种分销系统中，各个层次的成员，如生产者、批发商、零售商之间形成一种更密切的联系。系统中的成员或拥有专卖特许权并将其授予其他成员，或拥有某种权力可以迫使其他成员合作。在垂直分销系统中，生产者、批发商或零售商都可能处于支配地位。

垂直分销系统的出现是竞争激化的结果，是企业为了形成自身的竞争优势，控制各渠道成员行为，消除渠道成员为追求各自目标所引起的冲突的产物。

垂直分销系统有三种主要形式：

（1）直营式垂直分销系统。这种形式在单一所有权下把生产和分销这两个阶段结合在一起，实际上是一种一体化经营，通过前向或后向垂直一体化完成。

（2）支配式垂直分销系统。这种形式不是通过共同的所有权，而是以某一方的规模和权力来协调生产和分销。如拥有优势品牌的生产企业吉列、宝洁等可能争取到中间商在产品陈列、货架空间、促销和价格政策等方面不寻常的合作。

（3）契约式垂直分销系统。这是指由不同生产和分销层次的独立生产商和中间商以契约形式将它们的经营计划融为一体。近年来契约式垂直分销系统发展得很快，已成为分销渠道系统最重要的发展趋势之一，特许联营、汽车制造商与其经销商之间的关系即属这种性质。

第 2 节　中间商的类型

中间商由专门从事商品流通经营活动的企业和个人组成，它们的基本职能是作为生产和消费之间的媒介，促成商品交换。中间商在很早以前就已出现，随着社会分工的发展，中间商内部的职能分工也在细化，形成了批发和零售两大类。批发的功能是将购进的商品批量转售给各类组织购买者，包括生产企业、服务企业、零售商、其他批发商和各种社会团体机构；零售的功能则是将商品卖给最终市场上的个人消费者。以批发经营活动为主业的企业和个人称为批发商；以零售经营活动为主业的企业和个人则称为零售商。

还有一种中间商称为代理商，它们与商业批发商的本质区别在于它们对商品没有所有权，不是将产品买下来，而是代表买方寻找卖方，代表卖方寻找买方，或在买卖双方之间牵线搭桥（如经纪人）。因此，它们在商品分销过程中不承担风险。它们赚取佣金而非经营利润，佣金一般为销售额的 2%～6%。当然，代理商和经纪人都是独立自主经营的企业或个人，不是所代理企业的雇员，它们的报酬是佣金而不是薪金。

代理商的经营范围一般较狭窄，专业性较强，所承担的职能基本限于协助完成商品所有权转移，而不涉及商业批发商通常承担的实体分销、融资、风险承担等职能。很多代理商只需一间办公室、一台电脑及一台传真机。在现代社会，代理商以其专业的市场、商品知识，行业内广泛的客户联系，迅速获取信息及强力推销和谈判的能力，为社会所需，为生产企业开拓市场、寻找客户所需，有效地提高了营销网络系统的效率。

一、商业批发商

商业批发商是有独立投资、自主经营的批发商业企业，它们买下所经销商品的所有权，然后出售。在不同行业里，对商业批发商的称呼有所不同，例如中间批发商、配销商、分销商、经销商或供应商。商业批发商是批发商中人数最多的一类，其业务占全部批发业务的 60%以上。

商业批发商的主要职能是将大批的货物分成小批销售出去。此外，商业批发商还提供仓储、运输、融资等服务。

商业批发商主要有以下特点：

（1）业务主要是大批量采购，大批量销售，因此商业批发商的业务量一般较零售商大，业务覆盖的区域也较零售商广。

（2）由于不直接面对个人消费者，商业批发商所处的地理位置是否接近商业中心并不重要。相反，由于要大量购销，所处位置的交通和通信条件可能更重要。

（3）从营销学的角度看，商业批发商的用户均属于产业市场，促销方式主要是人员推销，很少做广告或几乎不做广告。

（4）商业批发商大多专营一定范围的产品，并对这类产品市场有专门知识，可为经营范围较广泛的零售商提供与商品有关的咨询服务。

（5）商业批发商在其专营的产品线内，通常经销多个甚至所有同类企业相互竞争的产品。商业批发商又可再细分为执行完全服务的批发商和执行有限服务的批发商；根据经营范围分为综合批发商和专业批发商；根据从事经营活动的市场范围分为全国性批发商和地区性批发商；还可分为进口批发商和出口批发商。

在专业批发商中，有一类可称为大宗商品的专业批发商。这类批发商的业务特点是将分散的货源组织起来，然后大宗地批发出去。它们的另一个特点是业务范围窄而专一，配置各种专用的仓库、运输设施，活动范围或市场覆盖面很广。如数十个大型专业批发商几乎垄断了世界谷物市场；石油、军火、木材等交易也有这一特点。

现代制造企业的销售机构承担了大量批发业务，它们组建有相对独立经营权的销售分公司，在国际和国内市场广泛从事本企业产品的批发经营活动。首先，这一发展趋势与制造企业规模扩张、产品品种规格众多，以及力图更有效地控制产品销售过程有关。当生产企业认为自建销售分公司能更有效地承担营销职能时，就会部分或全部抛开专业中间商。

产业市场上那些专业性较强的商品，如生产设备、原材料、零配件，由于用户集中于某些行业及地区，制造企业的销售难度并不大。与之相反，在消费者市场上，由于品种多样化和顾客非常分散，制造企业自组批发的比重要低得多，但生鲜食品因需要尽可能短的周转时间及特殊的储运条件，有不少企业直接批发给零售商。

其次，制造企业在所处行业竞争相对集中、企业规模相对庞大的条件下，采取自组分销网的情况较多。如美国的石油和汽车行业，虽然用户相对分散，但生产高度集中。制药业也是一例，美国医药卫生材料行业中，制造企业销售组织的批发额占到45%，这并非因为客户集中，而是由于制造企业规模庞大并占据垄断地位。这种地位使制造企业寻求通过自组分销网加大对最终市场的控制，加强与竞争对手的对抗，更有效地通过内部计划来协调生产与销售各环节的矛盾。

最后，各种新型商业组织与所有权形式，以及高度发达的社会分工使制造企业控制自己产品的分销途径变得更容易，如代理制度的发展、零售连锁的发展、特许经营的发展及专业物流公司的发展。如在汽车行业，汽车制造公司通常赋予专业汽车零售商以特许经营权，专营本公司生产的汽车及零配件的销售；又如石油行业中的冶炼公司，实际上是通过授予特许经营权来控制成百上千的路边加油站，完成产品从生产者到最终消费者的转移。

制造企业销售机构的规模有大有小，独立程度也不同。有的接近独立的销售公司，有自己的仓库和庞大的销售网，几乎承担了企业全部的营销职能。如巨型的汽车制造厂商，在世界各地设置成百上千个汽车销售商店和维修服务站，几乎控制了产品销售的全过程。IBM 在世界各地都设有销售办事处，不仅向计算机商店、办公用品经销商推销产品，还直接与政府机构、科研院所、大学打交道。中国多数大型家电企业组建了自己遍布全国的销售分公司，在许多城市直接向零售商推销产品。一些空调企业、名牌服装企业还直接开设了零售专卖店，如格力、鄂尔多斯。

在三类批发企业中，商业批发商约占整个批发销售额的 50%～60%；其次是制造企业的销售机构，占 20%～30%；最后是代理商和经纪人，约占 10%。

未来批发商的发展将继续面临制造商自建销售公司、大型零售企业直接向制造商采购、连锁店自营批发的挑战。从现代技术在流通领域应用的角度看，计算机和现代通信网络的广泛应用，使制造企业与产业用户、零售商之间的直接联系变得更容易；物流与商流的分离，则使提供完全职能的传统商业批发商面临投资少、费用低的有限职能批发商，甚至代理商、经纪人的挑战；B2B 和 B2C 商务网站的发展，可能进一步吞噬批发商甚至传统零售商的生存空间。

二、零售商

作为个人消费者，我们在市场上很少注意到批发商，我们接触的主要是零售商。

零售商由以零售经营为主业的企业和个人组成。零售业务与批发业务的本质区别在于零售面对的是消费者市场，是整个营销网络系统的出口，是商品流通的最后环节。零售业面对的顾客分散，其经营形式也更加多样化。在商品经济发达的国家，零售是庞大的行业，企业数量和就业人数通常超过生产企业与批发企业之和。

凡以零售经营活动为主业的企业或个人均称为零售商。零售商是将商品送达个人消费者手中的商品分销渠道的出口。零售企业数量多，形式也多。由于竞争激烈，零售业被公认为经营形式经常发生变化的行业。改革开放 40 多年来，我国零售业的变化巨大：一方面，传统百货公司朝超大型、超豪华型方向发展；另一方面，形形色色的食品超市、仓储店取代了过去的副食店、菜市场、粮店，各种品牌专卖店如雨后春笋，将过去的综合型专业店细化……总的看来，在零售经营形式上，我国正走向与世界发达国家类似的道路。

从经营形式看，零售可分为有门店和无门店两类。有门店零售即大家熟悉的零售商店。无门店零售即消费者通过邮寄的商品目录、报刊、电话、电视、计算机网络获得商品信息，再通过电话、邮件、传真或网络直接向厂商订购商品或服务。无门店零售还包括上门推销和自动售货机等。有门店零售主要有以下几种经营形式。

1. 百货公司

百货公司起源于 19 世纪中叶的欧美，商店规模较大，经营商品范围广且深，商品档次较高，属大型综合性商店。内部按照服装、家庭日用品、洗涤化妆品、五金商品、文化用品等分为不同的商品部。每一大类商品部经营许多品种、规格的商品。通常在城市的最大商业中心都有 2～3 家大型百货公司，经营商品可达数万种到数十万种。在城市二三级商业中心或郊区购物中心，则有规模较小的 1～2 家百货公司。不过，目前无论中国还是发达国家的传统百货公司都面临着新型零售业态的巨大竞争压力，不得不调整自己的经营战略和商品结构。

2. 专业商店

专业商店的特色是经营单一大类花色、品种、规格齐全的商品，例如妇女服装商店、鞋店、体育用品商店、电子产品商店、音像制品商店等。这类商店通常以经营该类商品中各具特色的中高档品种为主，价格偏高，但能为消费者提供广泛的选择余地，可以满足各种特殊需求，服务项目齐备。

专业商店规模可大可小、经营品种可多可少。随着商品品种的丰富和人们需求的多样化，专业商店获得了迅速发展，在各商业中心和购物中心均扮演主要角色。它们在商店选址上的一大特色是经营同类商品的若干家专业商店聚集在一起，生意反而更兴隆。专业商店的数量众多，规模、档次相去甚远，与综合型商店总是处在某种竞争中。未来最有可能发展的是大型专营店和品牌专卖店。

3. 超市

超市起源于 20 世纪 30 年代，第二次世界大战后在美国迅速发展起来，随后推广到很多国家。超市是一种大规模、低成本、低毛利、消费者自我服务的零售经营方式，主要经营食品，后来发展到经营洗涤用品、家庭日用品、药品、小五金等众多种类的小包装商品，以进一步扩大销量、降低成本。

我国在 20 世纪 80 年代初出现了超市，因主要突出开架售货，故又称自选商场。但那时的自选商场规模不大，经营成本较高，普通居民的收入水平还难以承受各种小包装商品的高价位，因此大多数自选商场未能生存下来。到 90 年代初，超市又重新红火起来。短短几年间，城市居民已接受了这种新的购物方式，综合性的食品超市在大中城市逐步取代传统的副食店、粮店、菜市场，继而向中小城镇发展。

4. 折扣百货店

折扣百货店起源于 20 世纪五六十年代的美国，主要特点是商品售价便宜，开架售货，以中低档产品为主，鼓励大量购买。为降低成本，这类商店多开在租金较低的非中心商业区，提供尽可能少的服务和简单的销售设施。不过，商品售价低并不等于质量无保证，折扣百货店以经销全国性品牌商品为主，故既不必广做宣传，又能以低价让消费者买到质量可靠的商品。折扣百货店以连锁形式为主，市场占有率相当集中，其中以位居美国零售业第一的沃尔玛公司最为著名。

5. 便利店

这种商店的特点是规模较小，通常位于居民住宅区，顾客可以就近购买商品。便利店的营业时间长，必要时营业到深夜甚至通宵营业，一般在节假日也不休息，顾客随时都能买到商品，一般是饮料、面包、日用品、小食品、报纸杂志等，由于为顾客购买提供了便利，因而受到顾客的欢迎。便利店深深扎根于顾客群之中，有深厚的群众基础。

从商店自身看，虽然便利店小批量进货成本高，小批量销售商品周转慢，但因为它管理简单，没有专职管理人员，费用很低，尽管劳动效率比大商店低，但仍然有一定的竞争力。

6. 批发俱乐部

批发俱乐部源于欧洲，起初主要面对小公司、个体企业的批量购买，后来逐渐扩大到一般消费者，但采取会员制，需要定期缴纳会费，凭会员卡进店采购。商店的面积巨大（占地上万平方米），单店年销售额高达数亿美元，店址偏僻，经营的产品线宽，但每类商品品种不多，以周转快的全国性品牌商品为主。商品均直接码放在货架上，店内装修极为简单，商品包装较大，与一般零售店比，可称得上批量购买。美国沃尔玛公司的山姆会员店是典型的批发俱乐部式商店，在我国大城市开有分店，带动了国内各种仓储俱乐部式商店的发展。

未来零售业发展呈现以下明显趋势：

（1）不断强调顾客的自助服务。顾客直接接触货架，不仅便于顾客挑选商品，而且可以减少营业人员，从而降低销售成本。但这种销售方式也给供应企业带来了新问题。例如，制造商必须加大广告宣传，还需改进包装以吸引顾客。

（2）计算机化。零售商广泛使用计算机，可以更有效地控制存货，将存货超储和存货短缺的情况降到最低限度。利用计算机进行盈利分析，可及时淘汰无盈利的商品，进而降低成本。

（3）自有品牌迅速发展。自有品牌是指零售商对所经营的商品使用自己的品牌，而不是采用制造商的品牌。如西尔斯公司所销售的商品中使用自有品牌的达 80%；大西洋与太平洋茶叶公司（Great Atlantic & Pacific Tea）销售的产品，使用自有品牌的超过 25%；许多超市越来越多地销售自有品牌的商品。

（4）商品范围扩大。例如，药店销售化妆品、玩具、调味品等；超市销售药品；杂货店、百货公司销售汽车零件等。由于零售竞争的白热化，争夺商品十分流行，这使不同零售商之间的界限变得模糊，制造商不得不考虑为其产品寻找新的零售形式。

（5）网上直销。许多专家认为这种形式将主宰未来的购物领域。随着家用电脑的普及、互联网的发展，越来越多的企业开始在互联网上注册。人们可以从网上收集到企业所提供的产品或服务的详细情况，包括图片和说明等，还可以在网上直接订购商品。许多零售商正试图寻找让顾客在家中通过互联网购物的方法。例如，当顾客在互联网上访问一些大型零售商店的站点时，零售商店会提供本店目前经营商品的目录，顾客可以据此订货，货物会被直接送到顾客家中。显然，随着家用电脑和互联网的发展，网上购物在未来必然会有很大的发展空间。

第3节　连锁商店与特许经营

一、连锁商店

零售业在20世纪的另一个重要发展是连锁商店。所谓连锁商店，即由同一公司所有，统一经营管理，经营相同或相似的商品大类，实行集中采购和销售，由有相似建筑风格和标志的两个或两个以上分店组成的零售商店。连锁商店由于规模大，具有大量采购、大量销售的能力，能获得进货价格的折扣，成本较低，因此售价也较低。连锁商店有标准的商店门面和布局，便于顾客识别和购物。连锁商店规模大，在业务洽谈时处于优势地位，能争取到较优惠的采购条件和较低的价格。

连锁商店可以是超市的连锁、专业商店的连锁、百货公司的连锁，也可以是酒店的连锁、快餐店的连锁。应该说，连锁是一种组织形式而非经营方式。

由于各国法律规定不同，有些连锁商店的成员并不都属于同一所有者，或服从相同程度的统一管理。根据所有权和集中管理程度的不同，连锁商店可分为直营连锁店、自愿连锁店和零售合作社几种。其中，直营连锁店为同一所有者，统一店名，统一管理；自愿连锁店是独立商店通过契约形式建立连锁关系，通常由一个批发商牵头，统一管理，统一采购；零售合作社主要是由一群独立的零售商组成的集中采购组织。

20世纪90年代以来，连锁商店在我国获得了迅速发展。最初是超市和便民店，具有代表性的有上海华联超市、北京好邻居连锁，随后发展到众多行业，如餐馆、药店、鞋店、百货公司、书店等。

连锁商店的发展有助于突破零售企业由于顾客分散所造成的店址固定、单店规模小、经营成本高的限制，使企业可通过统一进货、统一的标准化管理和统一做广告形成规模效益。连锁经营无论对大公司还是小公司都适合，在未来很有发展前途。

二、特许经营

特许经营是指特许权授予人通过协议授权受许人使用特许人已经开发的品牌、商号、技术等。为此，受许人必须先付一笔首期特许费，此后每年按销售收入的一定比例支付特许权使用费，换得在一定区域内出售该商品或服务的权利，此外，还必须遵守合同中的其他规定。

现代特许经营起源于 1851 年的美国，胜家缝纫机公司建立了第一个特许零售系统。直到 20 世纪初，特许经营才较为普及，主要是汽车制造企业开始利用特许经营来扩大它们的分销系统。特许经营被誉为当今零售和服务行业最有潜力和效率的经营组织形式，特别适合那些规模小且分散的零售和服务业企业。与其他经营方式相比，特许经营有如下特点：

（1）在特许经营中，受许人对自己的店铺拥有自主权，人事和财务均是独立的，特许人无权干涉。这与连锁商店不同。

（2）特许人根据契约的规定，在特许期间为受许人提供开展经营活动所必需的信息、技术、知识和培训，同时授权受许人在一定区域内独家使用其商号、品牌或技术等。

（3）受许人在特定期间、特定区域享有使用特许人的商号、品牌或技术的权利，按契约的规定从事经营活动。如麦当劳要求受许人定期到公司的汉堡包大学接受制作汉堡包及管理方面的培训；对所出售的食品有严格的质量标准和操作规程要求，以及严格的卫生标准和服务要求，如工作人员不准留长发、女士必须带发罩等。

（4）特许关系中明确规定的一点是受许人不是特许人的代理人或伙伴，无权代表特许人行事，受许人要明确自己的身份，以便在与消费者打交道时不致发生混淆。这使得特许经营关系与代理有本质的不同。

（5）在特许经营中，契约规定：特许人按照受许人营业额的一定百分比收取特许费，分享受许人的部分利润，同时也要分担部分费用。如麦当劳收取的特许费约为受许人营业额的 12%，同时承担培训员工、管理咨询、广告宣传、公共关系和财务咨询等责任。

特许经营可分为两种主要类型：

第一，产品、商标型特许经营。产品、商标型特许经营又称为传统特许经营。在这种形式中，特许人通常是一个制造商，同意授权受许人对特许产品或商标进行商业开发。特许人可能提供广告、培训、管理方面的帮助，受许人作为独立的经销商经营业务。在美国，这种特许大约占所有零售特许的 70%。最典型的有汽车制造商、大型石油公司授权的加油站，以及可口可乐等饮料公司。

第二，经营模式型特许经营。又称为第二代特许经营，是最近一二十年发展较快的经营形式。这种形式的特许人与受许人之间的关系更为密切，受许人不仅被授权使用特许人的商号，还要接受全套的经营方式、指导和帮助，包括商店选址、产品或服务的质量控制、人员培训、广告、财务系统及产品供应等。这种经营方式常见于餐饮、酒店、洗衣及照片冲印等行业。麦当劳就是特许经营形式中最成功的例子。

特许经营是一种回报较高的营销方式，但高回报伴随着高风险，即使在特许经营高度发达的美国，特许经营店的失败率也高达 45%。因此，在选择特许经营时，企业应注意以下几方面问题：

● 特许人应具有相当成熟的品牌、服务、技术等，能为受许人提供各方面的支持。

● 受许人自身的条件，包括：受许人必须愿意长时间劳动；具有高水平的与人相处的技巧；有迫切的学习愿望；有充足的后备资金应对暂时的困难。

● 受许人应考虑自身条件是否与特许企业吻合，如受许人是否对该行业感兴趣，能否接受该特许企业的文化。

加盟特许经营体系需要支付一定的费用。通过付费，加盟者获得特许经营的资格，并获得特许经营总部的指导与支持，特许经营总部则通过收费获得收入。

特许加盟费类似于入会费，用以反映加盟者的价值，并抵消总部的部分开支，包括对店铺和加盟者的评估、培训和监察，以及总部承担的商标注册费用、广告宣传费用、员工工资、办公费用、法律及会计服务费用等。因此，加盟店在加盟之初向总部支付的特许加盟费，实质上是总部提供特许加盟服务的成本。由于各特许经营系统的特许经营计划有所不同，特许加盟费的数额也各不相同，通常没有硬性规定或标准，并且经常波动。一般来说，特许经营系统在创建发展之初，特许加盟费较低，在发展成熟之时，特许加盟费较高；知名度高的大型特许经营系统的特许加盟费较高；业务兴旺的特许经营系统的特许加盟费较高。在特许经营的加盟合同中，通常会规定总部须为加盟店提供最初的设备及店铺的内部装修，这笔费用当然也由加盟者承担，包括在首批费用之中。

特许经营费是特许经营公司定期向加盟店收取的费用，以弥补向后者提供服务与支援的成本。特许经营费占销售额的比例应当在特许经营合同中做出明确的规定。要评估特许经营费的适当水平通常十分困难，各个特许经营体系的收费取决于多种因素，其中，最主要的是总部提供的服务性质及其对加盟店的价值。从总部的角度看，特许经营费是未扣除支出的总收益，总部以这项收入支付营运费用并作为资本回报。从加盟店的角度看，则希望付出的费用物有所值，能够换回总部的服务与帮助，而且希望这笔费用控制在适当的范围内。

一般来说，最初的特许经营费不会超过特许经营计划总成本的5%～10%，总部不能指望通过最初的特许经营费从加盟店获得丰厚的收益，特许经营费的水平可以在日后逐渐调高，以反映经营权含金量的增长与效益。加盟店早期缴付的费用多半不能弥补总部的开支，但最初将加盟费维持在低水平，可以吸引更多的加盟者，为收入的增长奠定坚实的基础。

特许经营的优点在于：

（1）将经营失败的风险降至最低。对于一个缺乏经验的投资者来说，自己开一家店铺经营是很困难的，因此，加入一个特许经营系统有时是明智的选择。根据国际经营协会的统计，国外普通企业第一年的破产率达35%，5年后的破产率达92%；加盟企业第一年的破产率是4%～6%，5年后也只有12%。

（2）受许人通常还会得到全国性的品牌形象支持。对于加盟者来说，只要能拿出足够开店的资金，借助特许经营总部的商号、技术、服务等，便可以开展经营活动。加盟者由于继承了总部的商誉，在开业之前便拥有了良好的企业形象，容易给顾客带来亲切感，许多活动都可以在一个好的品牌和制度下展开。

创业阶段最艰难的一步就是不知如何打开市场，树立形象。实力强大的经营者可以尽量利用广告展开宣传攻势，力争在最短的时间内使消费者对自己的品牌留下印象。但是，一般的中小企业及个体经营者想做大规模的广告以一鸣惊人根本不可能。因为特许经营总部已有一定的知名度和市场占有率，所以加盟店可借助这种商誉来发展自己。

（3）分享规模效益，将开业成本降至最低。

首先是采购规模效益。特许经营企业一般都实行联购分销，建立配送中心，所以采购成本较低，手续简便，货源充足。在这方面，特许经营比单店经营有明显的优势。

其次是广告宣传规模效应。特许经营企业由于实力雄厚，有各加盟者的支持，往往财大气粗，广告费用惊人。近年来，麦当劳的年度广告支出一直保持在 10 亿美元的水平，在全美各大公司中名列前茅，但分摊到 28 000 多家分店和 400 多亿美元的销售额上，广告费用的负担并不重，各加盟店只需支付万分之一的费用。当然，遍布各地的加盟店本身也是一种广告和促销，其作用不可忽视。

再次，分享企业技术开发的成果。特许经营企业为提高整个企业的声誉，会随时开发具有独创性、高附加值的商品和服务，以战胜竞争对手，各加盟店不必自设技术研究和开发部门就可分享这些商品或服务。

最后，加盟者还可以从总部获得其他方面的支持与服务。如通过参加总部的培训课程，加盟者可以弥补基础知识和专业知识的不足；总部通常会帮助加盟者选择店址，帮助加盟者获得资金以作为购买经营权的部分款项，帮助加盟者购买设备、挑选或购买供应品，帮助加盟者开业并顺利运营等。

那么，加盟是否就十全十美了呢？当然不是，企业取得上述利益是要付出代价或做出某种牺牲的。

（1）加盟店必须遵守特许经营总部的要求，很少有创新的余地。总部对全体加盟店的经营一致性有严格要求，以稳定由加盟店提供给顾客的服务或产品的质量，因此，各加盟店想完全自主经营是不可能的，接受总部的集中控制即是代价之一。

（2）如果特许经营总部不擅长业务和管理，会使加盟店受到牵连，使那些满怀希望、准备开张的加盟店面临经营和资金风险。为了防止这种情况发生，通常以法律的形式，规定准备开展特许经营业务的企业有充分说明契约内容的义务。

（3）投资者加入特许经营组织，无形中将自己的投资得失与整个特许系统连在一起，形成命运共同体。加盟特许经营组织会增加依赖性，几乎一切都要靠总部来安排和指导。过于依赖总部，加盟店就会失去独立性，放松经营和销售的努力。更为严重的是，一旦总部方面有所变化，加盟店会大受牵连，而且难以应变；如果个别加盟店失败，脱离组织，其他加盟店的形象和信用都会受到影响，而对总部来说，只是失去了一两个经营网点。

（4）有法律条文限制经营业务的转让，这显然会阻止加盟者出售其业务。如果要中途终止合同，总部出于自身利益的考虑，往往不会轻易同意。如果店主欲将生意转卖给第三者，或者迁移他地，在未得到总部同意前，私自行动是不被允许的，即使该店的土地和建筑物都归店主所有。

（5）总部的政策对加盟店的利润有很大的影响。例如，总部可能希望加盟店提高营业额（定期的特许经营费正是从中提取的），但加盟者可能更想增加利润，而营业额的提高未必会带来利润的增加。

第4节　分销渠道选择

一、传统分销渠道

企业怎样为自己选择分销渠道呢？

首先，企业应该了解顾客的需求和购买行为。毕竟，分销渠道的基本职能是将商品送到顾客手中。例如，牙膏是顾客经常购买的商品，顾客最大的愿望是能方便地买到，因此制造商需要选择密集分销渠道，确保顾客随时随地能买到牙膏；反之，消费者在购买汽车前，已收集了大量信息，形成了对某个品牌的强烈偏好，这时，购买地点方便与否根本不在影响消费者购买决策的因素之列，他愿意去任何能让自己买到该品牌汽车的地点，在这种情况下，企业完全可以选择独家分销渠道。

制定企业渠道决策的程序可分为以下四步：识别和了解顾客的需求与购买行为；按顾客的关键购买准则确定分销渠道结构；为顾客提供灵活多样的渠道选择；跟踪顾客购买行为的变化并采取相应对策。

这里，顾客的关键购买准则指顾客购买时优先考虑的因素。如有的顾客重视产品质量、售后服务；有的注重价格便宜、交易方便；有的重视商家信誉和直接接触。如戴尔公司渠道策略成功的原因就是，看准了一些客户购买计算机最重要的准则是按要求定制、价格便宜，且交易便利。

为顾客提供灵活多样的渠道选择意味着多渠道。不同顾客对渠道的偏好可能不同，即使同一位顾客在不同环境下也可能选择不同的渠道。如一位顾客与朋友聚会时，可能愿意在餐馆就餐，在家时则愿意叫外卖。为此，餐馆需要提供两种分销方式：店内就餐和外卖。换言之，企业应采用多种分销渠道去满足不同顾客的需要。

其次，产品自身的特点也对渠道选择有重要影响。一般来说，鲜活易腐商品、时尚商品，渠道宜短，因为这类产品在流通中时间因素特别重要，环节越少，从生产到消费的速度越快；技术复杂、专业性强、客户集中的产品宜直销，因为中间商一般不具备所需的专业知识和技术；体积大、分量重、移动不方便的商品也适合直销，以减少中转的麻烦；制造成本与销售价格差距大，单价昂贵，需要充分演示或较多附加服务的商品，亦可直销。

不过，产品特点对渠道选择的制约必须以顾客需求和购买行为为基础。如果顾客购买行为发生了变化，即使产品没变，企业也需要开辟新的分销渠道。

影响渠道选择的最后一个关键因素是盈利能力。再适合顾客购买行为或产品特点的渠道，如果无法获得利润，也不能长久。评价不同渠道盈利能力的常用指标是成本收益比，即每笔交易成本/每笔交易收入。

假定某制造企业通过零售商可以售出 1 万件产品，出厂价每件 10 元，估计单位成本 8 元，则净利润为 2 万元。如改为直销，假定也能销售 1 万件，单价可增至 13 元，单位成本因流通费用的增加而增至每件 10.5 元，则净利润为 2.5 万元，在这种情况下，直销是更好的选择。但假如直销量到不了 1 万件，或单价卖不到 13 元，或流通加价不止每件 2.5 元，则可能出现不同的结果。总之，生产企业在做出采用何种分销渠道的最终决定前，务必先进行一番计算。

如果企业决定通过中间商分销其产品，就要决定所用中间商的类型：是批发商还是零售商？选择什么样的批发商和零售商？用不用代理商？

一个企业既可采用本行业传统类型的中间商和分销渠道，也可开辟新渠道，选择新型中间商。如第二次世界大战前，钟表作为精密的工艺制品，在西方国家多通过珠宝店销售；第二次世界大战后，随着钟表工业大批量生产体制的发展，价格大幅降低，机械制作的中低档钟表已不被珠宝店接受，天美时公司转而开辟了杂货店的销售渠道，这种大批量生产体制与大批量流通和大众化消费相适应，最终取得了成功。

现代商品经济条件下，中间商的经营形式在不断变化，新的经营方式不断被创造出来，任何一家企业都不应囿于传统的渠道结构，不仅在产品上需要创新，在分销渠道上也要创新。

企业在具体选择中间商时还要考虑以下因素：

(1) 市场覆盖面。中间商的市场覆盖面是否与生产企业的目标市场一致，如北京的某企业打算在西北地区开辟市场，所选中间商的经营区域就必须包括这一范围。

(2) 中间商是否具有经销某种产品所必需的专门经验、市场知识、营销技术和专业设施。如经销计算机、照相机等高技术产品，要求中间商具备一定的技术人才；一些中间商在销售食品方面极富经验，另一些在经营丝绸呢绒方面历史悠久；有些产品需要人员推销，有些产品需要独具魅力的现场演示。总之，不同中间商的经营范围和经营方式不同，能够胜任的职能也不同，制造企业只有在根据自己的目标对中间商完成某项产品营销的能力进行全面评价之后才能做出选择。

(3) 预期合作程度。有些中间商与生产企业合作得比其他中间商好，能积极主动为企业推销产品，并相信这也符合它们自己的利益。

(4) 中间商的目标与要求。有些中间商希望制造商能为产品大量做广告或开展其他促销活动，以扩大市场的潜在需求，使中间商更容易销售；有些中间商希望供需双方建立长期稳定的业务关系，制造商为自己提供随时补充货源的服务，在产品紧俏时也保证供货；有些中间商则不希望与某一家制造商维持过于密切的关系。制造企业在做出选择前，对这些应有清晰的了解。

中间商类型的选择决定了分销渠道的长度。不同类型中间商承担的营销职能的范围不同，但每种产品在整个营销过程中所需完成的销售工作量是不变的。如果选择了能承担大部分职能的中间商，环节就可相应减少；反之，如果选择的中间商只能完成有限的营销职能，其他职能必须由另外的中间商承担，环节必然就多。如同样的软饮料，选择大饭店作客户和选择小杂货店作客户，所需环节就不同。大饭店有大量销售的能力，可由生产厂直接每日送货上门；小杂货店每日销量有限，又没有储存、运输能力，就需要专业批发商介入，以满足这类小杂货店分散、小批量进货的要求。

分销强度或渠道宽度主要取决于产品类型：便利品显然需要密集分销，选购品一般适合选择分销，特殊品可选择独家分销。归纳起来，在渠道宽度决策上有三种策略可供选择：

（1）密集分销。这是最宽的渠道。即选择尽可能多的批发商、零售商推销产品，重点在于扩大市场覆盖面或迅速进入某个新市场，让消费者能随时随地买到产品，特别适合消费品中的便利品和各种服务。缺点是分销成本较高，且不易控制。

（2）独家分销。这是最窄的渠道。即在一个地区范围内只选择一家中间商经销产品，通常双方协商签订独家经销或代理合同。独家分销对生产者的好处是有利于控制市场，加强对中间商的管理，并能改善产品形象，增加利润，但通常只适用于特殊品或专业性强的商品，对便利品、选购品会限制市场覆盖面和销量。

（3）选择分销。它介于密集分销与独家分销之间，即有条件地选择几家最适合的中间商经销自己的产品。这种做法适合各类产品，特别是选购品。一方面，它比独家分销范围广，有利于拓展市场，增加销售；另一方面，它比密集分销节省费用，便于管理和控制，并可加强生产者与经销商之间的了解和联系。

二、新型分销渠道——从售卖“4P”到商业化“4C”

市场营销组合是计划提供给客户的内容和途径的经典工具。它有四个因素，即4P（产品、价格、渠道和促销）。产品通常基于客户需求和市场调查进行研发，企业控制着品牌决策中从概念到生产的大部分环节。企业结合成本、竞争和客户价值等方面的定价策略，为品牌定出一个合理的价格。在客户价值定价过程中，用户的购买付费意愿，是用户与定价环节的最大联系。当企业决定了所提供的内容，即产品和价格后，就该决定如何实现渠道和促销。企业需要确定产品分销渠道，让用户获得可行、方便的购物体验，还需要采取广告、公关和促销手段，将产品信息传达给目标用户。当企业将营销组合的四个要素合理地设计和结合后，用户就会被产品价值主张吸引，产品的销售也就变得更容易了。

在互联互通的时代，营销组合的概念变得更加需要用户参与。4P 元素的营销组合如今应该被重新定义为 4C 元素——共同创造（co-creation）、通货（currency）、公共活动（communal activity）、对话（conversation）。

在数字经济中，共同创造是一种新产品开发的战略。通过在创意阶段使客户参与其中共同创造，企业能提高产品开发的成功率。共同创造还使得客户可以定制个性化的产品和服务，并创造更高级的价值主张。数字时代的定价也在从标准化逐渐迈向一种动态。动态定价，即根据市场需求和能力设定可以变化的价格。这种定价手段在住宿和销售机票中已经应用了很久。技术革新也将动态定价带入了其他行业，比如线上零售商就通过收集大量数据，实现大数据分析，为不同用户提供合适的价格。有了动态定价，企业可以根据购买历史、购物商户位置和其他用户信息为不同用户定下不同的价格，从而优化产品盈利。在数字经济中，价格就像通货，根据市场需求不断地波动。渠道的概念也发生了变化。在共享经济中，最重要的分销概念就是人对人分销。爱彼迎（Airbnb）、优步（Uber）、Zipcar 和 Lending Club 这样的企业分别改变了旅店、出租车、汽车租赁、借贷等产业，为用户带来了来自其他用户的获得产品和服务的便捷渠道。3D 打印技术的兴起将在不久的将来极大地促进这种分销机制。想象一下，客户想要购买某种商品，只需等待几分钟就能看到 3D 打印的商品摆在面前。在互联的世界中，客户对于产品和服务的需求都是即时的，这只有通过用户间的高度连通才能实现，这一点也正是公共活动的本质。促销的概念在最近几年也在不断变化。传统的促销一直是单方面的活动，也就是企业向用户推送信息。在今天，社交媒体的蓬勃发展使客户可以回应这些单方面的信息，并与他人交流这些信息。猫途鹰和 Yelp 这样的用户评分系统的出现，为用户提供了平台，让他们彼此交流和评价自己接触过的品牌。

企业如果有了互联的 4C 营销组合，就更可能在数字经济中存活下去，但销售的模式也要改变。传统情况下，客户是销售技巧的被动接受者，而在互联的世界里，企业和客户都必须积极地积累商业价值。客户的参与程度越高，企业的商业化对于客户来说就越透明。

第 5 节　渠道管理——协调冲突与实施控制

渠道建成后，企业还要决策如何管理渠道。一般来说，制造企业不可能像控制产品、定价和促销那样直接控制分销渠道，因为中间商是独立的经营者，它们有自身的利益，有权在无利可图或不满意时撤出。

客观上，制造企业和中间商之间存在诸多矛盾，如零售商希望存货尽可能少些，以节约空间和减少资金占用，一旦商品断档，又要求制造商提供紧急订货服务，以抓住市场机会；频繁供货使制造企业增加了送货成本，特别是小批量的紧急送货。又如，制造商希望中间商全心全意地为自己推销产品，忽视或干脆拒绝经销其他企业的同类产品；中间商则希望多经销几种可供顾客选择的同类产品，而且要求制造商为自己的产品提供广告促销。这些矛盾导致制造商与中间商相互竞争，在双方的关系中力争取得更大的控制权。从根本上来说，制造商和经销商的利益又是一致的，二者只有通过将商品顺畅地卖给消费者才能获得收益，因此要加强渠道内部各成员之间的协调与合作。

企业必须安排专人负责分销渠道的管理，其主要职责是：对每个渠道成员的工作效能进行评估；了解中间商的要求并加强与中间商的合作；减少与中间商在业务上的矛盾；保证对中间商的及时供货；必要时对分销渠道做出调整。

具体的管理程序包括以下主要内容：

（1）确定中间商的要求。中间商总会对生产企业抱有这样或那样的希望，满足中间商的要求是鼓励中间商与企业保持良好合作关系的重要措施。企业要了解中间商有哪些要求，然后确定满足中间商的哪些要求并使其满意。

（2）激励渠道成员，减少生产企业与中间商的矛盾。生产企业应按“利益均沾，风险分担”的原则，加强与中间商的合作关系，共同搞好营销。有必要制定一些考核和奖惩办法，对中间商的工作及时考核，经营效果好的，给予奖励或优惠，并与之建立长期合作关系。

（3）定期对渠道成员的工作进行评估，包括以下内容：

1）检查每个渠道成员完成的销售量、利润额。

2）查明哪些经销商积极努力推销本企业的产品，哪些不积极。

3）检查每个渠道成员同时经销多少种与本企业相竞争的产品。

4）统计每个经销商的平均订货量。

5）检查每个经销商为商品定价的合理程度。

6）检查每个渠道成员为用户服务的态度和能力以及它们是否令用户满意。

7）计算每个渠道成员的销量在企业总销量中所占的比重。

通过上述诸方面的评估，企业可鉴别出那些贡献较大、工作努力的渠道成员，对这些中间商，企业应给予特别关注，建立更密切的合作关系。通过评估也可鉴别出那些不胜任的渠道成员，必要时做出相应调整。

小　结

商品经济条件下，生产和消费在时间、空间上相分离，商品必须通过交换，完成所有权和实体的转移，才能从生产者抵达消费者。我们把承担这一任务，将产品或服务送达目标顾客的一系列机构组成的通道称为分销渠道。分销渠道决策的内容就是对这些中介机构的选择和管理。

按不同的划分标准，分销渠道可以分成：（1）直接渠道与间接渠道；（2）长渠道与短渠道；（3）宽渠道与窄渠道。

中间商由专门从事商品流通经营活动的企业和个人组成，它们的基本职能是作为生产和消费之间的媒介，促成商品交换。以批发经营活动为主业的企业和个人称为批发商；以零售经营活动为主业的企业和个人则称为零售商。还有一种中间商称为代理商，它们与商业批发商的本质区别在于它们对商品没有所有权。

企业选择分销渠道时应考虑：(1) 顾客的需求和购买行为；(2) 产品自身的特点；(3) 产品盈利能力。

企业在具体选择中间商时还要考虑以下因素：(1) 市场覆盖面；(2) 中间商是否具有经销某种产品所必需的专门经验、市场知识、营销技术和专业设施；(3) 预期合作程度；(4) 中间商的目标与要求。

在渠道宽度决策上有三种策略可供选择：(1) 密集分销；(2) 独家分销；(3) 选择分销。

基本概念

1. 分销渠道——商品经济条件下，生产和消费在时间、空间上相分离，商品必须通过交换，完成所有权和实体的转移，才能从生产者抵达消费者。我们把承担这一任务，将产品或服务送达目标顾客的一系列机构组成的通道称为分销渠道。

2. 直接渠道——生产企业直接将产品卖给用户，没有中间商介入的渠道。

3. 间接渠道——含有一层或多层中介机构的分销渠道，是消费者市场上占主导地位的渠道类型。

4. 传统分销渠道——渠道的每一个成员，如生产者、批发商、零售商等，都作为一个独立的单位参与到渠道整体中，但每个成员均有自己的经营目标和利益，任何一个层次的成员都无法对其他成员进行实质性的控制。渠道之所以存在主要是基于成员间的互利关系。

5. 垂直型分销系统——在这种分销系统中，各个层次的成员，如生产者、批发商、零售商之间形成一种更密切的联系。系统中的成员或拥有专卖特许权并将其授予其他成员，或拥有某种权力可以迫使其他成员合作。在垂直分销系统中，生产者、批发商或零售商都可能处于支配地位。

6. 中间商——由专门从事商品流通经营活动的企业和个人组成，它们的基本职能是作为生产和消费之间的媒介，促成商品交换。随着社会分工的发展，中间商内部的职能分工也在细分，形成了批发和零售两大类。

7. 批发商——批发的功能是将购进的商品批量转售给各类组织购买者，包括生产企业、服务企业、零售商、其他批发商和各种社会团体机构。以批发经营活动为主业的企业和个人称为批发商。

8. 零售商——零售的功能是将商品卖给最终市场上的个人消费者。以零售经营活动为主业的企业和个人称为零售商。

9. 代理商——与商业批发商的本质区别在于它们对商品没有所有权，不是将产品买下来，而是代表买方寻找卖方，代表卖方寻找买方，或在买卖双方之间牵线搭桥（如经纪人）。因此，它们在商品分销过程中不承担风险。它们赚取佣金，而非经营利润。代理商的经营范围一般较狭窄，专业性较强，所承担的职能基本限于协助完成商品所有权转移，而不涉及商业批发商通常承担的实体分销、融资、风险承担等职能。

10. 连锁商店——由同一公司所有，统一经营管理，经营相同或相似的商品大类，实行集中采购和销售，由有相似建筑风格和标志的两个或两个以上分店组成的零售商店。

11. 特许经营——特许权授予人通过协议授权受许人使用特许人已经开发的品牌、商号、技术等。为此，受许人必须先付一笔首期特许费，此后每年按销售收入的一定比例支付特许权使用费，换得在一定区域内出售该商品或服务的权利，此外，还必须遵守合同中的其他规定。

12. 密集分销——最宽的渠道，即选择尽可能多的批发商、零售商推销产品，重点在于扩大市场覆盖面或迅速进入某个新市场，让消费者能随时随地买到产品。特别适合消费品中的便利品和各种服务。

13. 独家分销——最窄的渠道，即在一个地区范围内只选择一家中间商经销产品，通常双方协商签订独家经销或代理合同。

14. 选择分销——介于密集分销与独家分销之间，即有条件地选择几家最适合的中间商经销自己的产品。这种做法适合各类产品，特别是选购品。

思考题

1. 什么是分销渠道？分销渠道决策包括哪些基本内容？
2. 以你所熟悉的两种商品为例，说明商品销售过程是否一定要有中间商介入。如果有中间商介入，它们执行了什么功能？
3. 区分中间商、代理商、批发商、零售商等概念。
4. 区分传统分销渠道和垂直型分销系统。连锁商店属于哪一种？
5. 特许经营有哪些优点和缺点？如果你准备开一家冰激凌店，你打算怎么做？
6. 密集分销、独家分销和选择分销各适合什么样的产品和企业？请举例说明。

案例分析

汶川车厘子一体化分销

每年五六月份，汶川车厘子大批量上市，但由于分销渠道不健全，导致车厘子在本地市场大量滞销，最终造成浪费，造成巨大的经济损失。预计未来几年车厘子产量依然增长，因此对汶川车厘子销售方式的探索与改进迫在眉睫。经过多年的摸索和经验的积累，汶川已建成较为成熟的一体化分销渠道，现阶段主要采用本地市场直接销售、开展原生态旅游、对外销售和网络预售这四种分销策略。政府根据实际产量及具体情况灵活运用策略，既稳定本地市场的车厘子价格，保证在外地市场的竞争力，又满足了本地市场的需求，让当地人享受物美价廉的产品，进而实现本地市场和对外市场的双赢。

汶川车厘子的品质在全国范围内都是首屈一指的，在市场上广受消费者的欢迎和追捧。每年五六月，大量未经加工的、原生态的汶川车厘子经简单的保鲜处理后就直接进入各级水果市场，这些车厘子的口感和营养价值都是最优的。

五六月是汶川一年四季最热闹的时节，大街小巷都是售卖车厘子的农户，还有慕名前来购买车厘子的游客和商贩，很多消费者为了能吃上正宗的车厘子亲自前往汶川。大量车厘子在汶川县城以零售的方式卖给消费者，这种方式省去了很多经销商的增值环节，所以销售价格往往是最低的。在汶川当地市场直接交易对农户和消费者来说都是不错的选择，农户可以快速卖出产品，而消费者可以最低的价格买到满意的产品。

汶川县隶属于阿坝藏族羌族自治州，是全国四个羌族聚居县之一，这里民风淳朴，民族文化气息浓郁，民族特色旅游业发达，每年都会吸引大批游客前来。汶川地处交通要道，是阿坝州的东大门。这两个条件为汶川开展车厘子原生态旅游，促进销售奠定了坚实的基础。每年汶川利用阿坝州特有的旅游资源和民族特色旅游吸引了大量的游客，不仅拉动了汶川的整体经济，更为车厘子的销售创造了巨大的市场空间。

汶川每年会定期举办古羌文化节暨红樱桃节，以吸引大批游客前往，促进车厘子的销售。这段时间汶川大部分地区都会结合当地的少数民族特色，开展原生态旅游，白天游客可以自己挑选并采摘车厘子，晚上有民族文化活动，让游客感受汶川当地的民风民俗。游客除了可以围着篝火欢快地跳锅庄舞，享受美味的烤全羊和杂酒，还可以吃着爽口的最新鲜的水果——车厘子，气氛热闹非凡。

汶川车厘子成熟之际会有很多商贩涌入汶川进行采购，以 2009 年汶川车厘子销售情况为例，当年汶川地区共销售车厘子约 123 万斤，销售总收入约 2 460 万元。产品主要在成都市场销售，其中，汶川岷江红樱桃产业发展有限公司收购约 23 万斤，成都驷马桥果品批发市场收购约 30 万斤，成都家乐福公司收购约 40 万斤，其他果品零售商收购约 30 万斤。

可以看出，以往汶川车厘子的对外销售以四川本地为主，超过总量的 75%，而销往外省的数量非常少。不过最近几年，随着汶川车厘子产量的不断增加，加之四川其他地区的车厘子也不断涌向市场，汶川车厘子在四川市场难以全部销售，因此在汶川政府的积极促进下，在北京、上海、广州、重庆等城市设立了营销中心，每个中心负责联络当地超市，生产基地每天通过空运的方式运输车厘子。一级产品走超市，二级产品走批发，营销中心工作人员上门联系团购，确定团购数量后，传真回成都基地，基地组织发运。这样一来，汶川车厘子不仅销售区域扩大，而且起到了稳定价格的作用。

随着网络科技的快速发展，电子商务迅速崛起，成为当今社会最快捷、时尚的购物方式，开展电子商务是当今企业发展的必然趋势。汶川车厘子作为行业内的知名产品，开展电子商务也是大势所趋。但是开展电子商务有很多限制因素，例如车厘子产品本身的保鲜难度大，不能长时间储存。这极大地限制了产品的销售，尤其是网络销售。因此汶川车厘子采用网络预售模式，大大缩短了配送时间，很好地解决了产品长时间储存导致腐烂的问题。2012年通过淘宝的电商平台销售的汶川车厘子约50万斤，随着技术的成熟，不出意外的话，这一数字将会每年刷新纪录。

资料来源：刘天愚，鲁娅珺．汶川车厘子一体化分销渠道及改进建议．现代商贸工业，2017（14）．

讨论题

1. 汶川车厘子的成本优势来自哪里？
2. 汶川车厘子分销过程中存在什么问题？
3. 请你就汶川车厘子分销过程中存在的问题提出解决方案。

阅读材料

方太电器的渠道共赢策略

2022年8月24日，由宁波方太营销有限公司呼伦贝尔分公司主办、中国建设银行股份有限公司呼伦贝尔分行、呼伦贝尔日报社、呼伦贝尔广播电视台、内蒙古呼伦贝尔市信方有限公司协办的“合作发展，服务社会”方太电器家装渠道战略合作发布会在海拉尔举行。中国建设银行呼伦贝尔分行、呼伦贝尔日报社、方太电器东北大区、方太电器呼伦贝尔分公司、呼伦贝尔市信方有限公司相关负责人以及海拉尔区家装建材、家居家电渠道的100家方太战略合作伙伴企业负责人参加发布会。此次活动，方太与家装渠道合作伙伴搭建起合作桥梁，双方将充分发挥自身优势，带动产品销售，以创新的消费服务模式融合互通，打破传统分散隔绝的定位，共同做强产业、做大市场、做响品牌。在实现长久合作、互惠共赢的同时最大化让利于民，惠民、利民，为市民带来丰富的产品和优质的服务。此次活动还将促进消费，扩大内需，保证实体经济良好发展，稳定相关行业就业，助推呼伦贝尔经济的繁荣发展。孤举者难起，众行者易趋。此次方太电器家装渠道战略合作企业的强强联合，将推动产品品质提升，开创互利共赢、共同发展的良好局面，为呼伦贝尔经济发展贡献力量。

第13章

沟通整合——促成销售

思政目标

- 明确诚实守信、合规经营在营销沟通工作中的指导作用。
- 理解“讲好中国故事，传播好中国声音”的重要性。
- 了解《中华人民共和国广告法》《网络公关服务规范》《互联网信息服务管理办法》《市场监管总局关于加强网络直播营销活动监管的指导意见》等法律法规。

引导案例

伊利在优酸乳（双果奇缘）起初上市时，在超市门口不影响通行的显著位置摆两张长桌，贴上双果奇缘的POP和试饮信息，活动方式是，促销人员倒上两杯不同的牛奶，一杯是纯奶，一杯是优酸乳，让消费者品尝，猜出哪杯是优酸乳的人即可得到两份双果奇缘的奖励。因为活动具有趣味性，而且有赠品作为奖励，所以吸引了不少消费者。通过品尝，优酸乳的味道一下子在顾客的心中定格，他们把奖品带回去之后，还可以拿给家里人或朋友喝，扩大了试饮群。当时河北地区一个超市的日派送量就达到了几百箱。这项新品推广活动获得了成功，使优酸乳拥有一大批青少年铁杆粉丝。伊利公司的上述行为，就是通过各种方式将产品具有说服力的信息传递给目标顾客，促使其做出购买决策，从而实现企业的销售目标。

第1节　沟通的本质与作用

沟通就是将企业设计的产品和服务的信息送达目标顾客，是企业营销活动的关键要素之一。显然，如果不能将有关信息传递给作为目标顾客的消费者，那么企业所有的战略规划和设计都是徒劳。在今天这样一个信息爆炸、市场瞬息万变的时代，营销沟通显得格外重要。

具体而言，营销沟通是企业为了扩大销售、占领市场，通过各种方式将产品或服务具有说服力的信息传递给目标顾客，促使其做出购买决策，从而实现企业销售目标的过程。现实中，为了促进销售，企业不断地向消费者传递信息，以激发消费者的需求，引起购买行为。

营销沟通过程用模型表示如图13-1所示。

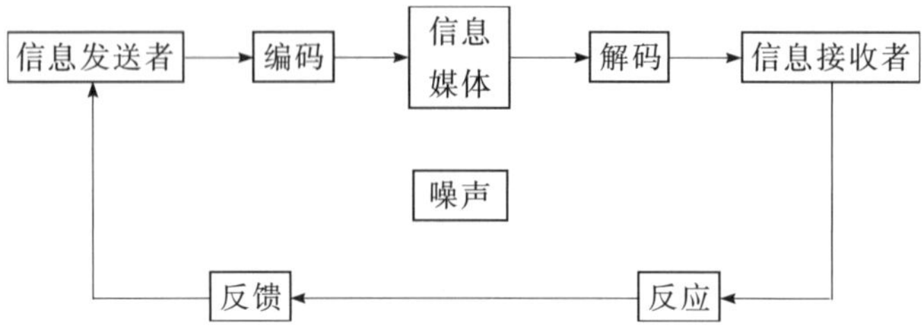

图13-1　营销沟通过程

由图13-1可知，该过程由九个要素组成：

（1）信息发送者。也称信息源，在沟通活动中，信息发送者是卖方企业的营销人员。

（2）编码。指将打算传递的事实或意图转换成可供传播的信号。这些信号可以是语言、文字、音像、图片，视信息发送者的意图、设计者的选择和传递途径的不同而定。

（3）信息。即信息发送者传送的整套信号。

（4）媒体。指将信息从信息发送者传递到信息接收者所经过的渠道或途径，即信息的载体，如报纸、广播、电视等。

（5）解码。指信息接收者对信息发送者所传送信号进行解释的过程。

（6）信息接收者。是接收信息的一方，也称目标受众。在营销沟通中指目标市场上现实和潜在的顾客。

（7）反应。指信息接收者在受该信息影响后采取的有关行动。如目标顾客看到广告以后决定购买某种产品。

（8）反馈。指将信息接收者的反应传递给信息发送者。一些反馈是信息接收者主动对信息发送者的沟通，如顾客向企业提出对产品的意见；另一些反馈是信息发送企业通过市场调研收集到的顾客反应。

（9）噪声。指在信息沟通过程中发生的干扰，导致传递的信息部分失真，以致信息接收者收到的信息与信息发送者发出的信息不一样。

上述九个要素中，信息发送者和信息接收者是营销沟通的两个主要因素：信息发送者是信息传递的主体，信息接收者是沟通的对象；信息和媒体是沟通的手段。为达到有效沟通的目的，信息发送者必须清楚他们打算将信息传递给谁，希望得到什么反应；在编制信息时，他们必须考虑目标受众通常会如何理解信息，以免二者不吻合；他们还必须熟悉通过何种媒体可使信息顺利到达目标受众；最后，他们还要广开信息反馈渠道，以尽可能多地了解信息接收者对信息的反应。

企业向消费者传递信息的形式有两种：一种是单向传递，即卖方发出信息，买方接收信息，如广告和各种营业推广方式；另一种是双向传递，即卖方和买方都是信息的发出者和接收者，如企业派遣推销员面对面地说服顾客购买产品。显然，能及时得到信息反馈是双向沟通方式的一个明显优点。

第 2 节 营销沟通组合

企业的营销沟通方式有多种：广告、人员推销、营业推广（也称促销）、公共关系、品牌宣传和直复营销等。将这些方式有选择地搭配起来使用才能达到最佳效果，这就是营销沟通组合或整合。它体现了整体决策思想，即将各种沟通方式有目的、有计划地组合起来，形成整体沟通决策。

现代企业处于复杂的市场信息沟通系统之中。企业要将信息传递给中间商、消费者和公众，中间商要与顾客及各种社会公众保持信息沟通；同时，各组织、群体要对来自其他群体的信息予以反馈。整个营销大系统中各个单位之间进行着频繁的信息往来。现实中，各企业经营的商品不同，各种促销沟通方式各有长短，这在客观上就要求企业在营销实践中采用不同的沟通组合，即根据企业特定时期的经营目标，以一种沟通方式为主，综合运用其他方式，或者以某种方式之长去弥补另一种方式之不足。

为此，我们首先应了解各种营销沟通方式的特点、适用性以及影响营销沟通组合决策的主要因素。

（1）所有沟通方式中最广为人知的是广告。广告是企业通过各种付费传播媒体向目标市场和社会公众进行的一种非人员式信息沟通活动。作为一种高度大众化的媒体传播方式，广告具有传播范围广，速度快，重复性高，并因充分利用文字、声像和色彩而极富表现力的特点，特别适合向分散于各地的众多目标顾客传递信息。虽然有些媒体广告（如电视广告）单位时段收费很高，但相对于向单个受众传递信息的费用而言，其成本并不一定高。

（2）人员推销。人员推销即派销售代表与顾客进行面对面的交流，是最古老的营销沟通方式。由于是面对面的直接交谈，说服的效果最好。与广告相比，它有三个显著的特点：一是灵活，由于是直接接触，传递的信息量大，可就近观察目标顾客的态度和需要，有利于企业随时调整自己的应对策略；二是有助于买卖双方建立长期信任与联系；三是推销人员能及时得到对方购买与否的信息反馈，并完成全部销售工作。对某些产品来说，人员推销是最有效的营销沟通方式，特别是在取得顾客信任、建立顾客偏好和促成购买决策方面，效果更加突出。不过，人员推销也是一种最昂贵的促销方式，受时间和人员限制，传递信息的速度较慢、范围较窄。

（3）公共关系。公共关系即通过制造新闻，以不付费的方式得到媒体的报道，达到宣传和推销产品或服务的目的，如赞助体育和社会公益活动、新闻发布会、专业研讨会等。公共关系是一种间接的促销方式，并不要求达到直接销售的目标，但它对企业具有特殊意义，主要是因为许多人认为新闻报道比广告更为客观、可信。

通过公关宣传，企业可有效地将营销信息传递给那些避开推销员和广告的顾客。好的公关活动可以很小的代价取得极大的效果。

（4）营业推广。营业推广指企业在某一段时间内采用特殊的手段或方法对消费者或中间商进行强烈刺激，以激励他们较快或较大量地购买特定的产品或服务。与其他促销方式不同，营业推广多用于短时期的特别促销。可以说，广告提供的是购买的理由，而营业推广提供的是购买刺激，促使顾客快买多买。营业推广有多种具体做法，包括针对消费者的促销工具（样品、优惠券、以旧换新、减价、免费试用、示范、竞赛等），针对中间商的促销工具（购买折扣、免费样品、商品津贴、合作广告、展示津贴、经销商销售竞赛等）。一方面，营业推广对消费者和中间商产生强大的吸引力，使其有"机不可失，时不再来"的紧迫感，促使其当机立断、马上购买；另一方面，营业推广的许多做法显示出卖方急于出售商品的意图。过于频繁的营业推广有可能降低商品的身价，企业在具体运用时须慎重。

（5）品牌宣传和直复营销（含在线营销）。品牌宣传和直复营销现在也常常被看作沟通策略的一部分，因为它们同样起到了向顾客传递公司及其产品信息的作用。但在本书中，我们仍按照传统做法把它们分别放在产品策略和分销策略中去讨论。

除了解各种沟通方式的特点，企业制定沟通组合决策时还需考虑其他影响因素。

（1）产品种类及市场类型。各种沟通方式对不同产品的促销效果有所不同。如对消费品来说，最重要的促销方式一般是广告，其次是营业推广，然后是人员推销。对生产资料来说，企业分配促销预算的次序，首先是人员推销，其次是营业推广，最后是广告。换言之，广告比较适用于价格较低、技术不太复杂、买主多且分散的消费品市场；人员推销比较适用于价格较高、技术性强、买主少而集中的产业市场和中间商市场；促销和公共关系是相对次要的促销方式，在对上述两类产品的适用性方面差异不大。

各种沟通方式又具有补充作用。如在产业用户的市场营销中，尤其是对较复杂的产品，人员推销通常比广告效果更佳；但广告传播信息的范围广，在扩大产品知名度和树立企业形象方面作用很大，因此也是一种不容忽视的沟通方式。同样，在消费品的营销过程中，有效的人员推销也能增强说服力，劝说消费者最终做出购买决策。

（2）沟通目标。企业在既定时间和既定市场环境下进行的沟通活动都有特定的沟通目标。具体有以下三种：

1）以告知为目标。当一种新产品上市时，将信息告诉目标顾客，引起顾客对产品的初始需求。具有这种目标的沟通组合一般以广告和营业推广为主。

2）以说服和提示为目标。着眼于说服和提醒顾客购买本企业的产品。具有这种目标的沟通组合以广告和人员推销为主。

3）以树立品牌和企业形象为目标。大力宣传产品品牌和企业本身，努力树立品牌形象和企业信誉，从而帮助企业提高市场占有率。具有这种目标的沟通组合以公共关系和广告为主，适当配合人员推销。

企业在采用相同的沟通方式实现不同的沟通目标时支出的费用和获得的成效不同，因此，各种沟通目标所对应的沟通组合有不同的侧重点。

(3) 沟通的策略。企业的营销沟通活动有“推式”和“拉式”两种策略（见图 13－2)。“推式”策略就是以中间商为主要促销对象，把产品推进分销渠道，再由中间商推向市场。此策略的目的着眼于使中间商产生利益分享意识。“拉式”策略则以最终顾客为主要促销对象，首先设法引起潜在购买者对某种产品的需求和兴趣，由最终顾客向中间商询问该产品，中间商自然会向制造商进货。

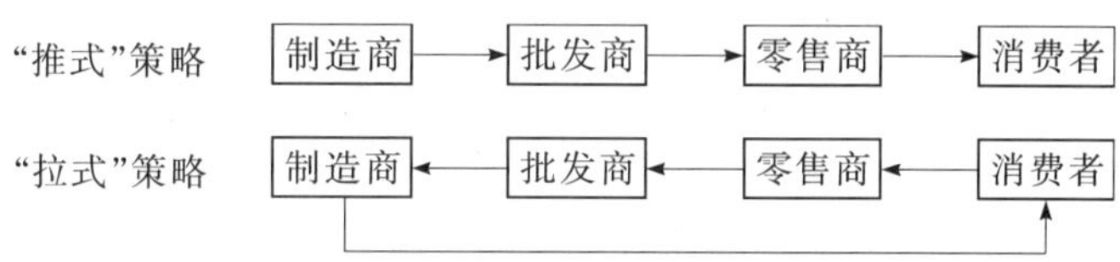

图 13－2 “推式”和“拉式”沟通策略

不同企业对“推式”和“拉式”策略的偏好有所不同，策略选择会影响沟通方式的选择，进而影响资金的分配。例如，企业采用“推式”策略，会比较重视人员推销；企业若采用“拉式”策略，则会对广告比较重视。

(4) 产品所处的生命周期阶段。对处于生命周期不同阶段的产品，企业的促销目标不同，所采用的沟通方式亦有所不同。

当产品处于引入期时，企业需要提高产品的知名度，采用广告和公共关系可获得最佳效果，营业推广也有一定的作用。在快速成长期，企业应着重宣传产品的特色，树立品牌形象，因而需要进一步加强广告和公共关系，营业推广可相对减少。在成熟期，消费者已了解企业的产品，因此可减少广告，为了保持市场份额，营业推广又逐渐发挥重要的作用。当产品进入衰退期，企业应把沟通支出降到最低限度，以保证正常的利润，此时，广告仅起提示作用，人员推销减至最少，营业推广可以继续开展，公共关系则可完全停止。

第 3 节　制定沟通组合策略

制定沟通组合策略的第一步是确定谁是目标受众。目标受众通常包括产品的实际使用者、影响者、购买决策者等与购买活动有关的人员，他们都是企业沟通活动的目标受众。发送信息的企业应了解谁参与购买决策，以及他们的需要、偏好、态度等，做到有的放矢。

第二步，发送信息的企业要确定自己希望从目标顾客那里得到什么反应，即沟通的目标。当然，最好的反应是购买行动，但我们通过研究消费者购买心理活动过程就可知道，实际的购买行为是一个漫长决策过程的最终结果，企业不能指望顾客初次接触有关某种商品的信息就马上决定购买。因此，沟通活动的目标是使潜在顾客从目前的心理准备层级进入更接近做出购买决策的下一个层级。为此，信息发送者首先要了解目标顾客现在处于购买准备过程的哪一个层级，促使其转入下一层级便成为首要的目标。

一般认为，消费者购买决策的准备过程包括五个阶段。

（1）认知。如果大多数目标顾客对企业或其产品还一无所知，那么促销的任务就是使他们知晓。换言之，建立认知度也是要花时间的，如企业可以将消费者对品牌的认知度从10%提高到40%作为沟通目标。

（2）了解。目标顾客可能仅仅是知晓某公司及其产品的名称，而对进一步的情况了解甚少，企业此时的沟通目标是使目标顾客对产品性能、特点等有清楚的了解或认识。

（3）偏好。如果目标顾客对产品有足够的了解，此时企业最关心的是他们的感觉如何，是喜欢还是不喜欢，并展开促销活动，着重宣传本企业产品的特色和长处，使目标顾客形成对本企业产品的特殊偏好。

（4）确信。目标顾客已经形成对某个企业产品的偏好，但不一定会下决心购买，此时的沟通目标是促使目标顾客建立或强化购买的信念。

（5）购买。下了购买决心的目标顾客不一定会马上购买，他们可能还要观望一段时间再采取行动，这时的沟通目标应是促使购买行为实现，如提供试用、打折、分期付款等促销优惠。

第三步，设计信息。理想的设计应能引起目标顾客的注意，产生兴趣和购买欲望，直至采取购买行动。信息的设计需要解决以下问题：有一个极富感染力和说服力的主题；表达合乎逻辑；表达的形式引人注目；选择可信度高的专家或名人作为信息发送者，如请名人做广告。

第四步，选择信息传播媒体。包括人员、公共关系、促销、包装物和各种广告媒体，还可以设计新闻发布会、开幕式、展销会等。

第五步，编制预算。即决定在沟通方面花多少钱。这是企业难度最大的营销决策之一。一位著名的企业总裁说过："我知道我有一半的广告费是白花的，问题在于我不知道是哪一半。"

下面是几种常见的预算制定方法：

（1）量力支出法。即根据企业的财务承受能力确定沟通预算的方法。其缺点是每年的广告预算可能有很大差异，不利于企业制定长期的市场发展计划，同时，完全忽视了沟通支出作为一种投资对销售收入的支撑作用。

（2）销售额百分比法。即企业按照某一期间的销售额或单位产品售价的一定百分比计算和决定沟通开支的水平。其优点是使费用支出的增减与企业销售收入的增减相一致，并促使企业管理人员根据单位成本、产品售价和销售利润之间的关系考虑企业的经营管理问题。如果竞争者都以这种方式制定促销预算，可使竞争趋于缓和。该方法的缺点是颠倒了促销与销售之间的因果关系，有时是不符合实际需要的。预算按照每年销售额的增减而变化，也不利于企业制定长远发展计划。此外，百分比系数很难确定，多是参考过去的习惯或竞争者的比率。

（3）与竞争者保持平衡法。即企业参照竞争者的预算来决定本企业的沟通预算，以保持竞争优势。如在市场营销管理实践中，不少企业都喜欢根据竞争者的广告预算来确定自己的广告预算，从而维持竞争均势，以避免企业之间的广告战。但是，因为竞争对手的广告预算并不一定合理、有效，竞争者广告预算的可靠信息难以取得，而且企业与竞争对手之间在资源、目标等方面存在差异，所以以竞争对手的广告预算作为依据存在一定的局限性。

（4）目标任务法。这是最科学的方法。做法是先确定通过沟通要达到的销售增长率、市场占有率、品牌知名度等目标，然后确定为达到这些目标所要做的沟通工作，再根据工作量估算所需费用。这种方法将沟通费用与所要达到的目标联系在一起，进行成本效益分析，逻辑上最合理，但前提是企业要对市场情况和各种沟通方式的效果有充分的了解，方能制定出合理、可靠的沟通目标，确定沟通的工作量和预算水平。

第六步，制定沟通组合。即将人员推销、广告、促销和公共关系几种沟通方式既经济又有效地配合起来，发挥最大作用。

第七步，沟通计划付诸实施之后，企业还要对其效果进行评估，即评估沟通策略是否达到预期效果。评估主要通过向目标受众或沟通对象询问获得一手资料。例如，询问他们是否注意到这则信息，见过几次；能否识别或记起这则信息；对该信息的感觉如何；接收信息前后对该企业及其产品的态度是否发生了变化；有多少人买了该产品，有多少人向其他人谈到了该产品等。总之，对沟通效果进行评估是一项十分复杂的工作，需要根据实际情况制定适当的方案。

第4节　企业广告运作要点

广告是利用大众传媒进行信息传递的沟通方式，是诸多沟通方式中运用得最普遍的一种。随着大众传媒发展并深入社会生活的各个角落，广告正以空前的速度发展。

广告是公司用以对目标顾客和公众进行直接说服性传播的主要工具之一。相对于其他沟通方式，广告显示出下述鲜明的特性：

（1）公开展示性。广告是一种高度公开的信息沟通方式，它的公开性赋予产品合法性。

（2）普及性。普及性使广告具有突出的“广而告之”的特点，在很短的时间内可以与众多的目标顾客进行沟通。

（3）夸张的表现力。广告可以借用各种艺术形式、手段与技巧，提供将一个企业及其产品感情化、性格化、戏剧化的机会，增加其吸引力和说服力。

（4）非人格化。广告是非人格化的沟通方式，这种非人格化决定了在沟通效果上，广告不能使消费者直接做出反应。在广告被消费者接受与消费者完成购买之间往往存在时间差，在这一段时间里，消费者将受到其他广告的冲击，有改变购买意图的可能。

广告的上述特性决定了：一方面，广告适用于创立一个企业或产品的长期形象；另一方面，它又能促进销售。从成本费用看，将广告传达给处于广阔地域的分散的广大消费者，每个显露点相对只需较低的成本，因此广告是一种较为有效并被广泛使用的沟通方式。

企业的广告运作主要包括以下阶段：首先须确定目标顾客的购买动机，然后据此做出五项主要决策，即 5M：广告目标（mission）、广告预算（money）、传送的信息（message）、媒体（media）和评估效果的方法（measurement）。

一、确定广告目标

广告的最终目标是增加产品销量和企业利润，但它们不能被笼统地视为企业每个具体广告计划的目标。广告目标不仅取决于企业整体的营销组合战略，还取决于企业面对的客观市场情况，如目标顾客处于购买准备过程的哪个阶段。换言之，企业在实现整体营销目标时，需要一步一步往前走，在每一阶段，广告起着不同的作用，即有不同的目标。归纳起来，可供企业选择的广告目标有以下几类：

（1）告知性广告。即以提高产品知名度为目标的广告，主要用于产品的市场开拓阶段，目的在于刺激初始需求。

（2）说服性广告。主要用于产品的成长期。这个时期的消费者还没有形成品牌偏好，可在不同品牌中进行选择。它的目的在于建立对某一特定品牌的选择性需求，使目标消费者从需要竞争对手的品牌转向需要本企业的品牌。

（3）提示性广告。提示性广告在产品生命周期的成熟期十分重要，它的目的是保持消费者对产品的记忆。

广告目标制约着广告预算、信息策略和媒体策略，不同目标的广告有不同的要求，需要投入的成本也不同。

二、广告预算决策

企业广告决策的第二个步骤就是为每种产品制定广告预算。广告预算是企业为从事广告活动投入的资源。广告预算的收益只能在市场占有率或者利润率的提高上反映出来，因此，一般意义上的广告预算是企业从事广告活动所支出的费用。

企业在制定广告预算时要考虑五方面的因素：

（1）产品生命周期。对处于生命周期不同阶段的产品，广告预算应有所不同。

例如，引入期产品的广告预算较高，而成熟期产品的广告预算就应按销售比例有计划地减少。

（2）市场份额。市场份额大的产品，企业只求维持其市场份额，因此广告预算在销售额中所占的比重较低；当企业想通过竞争扩大某种产品的市场份额时，则需要大量广告投入的支持。

（3）竞争。当市场竞争激烈时，广告预算应较高，否则，企业将无法维持市场份额。

（4）广告频率。向消费者传递广告信息的重复次数与广告预算有直接关系。重复次数较多，广告预算也会相对较高。

（5）产品替代性。如果产品与其他同类产品极为相似，就需要较高的广告预算，以树立不同的形象；如果产品可提供独特的物质利益或特色，广告预算可相对少些。

三、广告信息决策

广告信息决策的核心是怎样设计有效的广告信息。信息应能引起顾客注意，使其产生兴趣并采取行动。

广告信息决策一般包括三个步骤：

（1）信息的产生。广告信息可通过多种途径获得，例如，许多创作人员从顾客、中间商、专家和竞争对手的交谈中寻找灵感。创作者通常要设计多个可供选择的信息，然后从中选择最好的。

（2）广告信息的评价和选择。应由广告主评价各种可能的广告信息。信息首先要突出目标顾客对产品感兴趣的地方，表明该产品有别于其他同类产品的独到之处。广告信息必须是可信的，真实性是选择广告信息的一条极其重要的标准。

（3）广告信息的设计与表达。在广告设计中，广告主题和广告创意是最重要的两个因素。广告主题最重要的是突出产品能够给消费者带来的利益。如人们购买软饮料时期望获得的利益包括：营养、卫生、有利健康；口感好，是一种享受；符合潮流，被认为是现代生活方式的一个侧面等。不同的顾客强调的利益可能有所不同，这正是市场细分的基础。一种产品不可能满足所有顾客的需求，因此一则广告最好只突出一种顾客利益，强调一个主题，即使产品涵盖不止一种利益，广告也必须分清主次。

一个广告有了明确的主题后，如果缺少表现主题的创意，仍不会引人注目，自然也就很难取得广泛的宣传与促销效果。

广告的效果不仅取决于说什么，还取决于怎么说。不同种类的产品，其表达方式是有区别的。如巧克力的广告往往与情感相联系，着重情感定位；洗衣粉的广告更侧重于理性定位。特别是对那些差异性不大的产品，广告信息的表达方式显得更为重要，在很大程度上决定广告效果。

广告制作中要特别强调创造性的作用。不少学者花时间研究广告预算对销售的影响，但忽略了许多公司的广告预算相差不多，只有少数公司的广告给消费者留下了深刻印象的事实。正如一位学者所说：“光有事实是不够的……不要忘记莎士比亚曾使用了一些陈旧而拙劣的故事情节，但他的生花妙笔将腐朽化为神奇。”研究表明，在广告活动中，创意比资金投入更重要，只有给人以深刻印象的广告才能引起目标顾客注意，进而增加产品销量。

在表达广告信息时，应注意运用适当的文字、语言和声调，广告标题尤其要醒目易记、新颖独特，以尽可能少的语言表达尽可能多的信息。此外，还应注意画面的大小和色彩、插图的运用，对效果与成本加以权衡，然后做出适当的抉择。

四、选择广告媒体

确定了广告信息以后，下一步是选择适当的传播媒体，力争以最低的广告费用支出达到最佳的沟通效果。广告必须通过适当的媒体才能抵达目标顾客，广告媒体常常占用了大量预算，因此，媒体的选择至关重要。

企业选择广告媒体时，需要在以下几个方面做出决策。

1. 确定广告媒体的触及面、频率及效果

为了正确地选择广告媒体，达到广告目标，企业必须首先确定广告媒体的触及面、频率和效果。

（1）触及面是指在一定时期内，某一特定媒体一次最少能触及的个人与家庭数目。

（2）频率是指在一定时期内，平均每个人或每个家庭见到广告信息的次数。

（3）效果是指某一特定媒体的展露质量。

2. 广告媒体种类的选择

广告媒体的种类很多，主要有报纸、电视、直邮、广播、杂志、户外、网络和卖场等。为了实现广告的触及面、频率和效果的目标，必须选择最适当的媒体种类，首先应了解各种媒体的特点。

报纸广告的优点是灵活性大，迅速及时，成本较低，传播面广，可信度高；主要缺点是时效短，传阅者少。

电视广告的优点是形象、声音、色彩和动作紧密结合，易引人注意，送达率高；缺点是绝对成本高，展露时间短而不易记忆，对观众的选择性较差。

直邮广告的优点是沟通对象经过选择，具有灵活性，无同一媒体的广告竞争；缺点是成本较高，回应率较低。

广播广告的优点是地理选择性好，适应性强，成本较低；缺点是仅有音响效果，展露瞬间即逝。

杂志广告的优点是针对性强，时间长，传阅读者多；缺点是成本较高且灵活性差。

互联网是最新的广告媒体，因其成本低、针对性强，得到迅速发展。随着上网人数的增加和网上购物的兴起，互联网广告将有较大发展。

除了上述广告媒体，还有其他一些广告媒体，可分成以下几种：户外广告，如广告牌、招贴广告、广告标语、霓虹灯广告等；交通广告，如车身广告、车内广告、站牌广告及车站、码头、机场、卖场广告等；空中广告，如气球或其他悬浮物带动的广告。这些广告多利用灯光、色彩、艺术造型等手段，集中于闹市区、交通要道或公共场所，一般鲜明、醒目，引人注意；又因内容简明、易记，使人印象深刻，展露重复率高，成本低。缺点是传播范围有限，传播内容不宜复杂，难以选择目标受众。

在选择媒体种类时，除了考虑各种媒体的主要优缺点，还应考虑以下几个因素：

（1）目标受众接触媒体的习惯。各种媒体对不同性别和不同年龄段的顾客的效果有很大差别。有针对性地选择广告对象易于接受的媒体，是增强广告沟通效果的有效办法。如对于学龄前儿童，电视和广播是最有效的广告媒体。

（2）产品性质与特征。选择广告媒体时，应当考虑企业所推销的产品或服务的性质与特征，各类媒体在展示性、解释性、可信度、吸引力等方面具有不同的特点。

（3）广告内容。广告媒体选择还受到广告内容的制约。例如，要宣布明日的销售活动，必须在今天的电台或报纸上做广告，信息的传播才及时有效。

（4）媒体成本。各类媒体所需的成本差别很大，如电视广告的绝对成本高昂，而报纸广告则比较便宜。当然，依据媒体成本做选择时，最重要的不是看绝对成本的差异，而是看媒体成本与广告接收人数之间的相对关系。若考虑到看电视的人数大大超过看报纸的人数，那么按每千人成本来计算，可能在电视上做广告比在报纸上做广告更便宜。

3. 媒体的选择

企业的下一步就是选择一个成本效益最佳的媒体工具。例如，企业决定在杂志上做广告，全国有几千种杂志，究竟采用哪一种，还需根据对成本和效果的综合考虑做出选择。

可依靠广告公司或咨询公司进行媒体选择，这类机构可提供目标受众规模和媒体成本的估计。

媒体策略是沟通计划的一个必要组成部分。它要求广告在不同的媒体中为所选中的目标受众所读、所评或所闻。要实现这一点，广告商可通过调查启用一种目标顾客的消费者侧面图，图中包括目标顾客读到或看到的不同媒体。为了发展描述性的受众侧面图，媒体可定期调查其受众。这样就把广告商所要绘制的消费者侧面图同媒体的受众密切结合起来。

在选择不同的媒体方式之前，广告商必须选择有利于传递信息的媒体类型，选择哪一种传播工具取决于所宣传的产品或服务。广告商一般选用一种传媒工具担负策略实施的主要任务，其他方式只作辅助性支持。每一种媒体类型在发布广告内容方面都有其自身的效果。例如，印刷媒体可以提供无限的信息长度，广播媒体有相对固定的传播时间。某些媒体对某些产品或信息来说是更恰当的方式。例如，销售游泳衣的零售商可能会选择在当地报纸上做广告，因为报纸是消费者通常寻找零售消息的源泉；一个电脑生产商想要展示其高性能的电脑，可能会在电脑杂志或网上做广告；一个想要促销有独特功能的吹雪机的商人，可能会在电视台做广告，以便能够真切地展示吹雪机的功能。一旦商人确定了恰当的媒体类型，他们便会选择具体的传媒工具将信息传达给有意向的受众。

对目标受众规模有几种可行的衡量尺度：

（1）发行量。即登载广告的实物的发行数量，如报纸、杂志的发行量。

（2）目标受众。即可接触到媒体的人数（若媒体可传阅，受众比发行量大得多，如杂志）。

（3）有效目标受众。即接触到媒体的目标受众人数。

4. 播出广告的时机选择

许多产品的销售是有季节性的，企业没有必要全年平均投放广告，在销售旺季前一个月到旺季结束后一个月集中投放广告，效果会更好。有些产品的销售随经济形势的变化而变化，例如，在经济形势好、投资踊跃时，高档电器的销路好。此外，对广播、电视广告来说，每天在不同时段播放，其效果和费用均不同，如电视广告的“黄金时段”是每晚七点至十点，这个时间段的广告费最高。

现代企业面对的广告决策如此复杂，企业大多寻求外部专业性广告代理公司的帮助，但企业仍应自己制定广告目标和战略，并对代理商提出的各种备选方案最后拍板。

广告代理是指专门从事广告经营活动的机构，包括广告公司、广告代理商和广告制作部门，是广告市场中最基本的组成要素之一。

广告代理的主要职能是为广告主提供以策划为主导，以市场调查为基础，以创意为中心，以媒体选择为实施手段的全方位、立体化服务，并负责对广告实施过程进行监督，对广告反馈的信息进行再度收集整理的工作。

企业广告活动的增加使广告代理机构数量不断增加。随着企业促销活动愈演愈烈，广告在各类促销手段中的地位不断提高，广告主对广告的要求也越来越高。广告代理机构为广告主代理市场调查、广告策划、创意、设计制作、实施和效益测量等一切广告业务活动，成为广告主与广告媒体之间的桥梁和纽带。

五、评价广告效果

企业制定广告决策的最后一个步骤是评价广告效果。广告计划是否合理，很大程度上取决于对广告效果的衡量。广告效果评价是完整的广告活动过程中不可或缺的重要内容，是企业上期广告活动结束和下期广告活动开始的标志。

广告效果是广告信息通过媒体传播之后所产生的影响。评估内容一般包括两个方面：

（1）广告传播效果评估——广告对消费者知晓、认知和偏好的影响。这方面的评估在广告推出前后都应进行。广告推出前，企业可邀请专家和具有代表性的目标顾客对制作的广告进行评估，了解广告的整体影响和不足之处。广告推出后，企业再对顾客进行抽样调查，了解顾客对广告的具体反应。

（2）广告销售效果评估——广告推出后对企业产品销售的影响。一般来说，广告的销售效果较传播效果更难评估，因为除了广告因素，销售还受到价格或竞争者等许多因素的影响。通常影响因素越少，效果越容易控制，广告对销售的影响也就越容易评估。采用邮寄广告，销售效果最易评估，而建立企业形象的广告，销售效果最难评估。

第 5 节　人员推销——效果最佳，管理最难

人员推销是一种古老的沟通方式，直至今天仍是主要的促销手段。许多国家广告业的经营额虽扶摇直上，但总量仍不如人员推销的开支大，特别是在产业市场和中间商市场上。

一、人员推销的优点和作用

人员推销之所以长盛不衰，是因为它具有其他沟通方式不可替代的优点和作用。

（1）人员推销是面对面的双向信息沟通，有很大的灵活性。一方面，推销人员可将有关产品特性、用途、使用方法、价格等方面的信息传递给潜在的目标顾客；另一方面，推销人员又可将顾客对产品性能、规格、质量、价格、交货时间等的要求及时反馈给企业。此外，推销人员还可根据每位潜在顾客购买动机、要求和问题的不同，随时调整自己的策略和方法，有针对性地进行推销，充分地说服顾客，使顾客的要求得到最大的满足。

（2）人员推销的选择性强。推销人员大多一次访问一位潜在顾客，完全可以根据目标顾客的特点选择被访者，并在访问前对其做一番研究，拟定具体的推销方案。广告对目标顾客的选择性就差得多。尽管广告的覆盖面远较人员推销大，但成功的概率比后者小得多，因为广告的受众中有相当一部分人根本不可能购买该产品。

（3）人员推销具有完整性。推销人员的任务不仅包括访问客户、传递信息、说

服顾客购买，还包括提供各种服务，达成交易。如签订购买合同，协助安排资金融通，准时交货，甚至承担安装、调试、技术指导、维修的任务，特别是一些结构复杂的产品，人员推销的效果更优。此外，推销人员大多还承担为企业收集市场信息的任务。

（4）人员推销具有公关作用。好的推销人员善于与客户建立起超出单纯买卖关系的友谊和信任，能为企业赢得一批忠实的客户，这实际上起到了企业公关的作用。

不过，人员推销并非处处适用，它的最大问题在于访问客户的数量受到时间和费用的限制，因此主要用于买主数量有限、分布区域集中或购买批量大的情况。在买者众多、分布范围广的消费者市场上，显然不可能大量采用人员推销的方式。

二、推销人员的任务

推销人员的任务可归纳为六个方面：

（1）寻找潜在顾客，确定访问对象，培养新客户。

（2）向目标顾客传递有关企业和产品的信息。

（3）推销产品，包括接近顾客，回答顾客的问题，消除顾客的疑虑，促成交易达成。

（4）提供服务。推销人员有责任为顾客提供各种服务，包括咨询、技术帮助、安排交货事宜等。

（5）收集信息，主要是为企业进行市场调研和情报收集工作。

（6）分配货源，主要是在货源短缺时，根据顾客的信誉和急需程度，合理分配货源，调剂余缺。

三、企业对推销人员的管理

1. 招聘推销人员

理想的推销人员应具备什么特质？一般认为他们应该自信、精力充沛、工作热情、性格外向、能说会道。但实际上，也有很多成功的推销人员性格内向、温文尔雅、不善言辞，故关于特质问题的研究还在继续。不过，企业在招聘推销人员之前还是应根据工作职责的要求制定若干标准，如工作经历、业绩、学历、仪表、年龄、性别等。

2. 培训推销人员

应聘的推销人员仅有较好的个人素质还不够，企业在推销人员上岗前还要对他们进行系统的知识和技能培训。培训的内容主要有：

（1）公司的情况，如公司的历史、目标、职能机构、财务状况、主要产品和设施等。

（2）产品的情况，如产品的性能、结构、质量、制作过程、用途和使用方法等。

（3）市场的情况，包括目标顾客的类型、需求特点、购买动机与购买行为等。

（4）竞争对手的情况，如竞争者的产品、实力、营销策略等。

（5）推销技巧，包括了解推销人员的工作任务，推销工作的程序，如何制定推销计划，如何分配工作时间，如何选择访问对象，如何介绍产品、说服顾客、揣摩顾客心理和讲究语言艺术等。

（6）必要的法律知识和商务知识。

3. 推销人员的配置

推销人员的配置即如何将推销人员分配给特定地区、产品或客户。有三种主要的配置方式：

（1）按地区配置。即按地理区域配置推销队伍，这是最常见、最简单的推销人员配置。通常给每位推销人员划分一个地区，由其全面负责该地区所有客户和产品的推销。不过，由于不同地区的顾客密度、销售潜量和工作量不等，每位推销人员负责地区的面积并不相同。今天，企业可利用计算机来划分销售区域，力图在工作量、销售潜量、出差时间和费用的匹配方面达到最佳。

（2）按产品配置。地区式组织主要适用于产品和市场都较单一的企业。当企业经营众多各不相同的产品，且这些产品的技术性较强时，较好的选择就是产品式组织，即由一位或几位推销人员负责一种产品在所有地区的销售。

（3）按客户配置。对采取多元化经营战略的企业来说，产品式组织不一定是最好的选择，如果该企业生产的多种产品都被相同的顾客买去了，按产品分工，就会出现分属不同部门的推销人员都跑到同一位客户那里去推销产品的情况。此时，按用户行业或为某个大用户单独组建销售队伍更合理。如联想电脑公司分别为金融、税务、教育等行业的客户配置了销售人员；IBM 在底特律专为通用汽车公司设立了一个销售处。

有时企业还可采取复式推销结构，即混合运用上述三种方式，并根据市场和经营范围的变化，重新配置推销人员。

更新的配置方式有功能式组织和团队式组织。前者会在企业销售组织中实行更专业化的分工，如分别配有销售代表、服务代表和技术代表，销售组织中设有大客户部、市场推广部和呼叫中心，分别承担部分销售任务。这种配置方式的优点是分工细致，各尽其才，理论上效率最高。缺点是内部的沟通和协调难度大，弄不好反而会降低效率。团队式组织更适合重点客户的复杂购买。如一家大型企业购买 IBM 的信息系统解决方案，一家跨国公司购买某广告公司的全球广告服务。这种购买通常需要双方的团队在长达数年里共同合作，完成项目并做好售后维护。

现实中企业通常会将多种配置方式混合使用，以适应不同客户的需要或达成企业不同的目的。

4. 推销人员的监督与评估

对推销人员的管理不仅包括招聘、培训、分配销售区域，还有日常工作的监督和业绩评估。

企业可从以下方面督促推销人员的工作：

（1）规定客户访问次数的标准。一般来说，销售量的增长与访问客户的次数成正比，企业可根据购买潜力将客户分类，然后规定一定时期内对各类客户的访问次数。

（2）规定访问、发展新客户的数量。企业只有不断发展新客户才能有效地增加销售，若顺其自然，推销人员可能会把大部分时间用于访问老客户，因此有必要给推销人员规定发展新客户的任务。

（3）制定一定期间内访问客户和组织专门活动的时间表，如一年组织两次研讨会，以督促推销人员提高时间利用率。

因为给推销人员的报酬建立在对其工作业绩做出正确评估的基础上，所以需要建立有效的评价标准。常见的评价标准有完成的销售额、毛利、销售访问次数、访问成功率、每次访问成本、平均客户数、新客户数、流失客户数、销售总费用与费用率等。不过，由于各销售区域的销售潜力及单个客户购买规模、客户分布状况不同，很难用同一标准衡量不同推销人员的工作，通常配合使用以下方法：

● 横向比较，即将不同推销人员在同一时期完成的销售额等进行比较，但只有在他们各自负责区域的市场潜量、工作量、竞争情况、公司促销努力程度均差别不大的情况下，这种比较才有意义。

● 纵向比较，是将同一推销人员现在与过去达到的销售额等指标进行比较。这种比较能反映该推销人员工作的改进程度。

● 对推销人员的工作态度、品行、素质等进行评价，包括他对本公司、产品、顾客、竞争对手、所负责区域与工作职责的了解程度，言谈举止是否合乎要求等。

5. 推销人员的激励与报酬

推销人员自身的积极性对其工作成效有极大的影响，适当的激励将使他们更努力地工作。企业有必要规定奖励的方式和标准，使推销人员认识到，通过更加努力地工作，他们将获得额外的奖励，包括加薪、晋升、头衔、更好的办公设施、带薪假等。

推销人员的报酬有三种形式：

（1）薪金制。即固定工资制，适用于非推销工作占很大比重的情况。这种形式的优点是便于管理，给推销人员以安全感，容易根据企业需要调整推销人员的工作。缺点是激励作用差，容易导致效率低下、优秀员工离职。不过，由于企业现在越来越依靠广告树立企业形象和产品形象，推销人员的个人努力在促成销售中的作用趋于减小，固定工资制有扩大的趋势。

（2）佣金制。即推销人员按销售额或利润额的一定比例获得佣金。佣金制可最大限度地调动推销人员的工作积极性，形成竞争机制。缺点是可能造成推销人员只顾追求高销售额而忽视各种销售服务和企业长期利益等短期行为，以致损害企业声誉。此外，佣金制在对推销人员的工作进行监督方面也面临较大的困难。一些小企业和新建企业常采用佣金制，随着企业规模的扩大和管理正规化，将逐渐从完全佣金制转为薪金与佣金混合制。

（3）薪金与佣金混合制。此形式将薪金制和佣金制结合起来，力图避免二者的缺点而兼有二者的优点。至于二者各占多大比例，则依具体情况而定。资料显示，美国约 50％的企业采取这种混合制。

小　结

沟通，即将企业设计的产品和服务的信息送达目标顾客，是企业营销活动的关键要素之一。营销沟通是企业为了扩大销售、占领市场，通过各种方式将产品或服务具有说服力的信息传递给目标顾客，促使其做出购买决策，从而实现企业销售目标的过程。企业向消费者传递信息的形式有两种：一种是单向传递；另一种是双向传递。

企业的营销沟通方式有多种：广告、人员推销、营业推广、公共关系、品牌宣传和直复营销等。将这些方式有选择地搭配起来使用才能达到最佳效果，这就是营销沟通组合或整合。为此，我们应了解各种营销沟通方式的特点、适用性以及影响沟通组合决策的主要因素。

除了解各种沟通方式的特点，企业制定沟通组合决策时还需考虑其他一些基本的影响因素：（1）产品种类及市场类型；（2）沟通目标；（3）沟通的策略；（4）产品所处的生命周期阶段。

制定沟通组合策略的步骤是：（1）确定目标受众；（2）确定沟通的目标；（3）设计信息；（4）选择信息传播媒体；（5）编制预算；（6）制定沟通组合；（7）对沟通效果进行评估。

基本概念

1. 营销沟通——企业为了扩大销售、占领市场，通过各种方式将产品或服务具有说服力的信息传递给目标顾客，促使其做出购买决策，从而实现企业销售目标的过程。

2. 营销沟通组合——企业的营销沟通方式有多种：广告、人员推销、营业推广、公共关系、品牌宣传和直复营销等。将这些方式有选择地搭配起来使用才能达到最佳效果，这就是营销沟通组合或整合。

3. 广告——企业通过各种付费传播媒体向目标市场和社会公众进行的一种非人员式信息沟通活动。

4. 人员推销——派销售代表与顾客进行面对面的交流，是最古老的营销沟通方式。

5. 公共关系——通过制造新闻，以不付费的方式得到媒体的报道，达到宣传和推销产品或服务的目的。

6. 营业推广——企业在某一段时间内采用特殊的手段或方法对消费者或中间商进行强烈刺激，以激励其较快或较大量地购买特定的产品或服务。营业推广多用于短时期的特别促销。

7. “推式”策略——以中间商为主要促销对象，把产品推进分销渠道，再由中间商推向市场。此策略的目的着眼于使中间商产生利益分享意识。

8. “拉式”策略——以最终顾客为主要促销对象，首先设法引起潜在购买者对某种产品的需求和兴趣，由最终顾客向中间商询问该产品，中间商自然会向制造商进货。

9. 广告代理——专门从事广告经营活动的机构，包括广告公司、广告代理商和广告制作部门，是广告市场中最基本的组成要素之一。广告代理机构为广告主代理市场调查、广告策划、创意、设计制作、实施和效益测量等一切广告业务活动，成为广告主与广告媒体之间的桥梁和纽带。

思考题

1. 简述营销沟通过程。

2. 如何制定促销预算？你认为哪种方法更可行？

3. 家电企业在为洗衣机和微波炉产品确定沟通组合时应考虑的因素有差别吗？为什么？

4. 什么是广告？如何选择广告媒体？

5. 简述推销人员的工作。

6. 如何督促推销人员的工作？薪金制和佣金制的适用性有何不同？

7. 分别举一个你印象最深、印象最差，你认为最成功及最不成功的广告实例，并说明原因。

案例分析

钉钉的成功公关营销

2020年2月16日，“钉钉本钉在线求饶”话题冲上微博热搜，成为当时的一个热门话题。事情的起因是原本可以心安理得宅在家的中小学生们，迫于“云上课”，不得不将12个小时的大部分时间放在学习上，每日的签到打卡、课堂上老师的随机点名、家长的贴身监管也不容许逃课的情况存在。这使得学生们的压力倍增，只好在“网络世界宣泄”，于是产生了集体给钉钉打一星的行动，钉钉的评分降至1.6分，面临即将被下架的危机。为应对这一危机，钉钉在当时较火的B站，以一则搞怪视频作为回应，该视频中循环播放“少侠”“五星好评一次给够”“钉钉”等字眼，“钉钉”的标志吉祥物“钉三多”也多次出境。这则视频的播放量高达200多万，打破其在B站建号以来的纪录。相较于其他较为严重的危机，钉钉因评分低面临下架的危机着实算不上太大，但是其处理方式及效果颇为成功，表现在自己曝光量、知名度猛增，并且娱乐了大众。

1. 对钉钉：一次极其成功的营销

钉钉在 B 站视频播放量较 2019 年 11 月中旬开号时增加 4 倍，截至 4 月 15 日，其粉丝数已经达到 108.1 万，视频播放量共计达到 6 296.2 万次，获赞达到 594.8 万次。

2. 对受众：狂欢与娱乐

（1）采用搞怪的内容及形式，改变网课用户固有印象。面对这次危机，钉钉公司遵循了危机公关真诚沟通、速度第一、系统运行这三个原则。首先，面对孩子们的“恶作剧”式的一星评分，采用在其群体中流行的方式与其进行对话，搞怪背后隐藏的实则是钉钉对待此事的真诚。其次，在面对危机事件时，很多公关团队选择沉默，等待风头过去再进行处理。钉钉却打破这一常用手法，在事件爆发的一星期之内就进行回应。最后，对于一星事件的回应，钉钉并不是在 B 站单打独斗，而是采用了矩阵式的打法，B 站、微博联动起来，同属于阿里系的飞猪等官方账号也为其背书。这样系统化的方式无疑全方位地提高了话题的关注度。这不仅及时制止了一些恶意的评分行为，而且改变了新冠肺炎疫情下网课用户对于钉钉固有的刻板印象。

（2）塑造新形象，重构工作用户对其形象认知。在当前的社会媒体环境下，人人都拥有媒体的接近权和使用权。对庞大的企业而言，这是一把双刃剑，利用得当是锦上添花，利用不当则势必对企业信誉、口碑等各个方面产生不利影响。官方媒体的日常“营业”就是为其整体形象的构造添砖加瓦。钉钉对于“一星”事件的回应就是在用户的心中树立其新的形象，重构用户对钉钉的认知。

（3）转移过分集中的注意力，缓解特殊时期带来的焦虑感与压抑感。按照卡茨在 1973 年提出的使用与满足理论，个人使用媒介的五大类需求之一就是纾解压力需求。钉钉借助搞怪视频的形式为大众提供谈资，这比非特殊情况下更能转移人们的注意力，缓解压力。

资料来源：吕豪景. 当官方遇上“鬼畜”：钉钉的成功公关营销. 视界观，2020 (7).

▶ **讨论题**

1. 钉钉的公关营销有哪些独特的影响？
2. 钉钉的营销在此次事件进程中存在什么问题？

阅读材料

有效传播中国品牌

最近几年，“出海”成为中国品牌创造下一个增长曲线的必经之路。为了尽快攻克海外市场，中国企业急需有经验的营销公司提供国际营销传播方案，众多国内外知名营销传播机构都在为争抢这块蛋糕摩拳擦掌。成立于 2017 年的聚联传播咨询（Webridge Consulting）成为这场竞争中的一匹黑马。公司联合创始人兼首席营销官（CMO）张子腾表示，在成立短短的5年时间里，除了中国驻外机构、美国教育考试中心等政府机构类客户，公司还累计服务了20余个中国企业500强客户。2021年，公司营收增长近一倍。聚联传播目前主要有两大业务：一是为中国企业和机构提供全球范围内的品牌管理与数字营销、公共关系、广告创意策划和活动管理等专业服务。具体来说，国内绝大部分的本土营销机构都没有做"出海"业务的能力。聚联传播相当于"丙方"，为国内本土营销传播机构等"乙方"提供"出海"方案，共同服务甲方客户。二是开发了海外营销SAAS平台——"海豹全球营销服务平台"，把聚联传播多年积累的海外媒体与通讯社、海外网红等营销与传播资源集中在平台内，为国内企业客户、国内营销传播行业从业者提供更便捷的海外资源采买与策略支持服务，目前已上线内测版本，仅海外媒体一项就涵盖了海外5万多个媒体记者的资料和数据。

第14章
企业营销计划与绩效的测量与监控

思政目标

- 明确闭环管理在营销整体工作中的基础作用。
- 理解践行营销理念对提效降本的重要性。
- 掌握各种营销计划、营销绩效测量工具的使用前提与方法。

引导案例

以Web2.0技术的高速发展以及社交媒体的崛起为背景，网红经济迅速发展。新式茶饮品牌中的代表，如“喜茶”“一点点”等，凭借独特新颖的产品在网络上引起了广泛的讨论。它们通过网络中意见领袖即“网红大V”的影响力带动更多公众知晓品牌，了解品牌，从而进行购买。社交媒体用户数量不断增长，商家在微博、微信等平台精准投放广告，传播品牌价值。社交媒体营销已经成为整合营销传播的重要途径与方法。通过在线报道、评论，社交媒体所传递的信息在消费者进行购买决策时起到重要作用。

第1节　营销计划的制订过程与内容

一、企业营销组织

20世纪七八十年代，由于营销环境不断发生变化，欧美企业的营销经理人员受到营销战略的吸引，认为正确的战略决策最重要，比组织和实施具体事务更能检验一个人的能力。但到了80年代末90年代初，调查表明营销经理人员的观念出现另一种趋势——越来越强调不断改进战略实施能力的重要性。高级经理反映现在遇到更多的是“如何做”方面的问题，即执行问题。现代管理，包括营销管理在内，变得更关注组织和实施方面的基础环节。

的确，再好的营销战略也要靠具体的企业组织去实施，才能产生效果。这个组织的构成及运行方式应符合现代市场营销观念的要求，具有灵活性、适应性和系统性，即企业组织能够根据营销环境和企业资源、目标、策略的变化，适应需要，调整自己，企业各职能部门均能相互配合，整体协调，共同为实现企业目标和计划而努力。

现代营销观念的确立，要求企业重新考虑组织设计的指导思想，使市场导向的原则不仅贯穿于经营战略规划、日常管理业务中，而且贯穿于组织设计中。组织设计中的一个要点是组织结构要适应环境、企业目标和战略、策略变化的要求，而不是反过来，由组织结构、管理制度决定企业的目标和战略。二者的区别如图 14－1 所示。

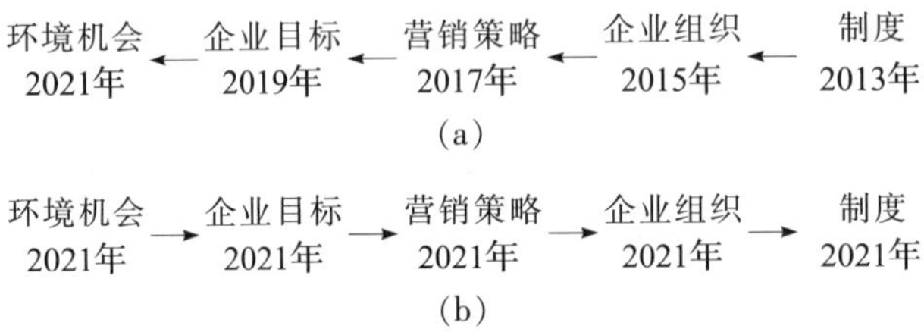

图 14－1　企业组织与环境机会的关系

在图 14－1（a）中，企业面对 2021 年的环境机会，组织结构、管理制度却还是 2015 年的，甚至是 2013 年的。企业此时即使发现了环境变化带来的机会，也可能因原有组织和管理体制的束缚，无法调整自己的目标和策略，以致坐失良机。理想的情况如图 14－1（b）所示，根据环境机会制定企业营销目标、营销策略，再据此设计组织结构、工作流程和管理制度。

企业营销部门是随着企业规模和营销业务量及范围的扩大演变而来的。企业经营观念的转变对营销部门的设置及其在企业中地位的提高起了不可低估的作用。

1. 简单的销售部门

当企业规模很小时，销售职能多由业主本人或一两名推销员承担，还谈不上什么职能部门。因为此时的销售是否顺畅关系到企业能否生存，加上客户关系往往是企业技术诀窍之外最重要的资源（甚至是头号资源），所以业主通常会亲自主持或从事销售工作。

后来，企业有了简单的销售部门——一位销售主管领导几名推销人员，同时兼顾其他营销职能，如图 14－2（a）所示。

2. 兼具营销职能的销售部门

随着业务范围的扩大，除了销售，企业需要更经常地进行市场调查、广告宣传和顾客服务等工作，再由销售主管兼顾这些工作已很困难，因此，需要聘请有经验的营销主管来承担这些新职能，营销组织结构也调整为如图 14－2（b）所示。现实中处于这一阶段的许多企业的销售部门虽兼顾其他一些营销职能，但工作的重心仍是销售以及与销售最密切相关的售后服务等。

3. 独立的营销部门

企业继续发展，除了销售，其他营销职能的工作量和重要性日益增加，销售副总经理（他们通常是从销售职位提拔上来的）容易过度偏向推销职能，而将较少的资源和人力分给其他职能。久而久之，总经理会发现，将销售与营销职能分为两个部门，分设两位经理，让他们以平等的地位接受自己的领导是更好的办法，这种组织结构将保证营销职能不致被忽视，参见图 14－2（c）。

4. 现代营销部门

以上几种模式中的营销部门与销售部门必须互相配合、密切联系才能做好工作，但现实中许多企业的这两个部门之间的矛盾冲突颇多，它们都想把自己摆在更重要的位置。一般来说，营销经理更注重把握总体市场变化和整体营销组合策略的综合运用，而销售经理更注重实地的一线推销。于是总经理会派一位常务副总经理处理两部门的矛盾，协调二者的工作，或者任命一位营销副总主管所有营销工作，包括销售，这就是图 14－2（d）显示的情况。

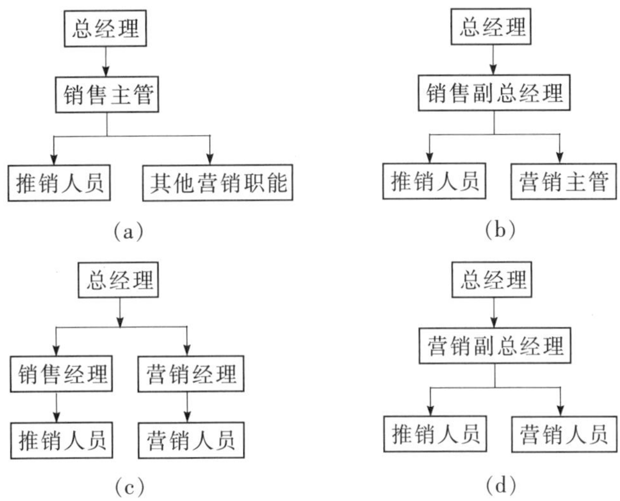

图 14－2　市场营销部门的演进过程

当然，一个设置了现代营销组织的企业，只有真正接受了以满足顾客需要为导向的现代营销观念，才算得上是一家现代企业。

二、营销部门内的组织分工形式

营销部门内部的组织分工有多种形式，大致可归纳为按职能、地理区域、产品和市场划分，即按这四种分工方式设置相应机构。

1. 职能式组织

职能式组织是最常见的结构（见图 14－3），即按职能分工，在营销经理下分设主管销售、市场调研、广告、新产品等的职能部门。下设的职能部门的数量根据企业需要可多可少，分工可粗可细，其中人数最多、分量最重的无疑是销售部门。

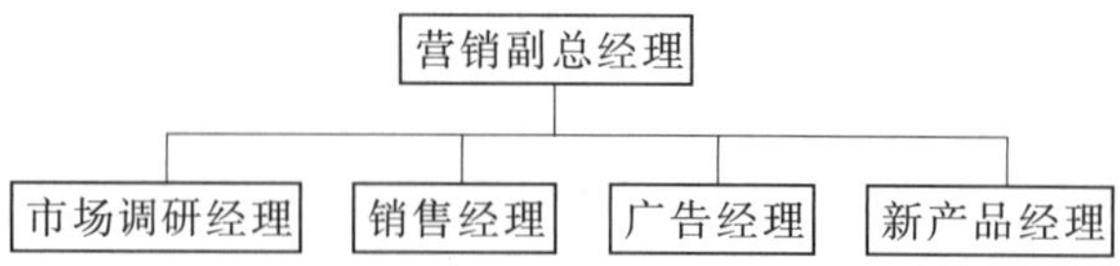

图 14－3　职能式组织

职能式组织的最大优点是简便易行，分工明确。缺点是当企业规模和经营范围扩大到一定程度时，会显得分工过粗，因为没有人专门为某个具体的产品或市场制定独特的计划，负完全的责任。

2. 地区式组织

地区式组织（见图 14－4），即销售人员按地区划分工作范围，每位销售人员分别负责一定地域范围内的商品销售工作。这种组织形式适合市场地理位置分散的企业。如一家在全国若干省区市场上均销售其产品的企业，仅有一位销售经理直接管理所有推销人员显然是不可能的，这就需要按地区分派销售代表，甚至在某些顾客集中的地区设置销售办事处或分公司。这种形式的好处是可以使销售人员更了解当地市场的特点，与当地客户建立较长期、稳定的业务关系，节省出差费用。对地区需求差异大的产品或从事全球营销的企业，这种组织形式还有助于推动员工队伍的本地化。

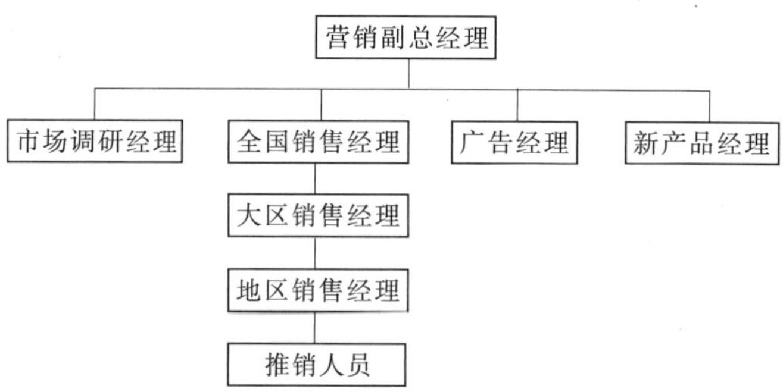

图 14－4　地区式组织

在这种组织形式中，地区销售人员不仅推销产品，还要负责分析该地区的市场情况、营销机会，为该地区市场制定营销年度计划和长期规划，并负责计划的贯彻实施。如果企业的市场分布足够广，还需按地域设置地区经理或国别经理。

最后还要补充的一点是，这种组织形式仍以职能式结构为基础，只是由于市场范围广、任务重，需要对销售部门的人员配置做进一步细化。

3. 产品式组织

产品式组织（见图 14－5）即销售人员按产品划分职责，每位销售人员分别负责特定产品或品牌的营销工作。这种组织形式适合经营多种品牌或产品的企业，或者采用多元化经营战略的企业。这类企业同时经营不同系列、不同品牌的产品，产品之间的差异有大有小。当产品差异较大时，它们很难适用同一套营销策略和计划，因此由不同的人分别对它们负责也就顺理成章。有些产品间的差异虽然不大，但企业为它们做出不同的营销定位，建立不同的品牌，因此也需要分别制定不同的营销组合策略。显然，在这种情况下，如果没有专人对特定的产品负责，有些产品肯定会被忽视。

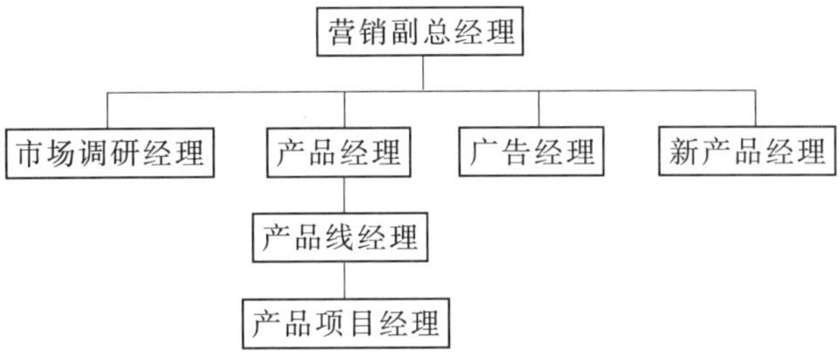

图 14－5　产品式组织

产品式组织在产品组合深且宽的食品、洗涤用品、化妆品和药品等企业里最常见。这种组织形式的创建者——著名的美国宝洁公司、通用食品公司几十年来一直采用这种产品式组织结构，发展为年销售额达数百亿美元的巨型公司，管理数千种产品的生产与营销。图 14－6 就是通用食品公司的一家子公司的组织结构图。

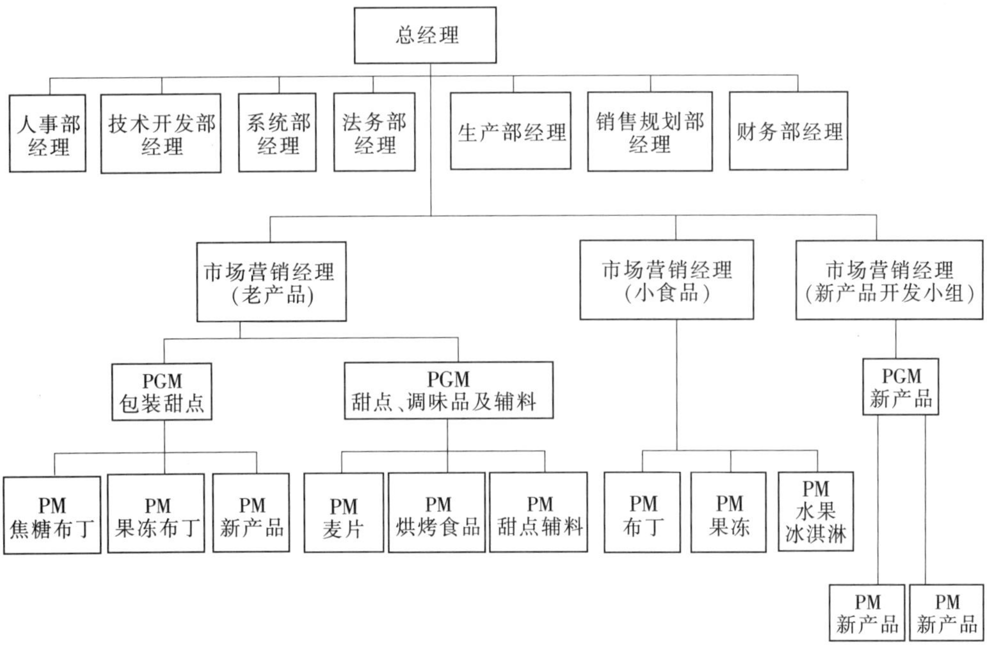

图 14－6　通用食品甜点分公司的组织结构图

在产品式组织中，因为产品经理负责一个产品从市场调查和预测、制定营销组合策略和计划，到实施和控制的全过程，所以给培养年轻经理，使其获得全面工作经验提供了较好的环境。通常刚毕业的工商管理硕士都从产品经理助理做起。

4. 市场式组织

市场式组织（见图 14－7）与产品式组织的结构类似。在图 14－7 中，由一位营销副总经理管辖若干分销经理，每位分销经理的职责是为自己负责的市场制订长短期营销计划，分析市场发展趋势，组织实施计划。如著名的食品制造商亨氏公司原来采用以产品为中心的组织形式，设有调味品、布丁等产品经理。但亨氏公司产品的客户既有食品杂货商，又有各类组织团体，如医院、餐馆、学校，因此每位产品经理要同时负责这两类市场的销售——前者是消费者市场，而后者是产业市场。后来，公司发现组织团体的需求比食品杂货商的需求发展得快，而产品经理往往看不到这一点。为此，公司为组织团体设置了一个独立的营销组织，下设中学、大学、医院、餐馆等营销经理。

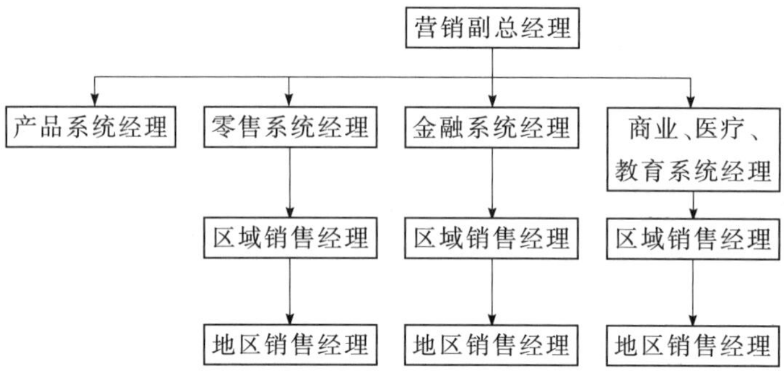

图 14－7 市场式组织

不少大公司都以市场或客户为中心重新调整了营销组织。由于这些公司在不同类型的市场上出售自己的产品，按市场或行业分工的组织形式有助于企业通过营销经理之手将各种营销手段协调配合起来，更好地满足不同顾客群的需要。

现在还有一种变通的形式是在地区式或产品式组织的基础上，另建一个大客户部，专门负责行业或大机构的营销。

上述地区式、产品式、市场式组织都是在企业规模和经营范围扩大的情况下，为加强管理，使分工更细的组织形式，它们都没有取代职能式组织，只是在销售管理方面增加了一两个管理层次。这三种组织形式面临一个共同的问题，即各级销售经理如何与各职能部门协调合作。

5. 产品/市场式组织

这是一种矩阵式组织，即将产品式和市场式组织组合起来（见图 14－8）。产品经理负责为产品制定营销规划和利润指标，并监督实施；市场经理则负责现有和潜在市场的开发，把握市场的长期发展趋势。

这种组织形式显然是经营范围广、客户分散、规模大的公司所需要的。好处是分工很细，员工各司其职；不足之处是容易发生职责重叠，因权力和责任界限不清产生冲突，而且费用较高。

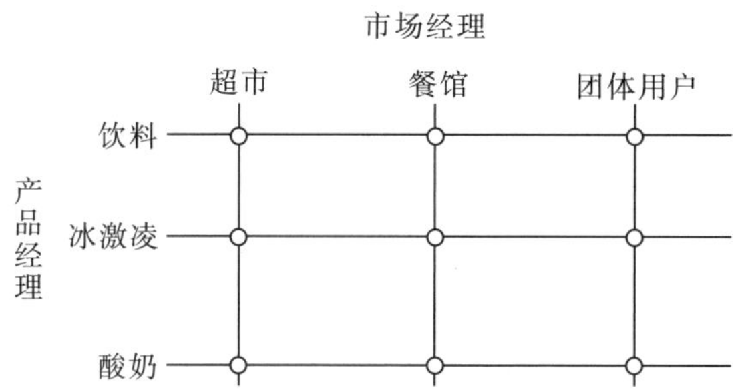

图 14-8　产品/市场式组织

6. 事业部式组织

从事多元化经营的大公司发展到一定规模后，有时将较大的产品式组织改为独立的事业部，这些事业部各设独立的职能部门，由此产生了营销职能如何在公司总部与各事业部之间分工的问题。企业通常从以下几种形式中选取一种：

（1）公司总部不设营销部门，营销职能完全由各事业部自己负责。

（2）公司总部设一规模很小的营销部门，只具备极少的营销职能，如为最高管理层进行总体市场机会评估，应事业部之邀提供咨询等。

（3）公司总部设一较大规模的营销部门，为事业部提供各种营销服务，如组织全公司的广告、公关活动，提供市场研究、推广、政策咨询、人员培训等服务。

（4）公司一级设有强大的营销部门，直接参与各事业部的营销规划及实际业务工作，甚至部分控制它们的销售活动。

三、营销计划的制订过程与内容

企业营销管理的实施过程从制订营销计划开始，因此每位营销管理人员都应了解如何制订一项营销计划，具体包括以下内容：

（1）谁参与计划的制订？谁负责监督计划制订的全过程？谁负责批准计划？谁负责执行计划？

（2）多长时间做一次计划？是按固定的时间表，还是随每次新产品推出或市场开发行动制订营销计划？如果按固定的时间表，计划期定多长？1 年、2 年、3 年，还是 5 年？

（3）计划的详细程度如何？要不要具体规定由谁负责什么事项以及时间、地点、方法和预算等内容？

（4）由谁审查和批准预算？

企业营销实践证明，计划是企业各层级人员间十分有效的一种沟通手段，而且是高层管理人员检查、评价各单位行动与合作的依据，还是各层管理人员做出承诺的正式记录。营销计划有助于企业管理者将注意力集中在重要的问题上，不致因各种应急事项影响企业经营的主线。最后，含有定量指标的书面计划还是准确评估企业业绩的前提和依据。

企业营销计划有许多形式，因企业的类型、所处竞争环境、面对的顾客而不同。另外，企业若同时经营若干种不同的产品，也可根据需要，分别为每种产品、品牌或市场制订营销计划。

计划的制订过程正是企业管理者认识市场、思考未来，然后制订出现实可行的行动计划的过程。将这一工作程式化后会发现，营销计划应包含以下内容或步骤。

1. 分析营销现状

通过事实陈述，表明企业的营销现状是什么。主要包括与外部市场需求、顾客、竞争对手和营销环境变化有关的各种背景材料，以及对企业内部资源、技术和能力的描述。

如一家空调制造商在计划书的“营销现状分析”部分写道：今年国内市场规模约为1 500万台，预计会以每年10%的速度增长，但生产能力增长更快。南方主要城市的家庭空调保有率已经很高，要想进一步提高市场增长潜力，或提高本企业的市场份额，恐怕会遇到相当大的困难。可用表格列出过去几年该企业各主要产品的销量、价格和收益情况，附上简单的分析说明。对竞争者的分析则侧重它们的销售规模、市场占有率、目标市场、营销策略等。

2. 分析机会与威胁、优势与劣势

根据上述有关营销现状的资料，计划人员要找出本企业或某种产品面临的主要机会与威胁，作为下一步采取措施的依据。这里要注意的一点是，市场机会可能很多，但如果依照企业的资源与能力只能利用其中的两个机会，就没有必要把其他机会都列上。

例如，上述空调制造商面临的主要机会有：

● 随着新房装修数量的增加，一般收入家庭对空调的需求将稳步上升。

● 部分在20世纪90年代购买的空调面临更新。

● 随着空调厂商竞争的加剧以及新品牌、新品种的推出，消费者在选择购买何种产品及品牌时感到困惑。

该企业面临的主要威胁是：

● 本企业产品过去主要在南方城市出售，缺少将产品送抵偏远地区的有效渠道。

● 春节一过，业内将有竞争者挑起价格战，大幅压低售价，迫使本企业不得不降价应对。

除了上述机会与威胁的分析，计划书还需进一步分析本企业的优势与劣势。机会与威胁主要针对外界因素，优势与劣势则是内在因素。优势指企业可以利用的要素，如高质量的产品、出色的服务和分销网、极富感染力的广告；劣势指企业应加以改进的部分，如价格偏高、公关宣传不足、产品的市场定位不如竞争对手明确等。

3. 表述营销目标

对机会、威胁、优势、劣势的分析表明企业“现在在何处”，接下来是确定“向何处去”，即确定营销目标。目标是营销计划的核心与制定下一步营销策略和行动方案的基础。目标分为两类：财务目标，包括即期利润指标、长期投资收益率等的具体目标；营销目标，主要包括销售额、市场占有率及广告效果、分销网点、定价等方面的具体目标。所有目标都应以定量形式表达，并具有可行性、一致性，能够分层次地加以说明。

例如，上述空调制造商为自己制定了以下营销目标：

（1）2022 年实现销售额增长 12%，略高于行业增长水平。

（2）重点开发北京、西安、太原、天津等北方大城市的市场，北方地区的销售额增长率要达到 30%。

（3）在 3 月份销售旺季到来之前，将第一批 50 000 台空调运送给上述城市的分销商。

（4）4—5 月，在上述地区组织开展一场营销推广活动，由公司市场推广部派人协助当地销售部门具体组织实施。

4. 列出主要的营销策略

每个目标都可通过多种途径去实现，营销管理者必须对企业营销组合策略做出决策，然后在计划书中简明扼要地列出，内容包括：目标市场、产品市场定位、产品策略、定价策略、沟通策略、渠道策略、研究与开发、市场调研计划等。

5. 制定行动方案

营销目标与策略要通过具体的行动来实现。行动方案表明企业为达到营销目标具体做什么，什么时间做，谁来参与，预计花费多少等，按时间顺序列成表，即未来实际行动的计划。

6. 编制预算

制定行动方案时必须依据企业可利用的资源，因此，还要根据行动方案编制相应的预算，即盈亏报表。收入为预计的实物销售量和平均价格相乘得出预计的销售收入；支出包括生产、销售、广告、物流配送等费用；收支之差即预计的利润。企业领导者审查批准或修改预算，一旦得到批准，该预算便成为安排采购、生产和营销活动的基础。

7. 预测结果及风险分析

这一步是对实施行动方案的结果进行测算，要计算关键资源的使用成本和预期收益。典型的业绩指标包括：

（1）销售量。

（2）销售收入。

（3）产品销售成本。

（4）产品毛利率。

（5）关键客户购买情况。

（6）重点市场的占有率。

计划中还应关注执行过程中可能遇到的风险，并制定相应的控制措施，以防患于未然。最简单的是年度计划控制，即将目标和预算按月或按季分解，企业领导定期检查完成情况，若未达到目标，部门经理必须做出解释并采取补救措施。

第2节　营销计划的贯彻实施

实施是一个将计划转化为具体行动并达到既定目标的过程。对计划中的行动方案还需制定一个具体的实施方案，该方案也许要形成文字，也许只存在于管理者的头脑中。它规定了由“谁”在“什么时间”“什么地点”“怎样”去执行哪一项具体的任务。如计划规定了要组织一次与社会公益有关的公关活动，也分配了预算，这时就要安排人员具体完成这项任务。

为有效地执行计划，管理人员要掌握一些相关的技能：

（1）分配资源的能力。即根据计划规定的工作量和难度，在不同任务间合理分配时间、人员和资源的能力。

（2）控制能力。包括建立和管理一个对计划实施过程进行有效监督的控制系统，并在发生意外时迅速采取补救措施的能力。

（3）组织能力。主要是处理好组织内集权与分权以及正规组织与非正规组织的关系、建立合理制度、协调各部门关系的能力，以使组织效率达到最高。

（4）影响他人的能力。组织的效率除取决于组织的结构、制度、传统、风格等，还取决于管理者推动、影响他人努力将事情办好的能力。管理者不仅要善于推动组织内的同事努力工作，还应善于影响组织之外的其他企业和个人更有效地工作或减少阻力，以达到企业的计划目标。

第3节　营销绩效评估

营销绩效评估是指探索营销活动对企业绩效的影响并且对营销生产力进行测量，以了解营销活动对企业造成怎样的影响和影响的大小，最终目的是要探索营销活动是否影响企业的财务绩效和企业价值。

一、营销理论及营销绩效评估

20世纪50年代，随着市场环境的变化和企业营销活动的发展，营销观念的重点逐渐从企业转向顾客，从强调企业利益与交易实现转为强调顾客价值和相关者利益的实现。与营销理论的发展相对应，营销绩效评估也经历了由生产到产品，再到以消费者市场为主导的整体评价等不同的发展阶段。

在市场营销发展的初期，市场营销管理的思想是生产观念（production concept）。其认为：企业生产什么就卖什么，只要扩大生产量，就可以获得最高利润。这一时期企业市场营销工作的目标和评价的标准是企业的销售利润。

之后出现了产品观念（product concept）。其认为：顾客喜欢高质量、有特色、多功能的产品，只要产品好就会拥有很多顾客。在以生产观念和产品观念为主流的时代，企业最主要的关注点是生产，市场营销只是辅助生产。在这一时期，市场营销所具有的大部分功能并没有发挥出来，市场营销的评价标准主要是销售额扩大和利润增加。

20 世纪 30 年代，西方爆发空前的经济危机，出现经济大萧条，社会购买力急剧下降，企业产品大量积压，推销观念（selling concept）随之产生。其认为：顾客不会主动购买产品，更不会主动购买数量较多的产品，企业只有采取强有力的推销措施，顾客才会购买更多的产品。因此，企业的产品能否销售成功，取决于推销能力。在这一时期，市场营销绩效不仅表现在销售量的扩大和利润的增加上，也表现在推销术的综合应用效果上。

50 年代以后，随着第三次科技革命的发展，逐步形成了以顾客为中心的现代市场营销观念（marketing concept）。企业营销工作的目标不再是仅仅追求销售量的扩大和利润的增加，而是追求产品市场占有率和顾客满意度的提高，重视扩大忠诚顾客群的数量等。随着营销活动的不断深入，企业不仅从产品质量出发寻求提高顾客满意度，而且从客户关系、服务、利益相关者等多角度通过全方位的整体活动提高顾客感知价值和满意度。

二、营销绩效评估指标

市场营销绩效评估大致包括四种测评：简单财务结果测评、非财务结果测评、投入测评以及多维测评。

（1）简单财务结果测评。是计算其他测量指标的基础，主要包含三个最基本的财务指标：利润、现金流和销售额。“中国加入 WTO 后企业市场营销绩效评价研究”课题组的一项调查显示，销售额、销售量是我国企业营销绩效评估中采用率最高的两项指标，分别达到 86%和 82%；它们的重要性也排在前列，分别得到 86%和 81%的企业的认同。财务绩效无论是在认识上还是在实践中都受到企业的高度重视。然而财务报表的业绩评估制度已经不能适应获得长期竞争优势的需求，其局限性主要表现为滞后性、片面性、短期性。

（2）非财务结果测评。包含的指标有顾客满意、市场份额、顾客忠诚、服务质量、品牌资产。在营销生产力中存在许多调整因子，这些因子包括市场占有率、适应性、服务质量、顾客满意和顾客忠诚，它们的存在使得营销投入在转换成营销产出时具有极大的随机性。

（3）投入测评。包括的内容有营销资产、营销审计、市场导向。越来越多的企业把投入测评当作加强市场营销管理的一个有效工具，并通过系统测评引出市场定位的概念。市场定位是市场营销战略体系中的重要组成部分，对于满足顾客的需求，树立企业及产品的鲜明特色，从而提高企业竞争力具有重要的意义。

（4）多维测评。包括的内容有营销效果、营销效率、多变量分析。营销效率是营销结果与努力的比率，用来测量和评价营销部门运作的情况。从组织的角度来讲，效率要通过企业内部的专业化和程序化实现，它与效果的区别就在于：迅速取得的结果并不一定会有效地满足企业目标。例如，企业很容易销售出去的产品却未必能获得最大盈利。

这四种测评之间的关系可以用图 14－9 表示。

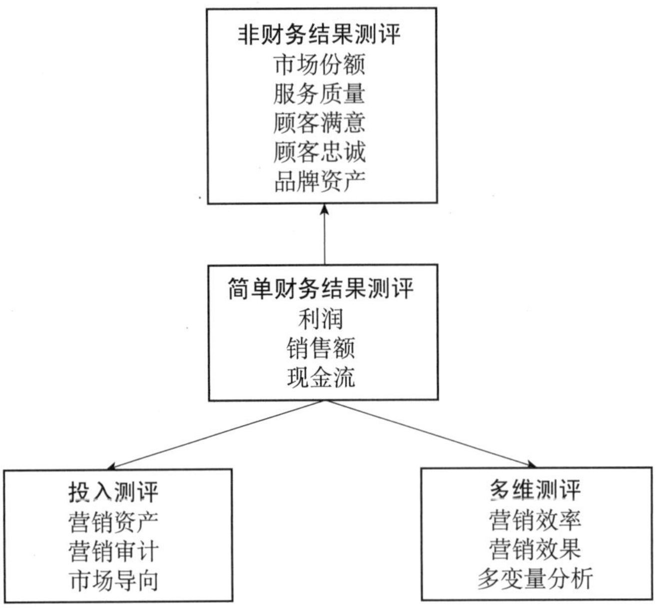

图 14－9　四种测评之间的关系

三、营销绩效评估的步骤

营销绩效评估属于企业绩效评估的一部分，既有绩效评估活动的共同特征，又有自己的特点。营销绩效评估活动应包含以下步骤：设计评估指标；选取评估指标；收集数据；选取评估方法；实施评估；分析评估结果（如图 14－10 所示）。

营销绩效评估分为对营销效果、营销效率的评估，要建立营销效果指标体系和营销效率指标体系，之后针对指标体系的特点和评估的目的选择主观或者客观的综合评估方法，运用选取的评估方法进行评估得到营销绩效评估结果，并对评估结果

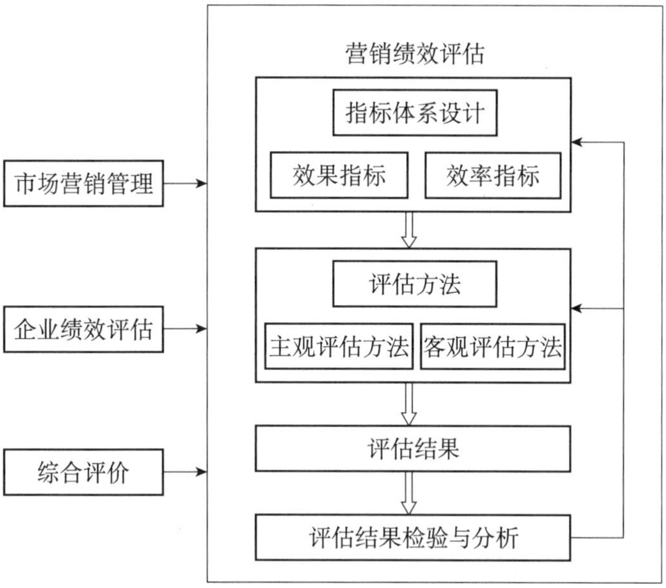

图 14-10　营销绩效评估

进行检验和分析，再对指标体系和评估方法进行修正，得到合适的营销绩效评估指标体系和评估方法，并用评估结果指导企业的营销决策。

四、营销绩效评估的实际应用

KPI 绩效管理是国内已经实施多年的一种管理模式，因其目标化、数字化，以及在具体操作中的流程化、表述化，在很多行业得到运用。现附上某公司的营销组织的绩效管理方案，以供参考。

案例

绩效管理及薪酬分配方案

一、适用范围

销售部各区域营销组织（分公司）及所属人员（含经理、销售行政经理、业务主管、业务代表、策划员、计划员、会计、信息员，不含促销员）。

二、绩效原则

1. 综合绩效原则

分公司的综合绩效由主指标回笼、开单，辅指标网络开发、网点达标、应收账款清理及激励等内容组成。

2. 即时激励原则

每月进行分公司综合绩效考核，激励先进，鞭策后进，实现即时激励。

3. 二次分配原则

该方案涉及对分公司和分公司对所属员工两个管理层面。分公司经理绩效考核按公司既定方案执行；针对业务代表及其他人员，各分公司可制定适合自身特点的内部方案，报销售部长批准、计划科备案后方可执行。

三、薪金标准及人员编制

1. 分公司的分类（A，B，C三类）

2. 各类人员年薪标准

3. 分公司人员编制及标准年薪表

四、绩效评价

1. 销售当量（略）

$$\text{销售当量系数}=\sum(\text{月度某型号产品销量}\times\text{该型号产品销售当量})/\text{月度总销量}$$

2. 分公司经理2017年年薪绩效考核评价办法

3. 分公司其他人员的薪酬计算（分公司综合考评以分公司经理2017年年薪绩效考核评价办法为标准）

$$\text{分公司其他人员月薪合计}=\frac{\text{分公司其他人员标准年薪合计}}{12}\times\frac{\text{分公司月度绩效综合考评得分}}{100}\times\text{销售当量系数}$$

（1）分公司实际在编人数≥定编人数，按定编人数计算标准年薪。

（2）分公司实际在编人数≤定编人数，按实际人数计算标准年薪。

4. 分公司业务代表及批发客户经理2017年年薪绩效考核评价办法

五、薪酬的分配

1. 分公司经理根据利用上述方法得出的分公司其他人员月度薪酬总额做出二次分配（分公司经理不参与分配）

2. 分公司制定的二次分配方案须报销售部确认并备案

3. 分公司的二次分配方案应贯彻的原则

（1）公开、公正原则。

（2）业务人员分级原则。

1）根据分公司的市场状况，可设置专职从事批发的客户经理，负责1～3个大型批发商的回笼、开单及应收账款的清理工作；设置有明确回笼计划、主管8～10项零售业务的业务代表；设置无明确回笼计划、主管8～10个核心分销商的业务代表。

2）按地域和网点数量配备业务代表。

3）业务主管、业务代表应设置不同的年薪标准。

4）同是业务主管或业务代表，亦可设置不同的年薪标准。

（3）销售行政经理、策划员、会计、信息员采用以日常考评为主、业绩挂钩为辅的考核办法进行薪酬分配。

六、执行

（1）分公司根据2017年的销售目标，将每个月的目标分解到每个区域及每个业务员，建立相对稳定的绩效考核办法，并于 2017 年 1 月 10 日之前将业务员销售目标分解表及绩效考核方案报销售部主管副部长批准、行政科备案。

（2）销售部销售计划科负责分公司的绩效考核及薪酬分配管理工作。

（3）每月 20 日之前分公司提交下月月度营销工作计划（包括回笼、开单、网络开发、网点达标、应收账款清理计划等）及下月产品需求计划。

（4）每月 26 日之前销售部财务科根据各分公司应收账款账龄分析情况下达分公司下月应收账款清理计划，报计划科。

（5）每月 27 日之前销售计划科根据年度销售目标及各分公司月度计划下达分公司下月月度营销工作计划（内容同上）。

（6）每月 1 日之前各分公司提交上月月度营销工作总结。

（7）每月 5 日之前计划科根据各分公司实际完成情况进行综合考评，排出名次，确认金牌与黄牌得主，同时对业务代表进行绩效考评，排出名次。

（8）根据各分公司实际完成情况，每月 10 日之前计划科核算各分公司经理及其他人员上月应得薪金，报主管部长批准，并反馈至分公司。

（9）根据薪金核算情况，每月 20 日之前各分公司做出上月内部薪金二次分配计划，报计划科审核，主管部长批准（分公司当月薪酬可作提留，留存于计划科）。

（10）财务科于每月 30 日之前发放上月薪金至各分公司指定薪金存折。

（11）分公司需要建立详尽的薪金管理台账，严格遵守考评、分配及签收制度。

（12）薪金不得挪作他用，其他分公司费用不得与薪金混用。

七、解释

（1）本方案解释权属销售部。

（2）如有调整，将充分考虑与本方案之衔接。

第 4 节　营销控制类型与方法

现代营销管理越来越重视营销控制的作用。这是因为，从总体上说，计划建立在对未来发展预测的基础上，而在计划执行期间总会遇到各种意外，这时就需要采取适当措施，以确保企业营销活动的效率与效果。概括地说，营销控制是企业用于跟踪营销活动过程的每一环节，确保按计划目标运行而实施的一套工作程序或工作制度。

营销控制有助于管理者及早发现问题，采取措施防患于未然，并对营销人员起监督和激励的作用。但相当多的企业对营销控制的重要性还缺乏足够的认识，也没有建立起一套有效的控制制度。

下面是四种主要的营销控制方法。

一、年度计划控制

年度计划控制的目的是确保企业达到年度计划规定的销售额、利润及其他指标。

年度计划控制由四个主要步骤组成：

● 将年度计划指标按月或季分解为次一级指标。

● 管理者随时掌握营销活动的进程和绩效。

● 如果营销活动的实际情况与计划不符，立刻找出产生偏差的原因。

● 针对问题采取修正措施，以缩小实际业绩与计划之间的差距，若是计划的问题，就修改计划；若是实施的问题，则重新修订行动方案。

可见，年度计划控制的实质是随时检查年度计划的执行情况，考察的指标主要有以下四项：

（1）销售额与销售量分析。包括总量差额分析和单类产品分析。

（2）市场占有率分析。有三个分析指标供选择：

1）总体市场占有率。用本企业销售额占整个行业销售额的百分比表示。使用这一指标要考虑两方面：一是使用销售量还是使用销售额；二是确定行业的界限。如一家生产分体式空调的企业将自己所属行业范围确定为所有空调设备，其市场占有率自然很低，如果它将自己的行业定位为家用柜式和分体式空调，市场占有率自然会提高不少。

2）有限地区市场占有率。指企业在某一有限区域内的销售额占全行业在该地区市场销售额的百分比。如某空调生产厂家空调的销量占北京市场销量的40%，我们大体可以判断该企业在北京市场具有竞争优势。一家企业可能在有限地区的市场占有率达100%，但其总体市场占有率很低。多数企业会首先努力取得局部市场的最大占有率，然后进占新的地区市场。

3）相对市场占有率。即将本企业的绝对市场占有率与行业内领先竞争对手的绝对市场占有率进行对比，大于1，表示本企业在行业内处于领先地位；等于1，表示本企业与最大竞争对手平分秋色；相对市场占有率不断上升，表示本企业正接近领先的竞争对手。

市场占有率比销售额更能反映出企业在市场竞争中的地位，但要注意，有时市场占有率下降并不一定就意味着公司竞争地位下降。如某一新企业加入本行业，行业中原有企业的市场占有率都会下降；又如，企业有时可能放弃某些不获利或获利很低的产品以降低成本，增加利润，也会使市场占有率下降。

（3）费用与销售额之比分析。假定某企业规定的费用/销售额比为20%，即每销售100元货物，就会发生营销费用20元。又假定总营销费用中推销费用8元，广告费7元，市场调研开支1元，管理费4元，则它们与销售额之比分别为8%，7%，1%和4%。不过，各种比率会因随机因素的影响产生波动，通常允许存在一个正常的偏差值，但当波动超过正常范围时就应引起注意。企业应根据自身情况随时进行分析。

当费用与销售额的比率失去控制时，可按不同项目分列费用，然后利用费用/销售额偏差图进行分析。图 14－11 是将不同地区费用目标和销售目标完成情况进行比较的例子。图中的横坐标是销售目标完成情况（百分比），纵坐标是费用目标完成情况（百分比），斜线是一条等比例线。显然，越靠近斜线的位置，费用/销售额的情况越符合计划要求；位于斜线左上方的区域，费用的增长超过了销售额的增长；位于右下方的区域，销售额的增长超过了费用的增长。图中，J 地区的情况最糟，C 地区的情况最好。

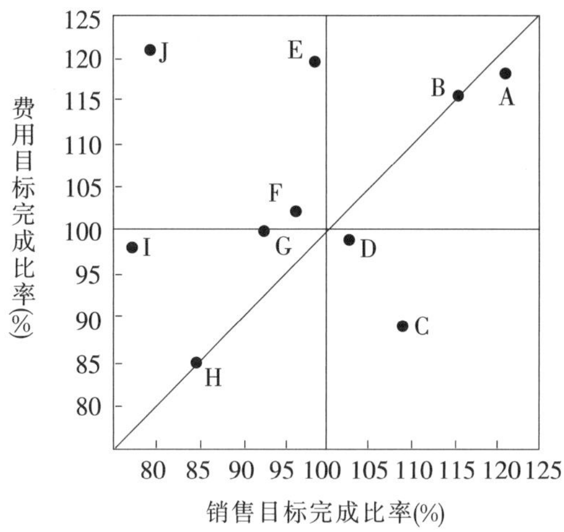

图 14－11　费用/销售额偏差的比较

（4）顾客满意度跟踪。上面都是采用定量分析的控制手段，定性分析也同样重要，顾客满意度跟踪指标既包含定性分析也包含定量分析。

顾客满意度跟踪可通过建立以下制度实现：

1）投诉和建议制度。通过设置意见簿、建议卡等，鼓励顾客反馈意见，增加顾客反馈意见的途径，了解顾客对本企业产品及服务的反应，并认真答复。

2）典型户调查。公司可与某些顾客建立长期固定的联系制度，定期通过电话或邮寄意见征求表征求他们的意见和建议。这种方法因访问对象具有连续性，所得资料更完整、更全面。

3）随机调查。公司还可定期通过随机抽样方式了解顾客对企业产品及服务的满意程度，做出定量分析。

顾客满意度是近年受到欧美企业特别重视的一项指标，尤其对于顾客反复购买的产品和服务而言。对企业来说，赢得一个新客户的成本不断上升，保住老客户就显得格外重要，而保住老客户的关键就是提高顾客满意度。

二、获利性控制

获利性控制用于分析企业不同产品在不同地区、不同市场、通过不同营销渠道销售时的实际获利能力。尤其当企业在若干地区市场上经营多种不同产品时，仅了解总体盈利水平是不够的，这种分地区、分产品、分市场的盈利能力分析将帮助企业就哪些市场该扩展、哪些该收缩以致放弃等做出正确决策，极具实用价值。我们结合下面的例子介绍获利性控制的步骤。

假定某企业分别经营 A，B，C 三种产品，根据资料可编出下述每种产品经营情况的损益平衡表（见表 14－1）。首先，对净利润进行分析，我们可以发现 A，C 产品能给企业带来收益，而 B 产品会使企业损失资金。其次，根据分析的结果进行决策，决策结果是对 A，C 产品进行市场扩展，针对 B 产品，结合企业的运营状况选择收缩或放弃。

表 14－1　某企业三种产品的损益平衡表　　单位：万元

项目	A	B	C	总额
销售收入	3 000	2 500	2 000	7 500
销售成本	2 000	1 700	1 400	5 100
毛利	1 000	800	600	2 400
费用：推销	100	250	250	600
广告	500	400	100	1 000
包装运输	100	300	150	550
总费用	700	950	500	2 150
净利	300	－150	100	250

三、效率控制

效率控制是用一系列指标对营销各方面工作进行日常监督、检查的控制方法。包括以下指标。

1. 评价推销人员工作效率的指标

（1）每位推销员平均每周访问客户次数。

（2）每次推销访问的平均收益。

（3）每次推销访问的平均成本。

（4）每百次推销访问获得订单的百分比。

（5）每期获得的新增客户数和失去的客户数。

对上述资料的分析可使企业发现一些问题：每次访问的成本是否过高？每百次推销访问的成功率是否太低？如果访问成功率太低，应考虑是推销人员推销不力，还是选择的推销对象不当，或许应减少访问对象，增加对购买潜力大的目标顾客的访问次数。

2. 评价广告效率的指标

（1）各种广告媒体接触每位目标顾客的相对成本。

（2）注意、收看或阅读广告的受众占整个目标受众的百分比。

（3）目标顾客收看广告前后态度的变化。

（4）目标顾客对广告内容与形式的看法。

（5）消费者受广告刺激增加对产品询问的次数。

3. 评价营业推广效率的指标

（1）按优惠价售出的产品占总产品的百分比。

（2）赠券回收的百分比。

（3）每单位销售额的商品陈列成本。

（4）现场展示或表演引起顾客询问增加的次数。

四、战略控制

战略控制也称市场营销审计，是定期对企业营销环境、经营战略、目标、计划、组织和整体营销效果进行全面、系统审查和评价的过程，是最高等级的控制。

战略控制的目的是确保企业战略、目标、政策和策略与市场营销环境和企业内部资源的变化相一致。现代企业面对的营销环境变化极为频繁，企业原有的战略和目标很快因环境的变化而过时，因此，每个企业都有必要建立营销审计制度，定期对影响企业经营的方向性问题做出评价和判断，及时发现问题和机会，提供给企业最高决策部门做参考。

营销审计不是只审查哪里出了问题，而是全面审计，但侧重方向性、战略性、全局性的问题。审计内容包括六个主要方面：

（1）营销环境审计。主要分析宏观和微观环境中与企业目标相关的因素，如竞争对手、经济形势、消费者行为、中间商。

（2）营销战略审计。考察企业营销战略、目标与当前及预期环境变化相适应的程度。

（3）营销组织审计。考察营销组织结构、工作效率及实施企业战略、计划的能力。

（4）营销系统审计。分别考察营销信息、计划、控制、新产品开发等系统的工作情况及效率。

（5）营销效率审计。考察各营销单位的盈利情况及成本与销售额之比。

（6）营销组合要素审计。包括对产品、定价、促销、分销策略及实施效果的审查。

营销审计最好由企业外部的独立机构承担，原因在于：一方面，专业咨询公司有与大量同类型企业合作的丰富经验；另一方面，这样更能保证营销审计的客观性和独立性。

营销审计是一项庞大的工程，要花费一定的时间、人力和资金，但带来的好处也是巨大的：保证企业至少不犯大的错误；不致在错误的道路上走得太远；为陷入困境的企业带来希望；使卓有成效的企业更上一层楼。总之，可帮助企业抓住机会，防止大的失误。

第5节　营销审计

一、营销环境审计

1. 宏观环境

（1）人口环境。人口环境中有哪些重大的变化和发展趋势可能会给企业带来机会或造成威胁？为适应这些变化和发展趋势，企业采取了哪些行动？

（2）经济环境。在居民收入、物价、储蓄和信贷等方面有哪些主要的变化和发展趋势会影响企业？为应对这些变化和趋势，企业采取了哪些行动？

（3）生态环境。企业所需要的自然资源和能源的成本及其可获取性的前景如何？企业在环境污染和保护方面扮演什么样的角色？企业采取了哪些措施？

（4）技术环境。在生产技术和加工技术方面发生了哪些主要变化？企业在这些技术领域的地位如何？

（5）政治法律环境。法律和政治方面的哪些变化将会影响企业的营销战略和策略？在污染控制、就业机会均等、产品安全、广告、价格控制等领域发生了哪些会影响企业营销战略的新变化？

（6）文化环境。公众对企业和企业产品持何种态度？在消费者的生活方式和价值观念方面发生了哪些对企业有影响的变化？

2. 任务环境

（1）市场。在市场规模、成长性、区域分销等方面发生了哪些变化？有哪些主要的细分市场？

（2）顾客。顾客的需要和购买程序如何？在企业声誉、产品质量、服务、销售队伍和价格等方面，顾客和潜在顾客是如何评价本企业及竞争对手的？不同的顾客群是如何做出购买决策的？

（3）竞争者。谁是企业的主要竞争者？它们的目标、战略、优势、劣势、规模和市场份额如何？有哪些趋势将影响企业的竞争者和企业产品的替代品？

（4）分销商和经销商。企业通过哪些主要的商业渠道向顾客配送产品？各种商业渠道的效率和成长潜力如何？

（5）供应商。关键原材料的可获取性的前景如何？在供应商方面存在哪些变化趋势？

（6）营销中介。运输服务、仓储设施和财务资源的前景如何？公司的广告代理商和市场营销调研公司的效率如何？

（7）公众。对企业来说，哪些公众代表营销机会，哪些代表问题？企业采取了哪些措施以有效地应对每一位公众？

二、营销战略审计

（1）企业使命。企业使命是否用市场导向的术语明确表达出来？是否可行？

（2）企业目标和营销目标。企业目标和营销目标是否被清晰地表达出来，用以指导营销计划的制定和业绩的评价？营销目标是否与企业的竞争地位、资源和机会相适应？

（3）战略。企业管理层能否清楚地说明用来达成营销目标的营销战略？该营销战略是否具有说服力？该营销战略是否适应产品在生命周期中所处的阶段、企业的战略以及经济状况？企业是否采用最恰当的变量进行市场细分？企业是否采用可靠的标准评价细分市场，并且选择若干最适当的细分市场作为自己的目标市场？企业是否对每个目标细分市场进行详细的描述？企业是否为每个目标细分市场开发出一套有效的产品定位和营销组合策略？营销资源是否分配给营销组合的构成要素？用于完成营销目标的资源是否足够？

三、营销组织审计

（1）正式结构。对那些影响顾客满意度的企业活动，营销副总裁是否有足够的权力并承担相应的责任？企业是否按职能、产品、细分市场、最终用户和地区对营销活动进行有效的组织？

（2）职能效率。营销部门和销售部门之间是否保持良好的沟通和工作关系？生产管理系统是否有效地运作？产品经理能否计划利润水平，还是只能确定销售量？是否有营销小组需要进一步的培训、激励、监督或评价？

（3）跨职能效率。营销部门与生产、研发、采购、财务、会计以及法律等部门之间存在哪些问题？

四、营销制度审计

（1）营销信息系统。营销信息系统能否提供有关顾客、潜在顾客、分销商和经销商、竞争者、供应商等方面真实、足够和及时的信息？决策者是否要求进行充分的市场调研？他们是否利用了这些调研结果？企业是否运用最好的方法进行市场和销售预测？

（2）营销规划系统。营销规划系统的建设情况如何？是否得到有效的利用？营销者是否有决策支持系统可以利用？营销规划系统能否给企业带来过得去的销售目标和销售额？

（3）营销控制系统。控制程序是否足以确保年度计划目标的实现？企业管理层是否定期分析各产品、市场、销售地区和分销渠道的盈利情况？企业是否定期进行检查？

（4）新产品开发系统。企业的组织方式是否合理，有利于新产品创意的产生、收集和筛选？企业在向新产品创意投资之前是否进行充分的调研和分析？企业在推出新产品之前是否进行充分的产品和市场测试？

五、营销效率分析

（1）盈利率分析。企业各产品、市场、销售区域和分销渠道的盈利情况如何？企业是否要进入、扩大、缩小或放弃若干细分市场？

（2）成本效益分析。哪些营销活动看起来花费过多？能否采取一些降低成本的措施？

六、营销职能审计

（1）产品。企业的产品线的目标是什么？现有产品线能否支持这些目标？产品线能否延伸或收缩？哪些产品应该逐步淘汰？哪些产品应该增加？购买者对本企业产品和竞争者产品的态度如何？产品和名牌战略的哪些方面需要改进？

（2）价格。定价的目标、政策、战略和程序分别是什么？定价在多大程度上取决于成本、需求和竞争等因素？顾客是否认为产品的价格与其价值相符？有关需求的价格弹性、经验曲线效应以及竞争对手的价格政策等，企业管理层了解多少？企业的价格政策与分销商、经销商和供应商的要求以及政府法令一致的程度如何？

（3）分销。企业的分销目标和分销战略分别是什么？企业的市场覆盖面和服务是否足够？分销商、经销商、制造商代表、经纪人、代理商等渠道成员的效率如何？企业是否考虑过改变其分销渠道？

（4）广告、销售促进、宣传和直销。企业的广告目标是什么？广告支出是否合理？广告费用是否适宜？广告主题及其文稿是否有效？顾客和其他社会公众对本企业的广告有何看法？广告媒体是不是经过精心筛选后确定的？企业内部的广告人员是否足够？销售促进的预算是否足够？是否充分有效地利用了各种销售促进工具，如赠品、赠券、展销和销售竞赛等？公共关系部门的职员是否精明强干并且富有创造性？企业是否充分利用了直销、在线营销和数据库营销？

（5）销售队伍。销售队伍的目标是什么？销售队伍的规模是否足以完成企业目标？销售队伍是否按适当的专业原则（地区、市场、产品等）组织？是否有足够的销售经理指导现场销售代表？销售报酬水平及其构成是否提供了足够的激励和报偿？销售队伍是否表现出很高的士气、能力和努力？确定销售定额和评价销售业绩的程序是否合适？与竞争对手的销售队伍相比，企业的销售队伍有何特点？

小　结

再好的营销战略也要靠具体的企业组织去实施才能产生效果。现代营销观念的确立，要求企业重新考虑组织设计的指导思想，使市场导向的原则不仅贯穿于经营战略规划、日常管理业务中，而且贯穿于组织设计中。企业营销部门是随着企业规模和营销业务量及范围的扩大演变而来的，经历了简单的销售部门、兼具营销职能的销售部门、独立的营销部门、现代营销部门四个阶段。

营销部门内部的组织分工有多种形式：(1) 职能式组织；(2) 地区式组织；(3) 产品式组织；(4) 市场式组织；(5) 产品/市场式组织；(6) 事业部式组织。

营销计划应包含以下内容或步骤：(1) 分析营销现状；(2) 分析机会与威胁、优势与劣势；(3) 表述营销目标；(4) 列出主要的营销策略；(5) 制定行动方案；(6) 编制预算；(7) 预测结果及风险分析。

营销绩效评估大致包括四种测评：简单财务结果测评、非财务结果测评、投入测评以及多维测评。

营销绩效评估属于企业绩效评估的一部分，既带有绩效评估活动的共同特征，又有自己的特点。营销绩效评估活动应包含以下步骤：设计评估指标；选取评估指标；收集数据；选取评估方法；实施评估；分析评估结果。

营销控制有助于管理者及早发现问题，采取措施防患于未然，并对营销人员起着监督和激励的作用。四种主要的营销计划控制方法分别是：年度计划控制、获利性控制、效率控制和战略控制。

营销审计包括营销环境审计、营销战略审计、营销组织审计、营销制度审计、营销效率分析和营销职能审计。

基本概念

1. 职能式组织——最常见的结构，即按职能分工，在营销经理下分设主管销售、市场调研、广告、新产品等的职能部门。

2. 地区式组织——销售人员按地区划分工作范围，每位销售人员分别负责一定地域范围内的商品销售工作。这种组织形式适合市场地理位置分散的企业。

3. 产品式组织——销售人员按产品划分职责，每位销售人员分别负责特定产品或品牌的营销工作。这种组织形式适合经营多种品牌或产品的企业，或者采用多元化经营战略的企业。

4. 市场式组织——与产品式组织的结构类似，由一位总营销经理管辖若干分营销经理，每位营销经理的职责是为自己负责的市场制订长短期营销计划，分析市场发展趋势，组织实施计划。

5. 市场营销计划——企业营销活动的规划或方案，具体包括分析营销现状，分析机会与威胁、优势与劣势，表述营销目标，列出主要的营销策略，制定行动方案，编制预算，预测结果及风险分析等内容。

6. 营销绩效评估——探索营销活动对企业绩效的影响并且对营销生产力进行测量，以了解营销活动对企业造成怎样的影响和这些影响的大小，最终目的是要探索营销活动是否影响企业的财务绩效和企业价值。

7. 营销控制——企业用于跟踪营销活动过程的每一环节，确保按计划目标运行而实施的一套工作程序或工作制度。

8. 年度计划控制——年度计划控制的实质是随时检查年度计划的执行情况，目的在于确保企业达到年度计划规定的销售额、利润及其他指标。

9. 获利性控制——用于分析企业不同产品在不同地区、不同市场、通过不同营销渠道销售时的实际获利能力。

10. 效率控制——用一系列指标对营销各方面工作进行日常监督、检查的控制方法。这些指标包括：评价推销人员工作效率的指标、评价广告效率的指标和评价营业推广效率的指标等。

11. 战略控制——也称市场营销审计，是定期对企业营销环境、经营战略、目标、计划、组织和整体营销效果进行全面、系统审查和评价的过程，是最高等级的控制。

思考题

1. 简述企业营销组织的演变过程。我国企业的营销组织结构目前大多处于哪个阶段？

2. 简述职能式组织、产品式组织、市场式组织、地区式组织各自的结构及适用范围。

3. 营销计划包括哪些主要内容？

4. 为什么说了解营销计划制订过程应在了解营销计划的内容之前？

5. 为确保营销计划的实施，企业营销人员应掌握哪些重要技能？

6. 简述营销绩效评估的几种方法。

7. 营销控制的主要方法有哪些？去某企业调查一下它是否采用了某种营销控制方法，效果如何？

案例分析 1

对奥林匹克营销的研究

四年一度的奥运会已经成为世界上影响力最大的体育盛会，自第一届现代奥运会以来，由于其奉行非商业化原则，奥运会一度与商业绝缘，这危及了它的经济来源和生存基础。1980 年萨马兰奇担任国际奥委会主席后，奥运会“非商业化”原则被打破，奥林匹克营销开始以一种正式、专业的形式进入大众的视野，并逐渐发展壮大。在奥林匹克的组织结构中，只有国家奥委会有权代表国家。在每一个奥运周期内，各国奥委会都会在国际奥委会和《奥林匹克宪章》的指导下，开展奥林匹克营销活动，形成自己的营销模式和营销途径。

奥林匹克的营销模式并没有固定的分类标准，奥林匹克营销中涉及众多的赞助商、利益相关者，将赞助商、利益相关者等联系起来正是奥林匹克营销所产生的价值。因此，有一种分类方法，即在利益相关者体系中，以价值为分类标准，将奥林匹克营销模式分为价值交换模式和价值共同创造模式。

在奥林匹克营销的范围内，价值可以分为两种：功用性价值和体验性价值。功用性价值主要是指价值满足主体需要的特性和作用，包括奥林匹克运动为赞助商和利益相关者带来的权利和回报；体验性价值主要是指国际奥委会和奥运会组委会要保证其利益相关者能够得到独一无二的体验。

价值交换模式一直是营销中的主要模式。这一点体现在有关营销的众多定义和概念中。科特勒提出，“营销是一种靠个人或团体通过与他人交换产品和价值来获得所需的社会和管理过程”。交换是一种以提供某物作为回报从某人处获得想要物体的行为。交换可以分为三种类型，即限制性交换、一般性交换和复杂性交换。由此可以看出，交换是营销活动的核心和基石。在体育营销和奥林匹克营销中也是如此。

但是，价值交换模式也存在缺陷，因为它限制了市场营销人员和消费者双方的角色和责任。正是意识到了这样的限制，21世纪初人们开始关注价值创造过程中利益相关者之间的关系。

价值交换模式对营销者和消费者之间的关系缺乏较为系统的研究，这导致对价值共同创造模式的研究的兴起。与价值交换模式相比，价值共同创造模式的不同之处主要体现在互动上，这在传统的营销观念中是被忽视的。高质量的互动会在客户与组织之间形成价值共同创造的经历，为组织带来竞争优势。

价值共同创造与价值创造的不同之处在于：后者指价值在公司或组织中被创造出来然后与客户进行交换，前者指公司或组织与客户一起创造价值。这意味着价值共同创造并不仅仅是将创造过程打断并将其中一部分工作转移给客户，组织中的角色进行价值共同创造的欲望和需要已经超越了价值交换的需要。在奥林匹克营销中，麦当劳作为重要合作伙伴之一，与国际奥委会有着悠久的合作历史。它的营销方式由单一的经济交换转变为与国际奥委会和奥组委进行合作以获取最大的整体价值，从而促进自身的发展。

奥林匹克体系中的营销活动可以根据其对组织的经济、社会和道德目标的重要性分成四个主要类别。当体育组织将组织表现与商业目标结合起来时，会使其经济价值最大化。这一点可以在国际奥委会与其重要合作伙伴的合作中得到充分的体现。当体育组织将组织表现与社会目标结合起来时，会使其社会价值最大化。这里以奥林匹克团结基金为例，国际奥委会在保证自身经济独立的同时，在各个方面、各项活动中传播奥林匹克精神，宣扬奥林匹克主义。当体育组织将商业目标与其合法的利益相关者结合起来时，便会在伦理框架内创造经济价值。如各重要合作伙伴在各自的宣传活动中，会邀请本国最受欢迎的运动员号召大家一起参加体育活动，更加健康地生活。当体育组织将社会目标与其合法的利益相关者结合起来时，便会在伦理框架内创造关系价值。

资料来源：贺婧，邱招义．对国家奥委会营销组织模式的研究：以韩国奥委会和德国奥林匹克体育联合会为例．2016年全国体育社会科学年会论文集．

▶ 讨论题

1．为什么要提出价值交换模式和价值共同创造模式这两种营销组织模式？请详细谈谈你的看法。

2．价值交换模式和价值共同创造模式之间的关系是什么样的？

案例分析2

某公司营销部与市场部关键绩效指标对比

某公司对营销部和市场部分别制定了关键绩效指标（KPI），如下所示。

营销部关键绩效指标表

序号	KPI	考核周期	指标定义/公式	数据来源
1	销售额	月/季/年	考核期内销售收入总计	营销部
2	销售量	月/季/年	考核期内销售数量总计	营销部
3	营销计划达成率	月/季/年	$\frac{\text{营销实际完成销售额或销售量}}{\text{营销计划完成销售额或销售量}}\times 100\%$	营销部
4	销售增长率	年	$\left(\frac{\text{当期销售额或销售量}}{\text{上期（或去年同期）销售额或销售量}}-1\right)\times 100\%$	营销部
5	市场占有率	月/季/年	$\frac{\text{当期企业某种产品的销售额或销售量}}{\text{当期该产品市场销售总额或销售总量}}\times 100\%$	市场部
6	实际回款率	月/季/年	$\frac{\text{当月实际回款金额}}{\text{当月计划回款金额＋往期应收欠款}}\times 100\%$	营销部
7	销售费用预算	月/季/年	在销售过程中发生的、为实现销售收入而支付的各项费用	财务部
8	坏账率	年	$\frac{\text{坏账损失}}{\text{主营业务收入}}\times 100\%$	财务部
9	促销效果评估	月/季/年	通过投入产出比评估法、销售增量回报比评估法、效益增量回报比评估法进行评估 1. 投入产出比评估法促销效果$=\frac{\text{促销费用}}{\text{促销产出}}\times 100\%$ 2. 销售增量回报比评估法促销效果$=\left(1-\frac{\text{促销费用}}{\text{促销前后的销售差值}}\right)\times 100\%$ 3. 效益增量回报比评估法促销效果$=\left(1-\frac{\text{促销费用}}{\text{促销前后的毛利差值}}\right)\times 100\%$	营销部

续表

序号	KPI	考核周期	指标定义/公式	数据来源
10	新品（重点推介商品）销售收入百分比	月/季/年	$\frac{\text{新品（重点推介商品）销售回款金额}}{\text{实际回款金额}} \times 100\%$	营销部

市场部关键绩效指标表

序号	KPI	考核周期	指标定义/公式	数据来源
1	市场拓展计划完成率	月/季/年	$\frac{\text{市场拓展计划实际完成量}}{\text{计划完成量}} \times 100\%$	市场部
2	策划方案成功率	月/季/年	$\frac{\text{成功方案数}}{\text{提交方案数}} \times 100\%$	市场部
3	市场推广费用控制率	年	$\frac{\text{实际推广费用}}{\text{计划推广费用}} \times 100\%$	财务部
4	推广活动销售增长率	月	$\left(\frac{\text{活动后当月销售额或销售量}}{\text{活动前当月销售额或销售量}} - 1\right) \times 100\%$	营销部
5	市场调研任务达成率	月/季/年	$\frac{\text{实际完成市场调研数量}}{\text{计划完成市场调研数量}} \times 100\%$	市场部
6	品牌市场价值增长率	年	品牌市场价值数据经第三方权威机构测评获得	市场部
7	广告投放有效率	年	$\frac{\text{广告费用增长率}}{\text{销售收入增长率}} \times 100\%$	市场部
8	媒体正面曝光次数	年	在公众媒体上发布宣传公司的新闻报道及宣传广告的次数	市场部
9	媒体满意度	年	接受调研的媒体对市场部工作满意度评分的算术平均值	市场部

▶ 讨论题

1. 你觉得该公司同时设立营销部和市场部这两个部门的原因可能是什么？

2. 认真分析两个部门关键绩效指标（KPI）的差异，并解释产生这一差异的原因。

阅读材料

华为公司销售人员绩效薪酬设计方案

很多公司会给下属安排任务，这就等于“逼着”下属去做。华为的做法恰好相反，它只有一个规定：首先给员工一个工资包，他想拿多少工资，按比例倒推出他的任务。例如，给他500万元的工资包，他拿的工资是30万元，那么他必然为这30万元去想办法完成绩效。公司最核心的管理问题是，一定要把企业的组织绩效和部门费用、员工收入相关联。最重要的是将核心员工的收入提高，而给核心员工加工资，可以倒逼他的能力成长。公司要考虑员工怎么活下去，要考虑员工的生活质量不降低。在华为，强制规定必须给核心员工加工资，这就要倒推他要完成多少绩效。每年完成任务，给前20名的员工加20%工资，中间20%的员工加10%的工资。每超额完成10%，再增加10%比例的工资。任正非说："一个人不管如何努力，永远也赶不上时代的步伐，更何况在知识爆炸的时代。只有组织起数十人、数百人、数千人一同奋斗，你站在这上面，才摸得到时代的脚。"

第 15 章
数字营销

思政目标

- 明确大力发展数字经济对于我国双循环工作格局的驱动作用。
- 理解习近平总书记关于网络强国的重要思想。
- 掌握大力发展数字经济助力营销绩效管理的手段与方法。

引导案例

2018 年 10 月 26 日下午 6 点，华为 Mate 20 的朋友圈广告正式上线。广告外层采用基础式卡片视频广告样式，并搭配“××个朋友可能看到”功能以及最新上线的@好友评论互动功能，最大限度地提升用户参与感和互动积极性，为新机快速曝光提供最大动力。内层原生推广页广告典雅的配图加上凝练的卖点信息，由内到外展现华为 Mate 20 的卖点和魅力，给用户极具冲击力的广告体验，广告最后引导用户跳转至华为官方商城的购买渠道，为受众的心动一刻留下转化空间。此次华为新品发布与微信广告深度结合，巧借微信海量的用户覆盖，为新机发布壮大声势，短时间内获得了大量曝光。同时华为充分发挥了微信广告的优势，通过评论互动功能让新品成为人们热议的话题。华为公司的这一活动正是数字营销的真实写照。

第 1 节　数字营销概述

党的十八大以来，习近平总书记多次赴地方考察信息化建设情况，强调要加快建设数字中国，更好服务我国经济社会发展和人民生活改善。2021 年 3 月 25 日，习近平总书记在福州考察时强调，“优化提升产业结构，加快推动数字产业化、产业数字化”。随着数字中国的不断建设，数字营销的重要性日益凸显。

一、数字营销的基本特征

（1）公平性。数字营销中，所有的企业都站在同一起跑线上。公平性只是意味着给不同的公司、不同的个人提供了平等的竞争机会，并不意味着财富分配上的平等。

（2）虚拟性。互联使得传统的空间概念发生变化，出现了有别于实际地理空间的虚拟空间或虚拟社会。

（3）对称性。数字营销中，互联使信息的非对称性大大减少。消费者可以从网上搜索自己想要掌握的任何信息，并能得到有关专家的适时指导。

（4）模糊性。互联使许多人们习以为常的边界变得模糊。其中，最显著的是企业边界的模糊、生产者和消费者的模糊、产品和服务的模糊。

（5）复杂性。数字营销的模糊性使经济活动变得扑朔迷离，难以分辨。

（6）垄断性。数字营销的垄断是由创造性破坏形成的垄断，是短期存在的，新技术的不断出现会使新的垄断者不断取代旧的垄断者。

（7）多重性。数字营销中，一项交易往往涉及多重买卖关系。

（8）快捷性。互联使经济活动具备快速运行的特征，消费者可以迅速搜索到所需要的任何信息，对市场做出即时反应。

（9）正反馈性。数字营销中，由于信息传递的快捷性，人与人之间产生了频繁、迅速、剧烈的交互作用，从而形成不断强化的正反馈机制。

（10）全球性。互联使得整个世界的经济活动都紧密联系在一起。信息、货币、商品和服务的快速流动大大促进了世界经济一体化的进程。

二、数字营销的竞争优势

1. 成本费用控制

开展数字营销给企业带来的最直接的竞争优势是企业成本费用的控制。数字营销采取的是新的营销管理模式。它通过互联网改造传统的企业营销管理组织结构与运作模式，并通过整合其他相关部门如生产部门、采购部门，实现企业成本费用最大限度的控制。利用互联网降低交通、通信、人工、财务和办公室租金等成本费用，可最大限度地提高管理效益。在网上创办企业正是因为管理成本比较低。

2. 创造市场机会

互联网上没有时间和空间限制，它的触角可以延伸到世界每一个地方。利用互联网从事市场营销活动可以触及过去靠人工进行销售或者传统销售所不能达到的市场，数字营销可以为企业创造更多新的市场机会。

3. 让顾客满意

在激烈的市场竞争中，没有什么比让顾客满意更重要。企业可以将产品介绍、技术支持和订货情况等信息放到网上，顾客可以随时随地根据自己的需求有选择地了解有关信息，这样就克服了为顾客提供服务时的时间和空间限制。

4. 满足消费者的个性化需求

数字营销是一种以消费者为导向、强调个性化的营销方式；数字营销具有极强的互动性，从根本上提高了消费者的满意度；数字营销能满足消费者对购物便利性的需求，省去了去商场购物的精力和时间的消耗，提高了消费者的购物效率；数字营销能为企业节约巨额的促销和流通费用，使产品成本和价格的降低成为可能，从而实现以更低的价格购买。

三、数字营销的竞争原则

数字营销中，企业只有顺应环境的变化，采用新的竞争原则，才能在激烈的竞争中取胜。

1. 个人市场原则

数字营销中，企业可以借助计算机和网络，适应个人的需要，有针对性地提供低成本、高质量的产品或服务。由于互联性的存在，市场竞争在全球范围内进行，市场呈现瞬息万变之势。企业产品要适应消费者不断变化的需要，企业行为要适应市场的急剧变化，企业组织要富有弹性，能适应市场的变化。

2. 价值链原则

一种产品的生产经营会有多个环节，每个环节都有可能增值，我们将其整体称作价值链。公司不应只着眼于价值链某个分支的增值，而应着眼于价值链的整合，着眼于整个价值链的增值。

3. 特定化原则

首先找出具有代表性的个人习惯、偏好和品位，据此生产出符合个人需要的产品。然后，公司找出同类型的大量潜在客户，把他们视作一个独立的群体，向他们出售产品。

4. 主流化原则

为了赢得市场最大份额而赠送第一代产品的做法称为主流化原则。尽管企业最初建立数字产品和基础设施的费用很高，但继续扩张的成本很小，由此产生了新的规模经济。

发挥数字经济的驱动引领作用

习近平总书记强调，近年来，互联网、大数据、云计算、人工智能、区块链等技术加速创新，日益融入经济社会发展各领域全过程，数字经济发展速度之快、辐射范围之广、影响程度之深前所未有，正在成为重组全球要素资源、重塑全球经济结构、改变全球竞争格局的关键力量。实践证明，数字经济的数字产业化和产业数字化加速了数字经济和实体经济的深度融合。在需求侧，实体经济和数字经济的深度融合刺激消费、投资、政府支出，通过消费升级、投资加速、政府财政支出增加等途径传导到就业和收入等方面，促进经济高质量发展。在供给侧，实体经济和数字经济的深度融合主要影响产业链、供应链安全与外贸外资的可持续增长。壮大数字化产业发展以及加强与实体经济深度融合的产业数字化发展，可以为推进经济高质量发展积累新势能和新动力。

为落实数字经济的驱动引领作用，需做好以下几方面的工作：第一，把握数字经济发展趋势和规律，充分认识到数字技术、数字经济可以推动各类资源要素快捷流动、各类市场主体加速融合，帮助市场主体重构组织模式，实现跨界发展，打破时空限制，延伸产业链条，畅通国内外经济循环。充分认识到数字经济具有高创新性、强渗透性、广覆盖性，不仅是新的经济增长点，而且是改造提升传统产业的支点，可以成为构建现代化经济体系的重要引擎。根据数据要素参与经济发展进程的广度与深度，准确识别出数字经济各发展阶段中的数据可供性，帮助企事业单位明确运用数据要素的出发点，做正确的事，并有效运用数据要素驱动数字经济发展的内在机理帮助企事业单位因势利导，实现数据可供性，正确地做事。第二，加快新型基础设施建设。加强战略布局，加快建设高速泛在、天地一体、云网融合、智能敏捷、绿色低碳、安全可控的智能化综合性数字信息基础设施，打通经济社会发展的信息“大动脉”。全面推进产业化、规模化应用，重点突破关键软件，推动软件产业做大做强，提升关键软件技术创新和供给能力。第三，推动数字经济和实体经济融合发展。把握数字化、网络化、智能化方向，推动制造业、服务业、农业等产业数字化，利用互联网新技术对传统产业进行全方位、全链条的改造，提高全要素生产率，发挥数字技术对经济发展的放大、叠加、倍增作用。推动互联网、大数据、人工智能同产业深度融合，加快培育一批“专精特新”企业和制造业单项冠军企业。推进重点领域数字产业发展，聚焦战略前沿和制高点领域，立足重大技术突破和重大发展需求，增强产业链关键环节竞争力，完善重点产业供应链体系，加速产品和服务迭代。第四，规范数字经济发展。坚持促进发展和监管规范两手抓、两手都要硬，在发展中规范、在规范中发展。健全市场准入制度、公平竞争审查制度、公平竞争监管制度，建立全方位、多层次、立体化监管体系，实现事前事中事后全链条全领域监管。纠正和规范发展过程中损害群众利益、妨碍公平竞争的行为和做法，防止平台垄断和资本无序扩张，依法查处垄断和不正当竞争行为。保护平台从业人员和消费者合法权益。加强税收监管和税务稽查。

四、数字营销的竞争战略

互联网企业的竞争战略与传统企业竞争战略的不同之处在于：互联网企业在选择战略时，不是在“比竞争对手的成本更低，或提供差异化产品和服务”中做出选择，而是要充分发挥企业自身的能力，充分利用高匹配战略、原创战略与关系战略这三种新的竞争战略，聚合资源，建立竞争优势。

（1）高匹配战略。是指企业基于自身的能力，汇聚互联网资源，以最大的可能性为顾客提供多样化的选择和解决方案。长尾理论说明了互联网上的两个现象：一方面，每一个草根级的用户都能为企业带来价值，是企业不能忽视的对象；另一方面，任何两个用户的兴趣和偏好都可能存在差别。为了实现长尾收益，互联网企业必须重视每个用户，并根据用户的兴趣和偏好匹配出最优的服务。在传统的实物经济体系中，受规模经济和低边际生产成本的要求的影响，企业往往忽视了长尾草根的需求。用户兴趣和偏好的多样性及互联网信息的丰富性导致互联网上存在太多的选择，这会让人晕头转向和不知所措。正确的解决办法是井然有序地组织选择。“给顾客丰富的选择，但也要帮助他们做出选择”才是互联网企业的正确决策，这就是高匹配战略。如同传统的低成本战略一样，任何互联网公司为了实现高匹配战略，都需要以海量的信息或数据为基础。海量的信息能创造更多的选择，更多的选择结合完善的选择助理服务等于顾客需求和解决方案的完美匹配。

（2）原创战略。是企业基于自身的能力，通过一整套行动，生产并提供给用户或促进用户识别一种用户认为新颖的与众不同的信息和服务。创新是一切竞争力来源的基础。传统的差异化战略要求公司向具有独特需求的顾客销售非标准化产品。数字内容本身的易存储、易复制性导致互联网信息的陈旧和重复。信息本身的价值随着其被知晓的程度增加而减小，推广到一个极端情况，就是如果一条信息被所有人都知道了，那么这条信息的价值几乎为零，就像这条信息本身不存在一样。原创内容正是依靠其本身信息传播和知晓的有限性，以最大的可能性满足网民对内容原创性、新鲜度的要求。因为原创的内容能够满足网民的独特需求，所以采取原创战略的企业通常能够为用户提供具有价值的信息。

（3）关系战略。是企业基于自身的能力，通过设计一整套行动，提供平台和工具来聚合人与人之间的关系，满足用户对沟通协作的需要。互联网对众多网民尤其是青少年网民来讲，已经不仅仅是一个图书馆——一个单纯的信息储藏室和浏览目录的地方，而是将他们的社会关系网络结合在一起的黏合剂。像 MySpace、Facebook 等新型虚拟网络社区的飞速发展，表明它们不仅是网站，更是汇聚人与人之间动态关系的在线社区。目前，新一代年轻用户正在将虚拟的网络关系带到日常生活中来，包括工作、教育和娱乐。

三种新的竞争战略没有孰优孰劣。每种战略的有效性取决于互联网环境中可利用的资源，以及企业基于自身独特的能力积累资源并建立核心竞争力的可能性。

五、数字营销战略的实施与控制

公司实施数字营销必须考虑公司目标、公司规模、顾客数量和购买频率、产品类型、产品周期以及竞争地位等，还要考虑公司能否支持技术投资，决策时的技术发展状况和应用情况等。数字营销战略的制定要经历三个阶段：一是确定目标优势，分析实施数字营销能否促进本企业的市场扩大，通过改进实施策略实现收入增长和降低营销成本；二是分析计算收益时要考虑战略性需求和未来收益；三是综合评价数字营销战略。

公司在决定采取数字营销战略后，要组织战略的规划和执行。数字营销是通过新技术来改进目前的营销渠道和方法，它涉及公司的组织、文化和管理各个方面。如果不进行有效规划和执行，该战略可能只是一种附加的营销方法，不能体现战略的竞争优势。战略规划分为：目标规划，即在确定使用该战略时，识别与之相联系的营销渠道和组织，提出改进的目标和方法；技术规划，即数字营销很重要的一点是要有强大的技术投入和支持，资金投入和系统购买安装，以及人员培训应统筹安排；组织规划，即组织需要进行调整以配合数字营销战略的实施，如增加技术支持部门、数据采集处理部门，同时调整原有的推销部门等；管理规划，即组织变化后必然要求管理的变化，公司的管理必须适应数字营销的需要。数字营销战略在规划执行后：一要注意控制，以评估是否充分发挥该战略的竞争优势，是否有改进余地；二要对执行规划时的问题及时识别和加以改进；三要对技术进行评估和采用。

第2节　数字营销组合策略

数字营销的职能在不断扩展，只有从多层面考虑传统市场营销尚未触及的对象，才能真正发挥数字营销的作用。传统市场营销是运用4P营销组合，这种传统的4P营销组合很难适应多样的市场环境，有很大的局限性。

（1）4P营销组合把企业和顾客之间的交易作为焦点，具有局限性。4P营销组合的核心在于如何促成一次性的交易。这一观点虽然不存在本质上的问题，但是从关系营销的角度来看是一个短期概念。依据关系营销的观点，交易是维持与顾客间长期关系所产生的。为了维持和创造交易，企业必须付出大量的营销努力来构筑与顾客之间良好的关系。但是，传统的4P营销组合并不包含这些营销活动。其实维持与顾客的关系虽然不是营销活动的最终目的，却是达成最终营销目标的有效方法。

（2）4P营销组合是基于企业单方观点形成的，具有局限性。传统营销组合的核心在于企业生产什么样的产品，产品如何定价，如何向顾客宣传产品，通过什么渠道销售产品。相对于这一观点，劳滕鲍恩（Lautenborn，1990）提出了从顾客立场考虑的4C营销组合。这一营销组合包括顾客价值（customer value）、顾客费用（cost to customer）、便利性（convenience）、与顾客的交流（communication）。我们认为关系营销时代的营销应当把企业和顾客看作两个行动的主体，共同构建数字营销组合。

（3）4P营销组合只把顾客看作不可控制的销售对象，具有局限性。传统的营销组合专注于如何最大限度地满足多变的顾客需求，只是将顾客作为单纯的购买者或消费者，即销售对象。与此不同的是，网络时代的关系营销不再只将顾客看作销售对象。顾客本身就是形成关系的主体，企业必须扮演协作者的角色来帮助顾客，并将顾客看作自己的管理对象。这就要求企业必须通过精细的数据库分析来获得营销信息，并以此为基础更好地了解顾客，行使为顾客服务的合作者的管理职能。同时，顾客也必须成为企业的协作者，行使生产型消费者和销售型消费者的职能。现在许多顾客关系管理（customer relationship management，CRM）项目失败的原因都是单纯地将顾客看作销售对象，机械地分析数据。

（4）4P 营销组合在用于以个人为单位划分的微观市场和网络经济时具有局限性。传统的营销组合适用于大众市场或目标群体市场。企业与微观市场顾客之间紧密的交互作用对于网络时代营销来说绝对重要，同时，与构成网络的其他企业之间的交互作用也十分重要。现在顾客与顾客之间的交互作用已经成为重要的营销管理对象。我们坚信，网络时代的新营销必将使能够极大促进交互作用的协作方法内部化，进一步实现有效的管理。

（5）4P 营销组合要素不能充分反映网络时代急剧变化的营销环境，具有局限性。以产品为例，传统的产品概念无法涵盖以内容为主的数字产品或信息，而这些产品正在成为网络时代非常重要的交换对象。价格的概念也存在局限性，因为在网络时代，企业向顾客提供产品，除了可以获得等价交换的货币以外，作为回报企业还可以获得时间、许可、努力等，这些回报形式越来越普及。传统的促销存在更多的局限性，促销是一种为了扩大销售，单方利用大众媒体进行广告宣传，在短期内增加消费者购买行为的方法。在重视关系形成的数字营销中，获得顾客的反馈信息是十分重要的。为了触发与顾客间的交互作用，双向交流必不可少，然而促销并不包含这一概念。最后，渠道也具有局限性。现有的渠道是与实际销售场所相关的概念。在网络时代利用互联网发送多媒体产品的现象不断增多，信息中间商的作用也越来越大，过去的渠道概念很难涵盖这些新的现象。

综上所述，我们可以看到传统的 4P 营销组合在适应时代变化时的种种局限性。为了满足对数字营销组合的需求，本书提出以下的 5C 组合。5C 数字营销组合既克服了传统 4P 组合的局限性，还具备在网络环境下履行新营销职能的战略性组合的功能。5C 营销组合的特征如图 15 - 1 所示。

4P 营销组合		5C 营销组合
产品、价格、渠道、促销		协同、内容、协议、交流、流通
● 以顾客与企业之间的交易为焦点 ● 基于企业单方观点形成 ● 顾客是不可控制的销售对象 ● 接近大众或目标市场群体的方法 ● 无法充分反映网络时代变化的营销环境	→	● 以维持顾客与企业之间的长期关系为焦点 ● 考虑到企业和顾客双方的利益 ● 顾客是可控制的管理对象 ● 以个人为单位细分市场，并且必须与构成这一市场的顾客产生交互作用 ● 反映网络时代变化的营销环境

图 15 - 1 5C 营销组合策略与传统 4P 营销组合策略的区别

（1）协同（collaboration）。它是构成网络的主体为了相互的利益而对对方进行管理或者与对方进行合作的方法。协同的对象不仅可以是企业和顾客，也可以是企业和企业、顾客和顾客。协同作为营销组合的要素之一承认顾客的主体性和顾客力量，还可以使顾客管理内部化，使企业与周边企业一起战略性地探索以顾客知识、顾客信息为基础的营销合作方法。现在顾客已不再是单纯的销售对象，企业可以把他们当成协作伙伴。同样，竞争者也不再只是竞争对象，企业也可以将它们转变成协作伙伴。在微观市场和网络经济下的关系营销中，协同管理具有非常重要的作用。

（2）内容（content）。包括达成交换的一个主体向另一个主体提供的所有价值，可以分为两个层面，即产品层面，包括物理、服务、数字价值；体验层面，包括在网络中的经历。内容是为了适应现代的网络环境从现有的产品概念扩展而来的。从企业可以提供的内容来看，除了现有的产品外，还包括类似于内容产品的数字产品、信息、时间、便利性、社区服务等。因此，企业必须将可提供的所有内容放在同等的位置，然后决定到底需要提供哪些服务。

（3）协议（commitment）。协议是指在顾客接受内容服务时可以用来等价交换的价值。它是原有价格概念的延伸。价格意味着单纯的货币价值，不能涵盖在网络中可以交换的更多样的价值，具有局限性。协议则涵盖了可以克服这些缺点进行等价交换的多种方法。协议可分为价格和许可两种。如今，企业在提供协议时必须从战略角度决定等价交换的手段是利用货币价格还是其他的协议价格。

（4）交流（communication）。交流是指在一对一或者多对多时，采用多种方法进行的双向对话。原有的促销是企业将自己想要传递的内容单方向地传递给顾客，顾客只能充当听众。网络的发展使双向交流可以实时、廉价、便利地实现，也使企业与顾客间一对一的对话成为可能。像这样克服原有的促销的局限性，适应网络的划时代变化的产物就是交流。网络环境下可以实现双向交流的方式多种多样，包括广告、促销、公共关系、口碑宣传等。营销管理者必须战略性地对这些交流方式进行组合。

（5）流通（channel）。流通是指在交换主体之间传递内容的渠道。原有的流通概念具有流通场所的含义，而新的流通概念则克服了这一局限，涵盖了非网络和网络的所有渠道。流通管理主要是指如何构建流通渠道，如何使渠道变得更有效率，以及如何管理渠道等。

综上所述，新的 5C 营销组合可以弥补网络环境下原有营销组合的不足，更好地履行新营销的职能，它将成为实现数字营销具体目标的有效的战略管理方法论。

第 3 节　数字营销的形式

数字营销有许多形式，就目前而言，主要形式有微信营销、微博营销和短视频营销三种。

一、微信营销

微信营销属于新媒体营销的一种方式。微信营销是指企业借助微信开展营销活动，以微信作为传播和购买渠道，把相关产品的功能、价值等信息传递给目标群众，以便其形成记忆并产生偏好，从而实现品牌宣传、产品销售的目的。

起初，微信营销主要是依靠漂流瓶、扫一扫、摇一摇、LBS、朋友圈等基本功能，实现微信活动式营销、O2O 营销、“分享＋口碑”营销等。微信活动式营销指的是通过微信平台中的漂流瓶功能达到营销的目的，企业或商家将产品信息放在漂流瓶中，通过微信官方修改漂流瓶参数，按企业或商家的需要与频率抛出漂流瓶，以达到营销的目的。O2O 营销即客户在线预订或支付，并在线下接受服务或产生消费的一种经营模式。客户通过微信扫一扫识别二维码就可以获取商家的服务信息，通过在线支付获取服务并享受会员折扣等。“分享＋口碑”营销主要是利用微信的分享功能，在朋友圈、微信群聊、微信好友中进行产品信息的分享，通过给予产品积极评价来影响他人的产品感知，促使他人产生购买行为。

随着微信的创新发展，微信营销模式有了新的转变。微信公众号是腾讯公司在微信基础平台上新增的功能模块，通过这一平台，企业和个人打造自己的公众号，在微信平台上实现和特定群体的文字、图片、语音的全方位沟通互动。用户可以通过扫描二维码、搜索框搜索、好友分享等方法获取企业公众号信息并加以关注。微信公众号营销主要是进行内容营销，即将产品信息传递给现有或潜在顾客，告知顾客产品价值，引起其兴趣和关注，引导顾客产生购买行为并培养顾客忠诚。

目前，与微信公众号密切相关的两种营销模式是微信商城营销和微信小程序营销。微信商城最初设计的目的是让流量变现，即让粉丝通过公众号进入微信商城进行消费。然而，传统公众号开发借助的是 HTML 5 技术，稳定性和流畅性比不上原生态 App。另外，微信商城的层级较多，以微趋道（vqudo）基于微信认证服务号开发的商城为例，需要用户关注服务号，点击自定义菜单，进入对应页面。如果是“有赞”这种订阅号加外链商城的方式，则后期使用至少需要四步操作，即打开订阅号折叠栏，打开对应订阅号，点击自定义菜单，进入对应页面，这使得顾客体验比较差。因此，后来又出现了微信小程序营销，小程序拥有近乎原生态 App 的体验，并且无须安装、注册和卸载，更不用考虑针对不同应用系统单独开发以及不同手机型号的兼容性问题，加载更快，体验更流畅。除此之外，小程序没有任何层级，直接扫码或者点击就能打开浏览并进行购买，用户操作相当简单，更利于商家推广和留住客户。

二、微博营销

微博营销指的是以微博作为营销平台，每一个用户（粉丝）都是潜在营销对象，每个企业通过更新自己的微博向网友传播企业、产品的信息，树立良好的企业形象和产品形象。微博营销中，每天更新的内容可以是跟大家交流，或者是大家发起共同感兴趣的话题，这样就可以达到营销的目的。微博营销注重价值传递、内容互动、系统布局、准确定位。

微博营销的特点在于：第一，立体化。微博营销可以借助先进的多媒体技术手段，以文字、图片、视频等形式对产品进行描述，从而使潜在消费者更易于接收信息。第二，速度快。微博最显著的特征就是传播迅速。一条关注度较高的微博在互联网及手机 WAP 平台上发出后短时间内通过转发就可以抵达微博世界的每一个角落。第三，便捷性。微博营销优于传统推广，无须严格审批，从而节约了大量的时间和成本。第四，广泛性。微博营销通过粉丝形式进行病毒式传播，同时，名人效应能使事件的影响力呈几何级放大。

微博营销可以实现如下目标：（1）有效建立和传播品牌；（2）产生行业影响力和号召力，引导行业良性发展，传播企业价值观；（3）实现产品曝光和市场推广；（4）发现目标客户，精准互动营销，实现客户转化和订单销售，全面分析营销效果；（5）无处不在的主动客服，服务真实客户；（6）实时监测企业的口碑，便于危机公关。

三、短视频营销

短视频即时长较短的视频片段，其传播方式主要为互联网传播。相对于传统意义上的长视频而言，短视频是一种更为新潮的体验模式，时长一般在几秒到几分钟不等，可以在各类新媒体平台上传播，更适合在移动状态下短时间内观看，具有推送频次高、便于传播等特点。快手、抖音、腾讯微视等短视频类应用不断涌现，短视频营销也应运而生，其主要是在短视频平台上植入各种广告宣传，从类别上可以分为图文广告、视频元素植入广告、信息引流广告。短视频营销依托强大的技术支撑，搭建了一条企业直通用户的快车道，拓宽了商品信息的展示形式，也加快了商品信息的传播。通过用户主动转发、平台推送以及大数据捕捉功能可以实现二次传播和二次消费的效果。

短视频营销有以下三种方式：

（1）品牌自主录制短视频。企业为展示自己的形象，以品牌形式主动参与短视频的录制和剪辑，并在企业官方网站、微信公众号和短视频平台进行推送。

（2）短视频病毒式营销。目前病毒式营销在短视频领域主要包括两种形式：一种是用户自主分享到第三方平台。用户在浏览短视频的过程中，遇到能引起共鸣的内容，会自发评论、转发给其他用户或者第三方平台，达到多次传播的效果。另外一种是短视频作者在拍摄或者后期制作的过程中，使用固定的主题或同一个背景音乐。虽然录制的内容不同，但是醒目的标题以及相同的音乐往往能在第一时间吸引用户关注。

（3）植入式短视频营销。对于传统意义上的广告形式，用户都有一定的抵触心理，一般情况下都会选择主动过滤。但是在短视频领域，生产商家将产品信息或者企业理念与故事情节进行了完美结合，呈现出搞笑或者感人的剧情，这样既不会让用户感到反感，还能让用户在不知不觉中产生兴趣，在潜移默化中接受这种营销方式，进而产生消费。

第 4 节　数字营销的未来发展趋势

中国信息通信研究院发布的《2020 中国数字经济发展白皮书》显示，2019 年我国数字经济规模达 35.8 万亿元，占 GDP 的 36.2%，数字经济跃升到国民经济核心增长序列，全面推进我国数字经济发展已成为政府应对经济下行的有力抓手。当前各行各业利用产业数字化带来的新发展机遇，实现数字科技与实体经济相融合，提高研产供销全产业链的数字化、网络化、智能化水平，引领中国乃至全球相关行业进入全新的增长阶段，未来的数字营销将呈现以下发展趋势。

一、短视频的新常态表达

短视频已成为营销领域的热门媒体。短视频具有短而精确的特征，其核心在于创造力。对于品牌而言，短视频营销不能是一时兴起，要建立科学严谨的体系，需要规范化的品牌内容建设，并且要考虑媒体环境的适应性、内容创作上简单性和品牌表达的独创性。

二、情感创造力的重要性不断凸显

中国目前正处于市场转型期，社会消费者面临着巨大的工作压力和生活压力，产品和品牌已成为自我释放的重要载体。例如，慢速咖啡和单人经济之类的商业形式的普及就是因为紧紧抓住了社会情感流。对于数字营销，很有必要从更多的角度来发挥创意，创建用户情感交流界面已成为数字内容创意的重点。

三、虚拟与现实的整合与共生

消费者不再通过单一的在线或离线渠道进行消费，而是根据自己的需求选择更方便的购物方式。线上线下营造的品牌文化体验，已成为拉动消费的关键。因此，营销需要“传达现实与虚构”，它必须能够将品牌在线促销的强大爆发力和扩散力与深入的离线体验和场景相结合，利用离线渠道传播品牌的恒定价值，并利用在线渠道进行内容的扩散。未来的数字营销将更加整合，线上线下场景的整合将加速，弹出式商店、线下终端体验店和内容实现等更具创新性的方法将会出现。

四、IP 的影响力与日俱增

近年来，IP（intellectual property）成为非常热门的词汇。品牌与 IP 的跨界整合已成为一种新的营销趋势。如何利用 IP 与年轻人产生共鸣已成为品牌营销的关键。对于品牌来说，IP 是一种个人表达。无论是跨境 IP 还是自行创建的 IP，都无形地缩短了自身与消费者之间的距离。尽管 IP 的影响力是无限的，但真正的 IP 需要品牌长期投资，并贯穿品牌传播的各个方面。

五、完全授权的人工智能

随着人工智能（AI）技术日趋成熟，人工智能进入了消费者的生活，各个行业也在被人工智能改变。人工智能是数字营销中一个比较常见的术语。数据显示，将近 70%的广告客户不同程度地采用了人工智能数字营销。未来，人工智能将渗透到营销的各个方面。人工智能时代品牌的最佳营销追求不再是流量、转化率和购买率，而是如何避免用户厌烦，在愉快的氛围和体验中产生影响，使用户可以享受美好的生活，并成为人们亲密的私人助手。

六、大屏幕场景中的能量释放

随着互联网的新一轮变革，“客厅文化”正在回归公众的视野。根据奥维云网络的数据，OTT（Over-The-Top）流量目前占整个网络流量的 20%。预计未来整个市场规模将超过 300 亿元，增值空间巨大。传统电视行业也受到互联网浪潮的推动。大屏幕迎来了新一轮转型，不再仅仅是一个智能终端，而是一个满足家庭客厅娱乐需求的生态系统。未来，大屏幕营销生态将变得更加成熟。从数据监视到场景的塑造和内容营销，大屏幕将成为数字营销掘金的热点。

七、知识营销升级

数字时代的消费者不仅在信息级别关注品牌，而且需要了解产品的内涵和组成。以化妆品为例，越来越多的女性消费者更加关注化妆品的成分和材料。对于追求精致生活的人们，品牌不仅必须展示产品的功能，更重要的是，必须让消费者获得新知识。因此，垂直的内容知识平台将成为品牌传播知识的重要载体。

八、数字营销的转型

大数据时代，最大的挑战是数据结构和“数据岛”的不完整性。对于企业来说，如何整合以及重组这些数据资产，成为关注的重点。第三方数据和第三方数据的集成已成为数字营销技术的重点。突破数据和信息的孤岛，使用新的智能技术重新处理和利用旧数据，推动智能营销决策和数字营销系统的诞生，并进一步提高营销效率，实现企业管理智能化和数据可视化，将成为未来数字营销的重点。

小　结

在线经济模式下，数字营销应运而生。它指的是在网络环境下，为了组织或个人能够创造交换并维持交换，以市场知识为基础，定义和管理市场的过程。

数字营销具有公平性、虚拟性、对称性、模糊性、复杂性、垄断性、多重性、快捷性、正反馈性和全球性等基本特征。

数字营销采用个人市场原则、价值链原则、特定化原则和主流化原则等竞争原则。

数字营销战略的制定要经历三个阶段：一是确定目标优势；二是分析计算收益时要考虑战略性需求和未来收益；三是综合评价数字营销战略。

5C 营销组合指的是协同、内容、协议、交流与流通。

数字营销具有许多形式，但就目前而言，主要形式有微信营销、微博营销和短视频营销三种。

基本概念

1. 数字营销——在网络环境下，为了组织或个人能够创造交换并维持交换，以市场知识为基础，定义和管理市场的过程。

2. 公平性——数字营销中，所有的企业都站在同一起跑线上。公平性只是意味着给不同的公司、不同的个人提供了平等的竞争机会，并不意味着财富分配上的平等。

3. 虚拟性——互联使得传统的空间概念发生变化，出现了有别于实际地理空间的虚拟空间或虚拟社会。

4. 对称性——数字营销中，互联使信息的非对称性大大减少。消费者可以从网上搜索自己想要掌握的任何信息，并能得到有关专家的适时指导。

5. 模糊性——互联使许多人们习以为常的边界变得模糊。其中，最显著的是企业边界的模糊、生产者和消费者的模糊、产品和服务的模糊。

6. 复杂性——数字营销的模糊性使经济活动变得扑朔迷离，难以分辨。

7. 垄断性——数字营销的垄断是由创造性破坏形成的垄断，是短期存在的，新技术的不断出现会使新的垄断者不断取代旧的垄断者。

8. 多重性——数字营销中，一项交易往往涉及多重买卖关系。

9. 快捷性——互联使经济活动具备快速运行的特征，消费者可以迅速搜索到所需要的任何信息，对市场做出即时反应。

10. 正反馈性——数字营销中，由于信息传递的快捷性，人与人之间产生了频繁、迅速、剧烈的交互作用，从而形成不断强化的正反馈机制。

11. 全球性——互联使得整个世界的经济活动都紧密联系在一起。信息、货币、商品和服务的快速流动大大促进了世界经济一体化的进程。

12. 协同——构成网络的主体为了相互的利益而对对方进行管理或者与对方进行合作的方法。

13. 内容——达成交换的一个主体向另一个主体提供的所有价值，可以分为两个层面，即产品层面，包括物理、服务、数字价值；体验层面，包括在网络中的经历。

14. 协议——在顾客接受内容服务时可以用来等价交换的价值。

15. 交流——在一对一或者多对多时，采用多种方法进行的双向对话。

16. 流通——在交换主体之间传递内容的渠道。

思考题

1. 你是否经历过数字营销？如果是，请谈谈你对数字营销的感受。
2. 数字营销最核心的竞争优势是什么？请谈谈你的想法。
3. 5C营销组合策略比4P营销组合策略好在哪里？

案例分析

喜茶的数字营销策略

喜茶2012年诞生于广东省江门市。原名皇茶（Royaltea），后改名为“喜茶HEYTEA”，2017年2月，喜茶上海分店开业，引发了购买热潮，甚至出现了“购茶黄牛”。喜茶实行限额购买策略，曾有消费者为买到一杯喜茶花高价请黄牛到门店排队购买，只为拍照发布到社交网络。这种受到消费者极力追捧的茶饮品牌是名副其实的“网红”。

（一）与“网红大V”合作加强产品宣传

喜茶与社交媒体中具有大量粉丝基数与话语权的账号即“大V”进行合作，邀请他们来到门店参与各种活动并赠饮，拍摄图片后要求“大V”在微博等社交账号发表图片及推广软文，进行新产品的宣传推广，吸引其粉丝关注后进行消费，在人们的脑海中加深对于喜茶的印象。通过网红自身的影响力引起了粉丝的二次传播，进而增加品牌曝光度与影响力。

（二）利用官方社交账号塑造品牌形象

喜茶创立初期就设立了官方微博账号，至今已有70余万微博粉丝，在此账号上发布新品信息、全新门店开设信息以及粉丝反馈等博文，抓住了年轻消费者的猎奇消费心理，让关注微博的网友可以第一时间发现喜茶的新产品动态，并且与粉丝维持紧密积极的互动，使得粉丝积极查看其账号，关注其动态。喜茶在微博上也会发布公益活动，提倡爱心公益，树立品牌形象。除此之外，喜茶还在官方微信小程序中发布新品信息以及开展外送活动，设有“喜茶百货”栏目，在其中推出现制茶饮之外的其他商品如瓶装茶、零食等，让消费者对其产品有更为全面的了解。

（三）通过跨界联名增强品牌影响力

喜茶创立至今，不仅通过茶饮和网络宣传为人们所熟知，更是通过与知名度较高的品牌进行跨界联名的方式进一步扩大自身影响力。例如，与家电品牌九阳联名推出榨汁机、早餐机等一系列小家电，机身使用喜茶品牌标志、多肉葡萄图标以及芝士等与喜茶有关的元素，让人们在传统品牌上找到新品牌的活力。通过官方微博宣传并采用转发抽奖等活动提升人们对于喜茶的认知度，从而扩大品牌影响力。

资料来源：王奕媛. 新媒体视角下的新式茶饮营销策略分析：以喜茶为例. 商讯，2021（2）.

▶ 讨论题

1. 为什么喜茶要选择社交媒体营销策略？意义何在？

2. 喜茶应如何在“线上宣传，线下销售”“线下体验，线上销售”“线下与线上完全同步”三者之间进行选择？

阅读材料

数据强国战略　助力数字营销发展

2014 年，大数据首次被写入政府工作报告；2015 年 8 月，国务院印发的《促进大数据发展行动纲要》提出 5～10 年我国大数据发展和应用应实现的目标，包括 2017 年年底前形成跨部门数据资源共享共用格局，2018 年年底前建成国家政府数据统一开放平台。2020 年 12 月，党的十九届五中全会确定了“十四五”时期经济社会发展的主要目标：经济发展取得新成效，在质量效益明显提升的基础上实现经济持续健康发展。这需要大数据作为支撑。对数据的占有和控制已经成为陆权、海权、空权之外的另一种国家核心能力。介绍大数据在创新创业、产品研发设计、市场营销、新服务、新零售、顾客关系管理等各环节的应用案例，大数据技术孕育而生的数字营销新业态，以及电子商务大数据应用，可以让学生认识到大数据是推动新时代营销技术环境变革、营销技术创新和营销思维创新，实现我国经济发展的关键战略资源，理解数据强国战略的重要意义。

参考文献

［1］菲利普·科特勒. 营销管理：第12版. 上海：上海人民出版社，2006.

［2］菲利普·科特勒. 亚洲营销管理：第3版. 北京：中国人民大学出版社，2004.

［3］菲利普·科特勒. 营销管理：亚洲版：第5版. 北京：中国人民大学出版社，2010.

［4］加里·阿姆斯特朗. 市场营销学：第9版. 北京：中国人民大学出版社，2010.

［5］纪宝成，吕一林. 市场营销学教程. 5版. 北京：中国人民大学出版社，2012.

［6］吕一林. 营销渠道决策与管理. 北京：中国人民大学出版社，2005.

［7］约翰·A. 昆奇，罗伯特·J. 多兰，托马斯·J. 科斯尼克. 市场营销管理：教程和案例. 北京：北京大学出版社，1999.

［8］哈佛商学院案例第2辑：营销管理. 吕一林译. 北京：中国人民大学出版社，2007.

［9］Barton Weitz，Robin Wensley. Handbook of Marketing. SAGE Publications Ltd.，2002.

［10］Michael J. Baker. Marketing：Critical Perspectives on Business and Management. London and New York：Routledge，2001.

图书在版编目（CIP）数据

市场营销学 / 陶晓波，吕一林编著. -- 7 版. -- 北京：中国人民大学出版社，2022.7
新编 21 世纪市场营销系列教材
ISBN 978-7-300-30842-5

Ⅰ.①市… Ⅱ.①陶… ②吕… Ⅲ.①市场营销学－高等学校－教材 Ⅳ.①F713.50

中国版本图书馆 CIP 数据核字（2022）第 129480 号

“十二五”普通高等教育本科国家级规划教材
北京高等教育精品教材
北京高校优质本科教材课件
新编 21 世纪市场营销系列教材
市场营销学（第 7 版）
陶晓波　吕一林　编著
Shichang Yingxiaoxue

出版发行	中国人民大学出版社		
社　　址	北京中关村大街 31 号	**邮政编码**	100080
电　　话	010－62511242（总编室）		010－62511770（质管部）
	010－82501766（邮购部）		010－62514148（门市部）
	010－62515195（发行公司）		010－62515275（盗版举报）
网　　址	http://www.crup.com.cn		
经　　销	新华书店		
印　　刷	天津鑫丰华印务有限公司	**版　　次**	2000 年 10 月第 1 版
规　　格	185 mm×260 mm　16 开本		2022 年 7 月第 7 版
印　　张	17.25 插页 1	**印　　次**	2024 年 5 月第 3 次印刷
字　　数	350 000	**定　　价**	45.00 元

中国人民大学出版社　管理分社

教师教学服务说明

中国人民大学出版社管理分社以出版经典、高品质的工商管理、统计、市场营销、人力资源管理、运营管理、物流管理、旅游管理等领域的各层次教材为宗旨。

为了更好地为一线教师服务，近年来管理分社着力建设了一批数字化、立体化的网络教学资源。教师可以通过以下方式获得免费下载教学资源的权限：

- 在中国人民大学出版社网站 www.crup.com.cn 进行注册，注册后进入“会员中心”，在左侧点击“我的教师认证”，填写相关信息，提交后等待审核。我们将在一个工作日内为您开通相关资源的下载权限。

- 如您急需教学资源或需要其他帮助，请加入教师 QQ 群或在工作时间与我们联络。

中国人民大学出版社　管理分社

教师 QQ 群：64833426（仅限教师加入）

联系电话：010-82501048，62515782，62515735

电子邮箱：glcbfs@crup.com.cn

通讯地址：北京市海淀区中关村大街甲 59 号文化大厦 1501 室（100872）